불공정사회

불공정사회

공정이라는 **허구**를 깨는
9가지 질문

이진우

"불의는 서로에게 불화와 증오를 가져오지만, 정의는 융화와 우애를 가져온다." 정의의 문제를 최초로 다룬 책《폴리테이아Politeia》에서 플라톤이 소크라테스의 입을 빌려 말한 이 진단은 정말 맞는 것인가? 모두가 정의를 당연한 것으로 생각하면서도 실제로는 권력을 추구하는 현실을 보면, 우리는 소크라테스의 말을 의심하지 않을 수 없다. 사실 이 말이 현실에 대한 소크라테스의 의심에서 나왔다는 점을 생각하면 참으로 역설적이다. "정의는 다름 아닌 강자에게 이로운 것이다.'라는 트라시마코스의 말이 우리의 구체적 현실을 훨씬 더 정확하게 대변하는 것처럼 보인다.

정치철학은 이처럼 현실과 불화하며, 현실을 끊임없이 의심하면서 그 속에서 답을 구한다. 무릇 철학이란 '묻고' 그리고 '찾는' 독특한 사고방식이다. '철학'이라는 뜻의 그리스어 '필로소피아 philosophia'에 이미 표현되어 있듯이, 철학은 질문에 대한 '대답'이기보다는 답을 얻기 위한 본질적인 질문이다. 왜 불의는 대립과 증오를 가져오는가? 왜 정의는 융화와 신뢰를 산출하는가? 불의가 지배적인 사회에서 우리는 어떻게 정의를 실현할 수 있는가? 우리는 종종 위대한 철학자들에게서 이 물음에 대한 답을 구하지만, 그들도 정의, 권리 및 자유와 같은 가장 기본적인 질문에 대해서 다른 의견을 제시한다. 동일한 질문에 다른 대답, 그것은 우리가 시대적 한계를 넘을 수 없기 때문이다. 아무리 위대한 사상가도 시대의 자식이다. '정의란 무엇인가?'라는 정치철학적 질문에 영원한 답은 없다. 영원한 질문만 있을 뿐이다.

그렇다면 이 근본적인 질문에 답하기 위해 우리가 먼저 던져야 할 질문이 있다. 그것은 '무엇이 문제인가?'라는 질문이다. 매일매일 우리를 엄습하는 수많은 문제의 복잡한 덩굴 숲을 뚫고 본질적인 문제를 포착하는 일은 결코 쉽지 않다. 우리는 표면에 부상한 긴박한 문제들을 해결하는 데 매몰되어 종종 문제의 본질을 놓치거나 망각하기 때문이다.

*

나는 지난 30년 동안 정치철학을 가르치면서 위대한 사상가들이 제시하는 답보다는 본질적인 문제를 제기하는 법에 초점을 맞춰왔다. 정치철학은 설령 특정한 답에 머물지라도 항상 질문에 열려 있어야 한다. 우리가 묻고 찾을 때 비로소 시대정신을 포착할 수 있다. 현실을 넘어선 답을 구하는 대신 현실과 대화하고 대결하면서 현실속에서 답을 찾아야 한다. 내가 '이성과 권력'을 나의 철학적 화두로 삼은 이유가 여기에 있다. 권력이 지배하는 사회에서 우리는 어떻게 자유로울 수 있는가? 정의와 관련된 이 물음은 학술적 논문이든 시사적 칼럼이든, 나의 모든 글의 중요한 실마리였다.

나의 첫 번째 정치철학 저서 《탈이데올로기 시대의 정치철학》(1993)은 1989년 베를린 장벽의 붕괴와 함께 탈냉전시대가 도래함으로써 표출된 사회적 문제에 관한 질문이었다. 같은 해에 출간한 《탈현대의 사회철학》은 새로운 사회적 조건에도 불구하고 여전히 교조적인 마르크스주의 이념에서 벗어나지 못한 시대적 상황에 대한 비판적 질문이다. '다른 마르크스'로 불릴 수도 있는 이 책은 마르크스주의를 이데올로기적으로 오독하고 오용한 운동권이 오히려 마르크스 사상의 비판적 잠재력을 훼손할 수 있음을 지적한다.

정치적 질문은 시대의 변화와 함께 바뀌지만, 그 본질은 변하지 않는다. 2000년에 출간한 《이성정치와 문화민주주의》는 민주주의가 제도적으로 실현되었음에도 문화적으로 공고화하지 못하는 현실을 고발한다. "정치의 본질이라고 할 수 있는 합리적 대화와 타협보다는 힘의 대결과 투쟁이 우리를 지배하고, 권위에 대한 저항이 생활의 민주화에 기여하기보다는 새로운 권력 창출을 위한 권위주의로 변질되는 기이한 현상을 피부로 직접 경험했다." 20년 전에 쓴 이 글은 지금도 타당해 보인다. 우리가 사는 세상은 왜 이래야만 하는가? 나의 글들이 일반적인 문제를 다뤄 추상적으로 읽힐 수도 있지만 사실 이러한 현실적 문제에서 출발했다. 2012년에 발표한 《중간에 서야 좌우가 보인다》는 한국 사회의 현실적인 문제에 대한 좀 더 구체적인 답변을 시도했다. 좌우로 극단적으로 분열된 정치의 양극화는 결국 정치를 황폐화하고 파괴할 것이라는 불안한 진단과 예측은 지금도 여전하다.

'도대체 무엇이 문제인가?' 이 책은 또다시 정치철학의 본질적 질문에서 시작되었다. '왜 우리 사회는 이래야만 하는가?' '불의가 만연한 사회에서 정의는 과연 가능한가?' 이 책은 이러한 질문을 중심으로 지난 10년 동안 포스텍에서 수업한 내용을 기반으로 집필했다. 정치철학 수업의 목표는 정의와 관련된 중요한 이론과 사상이 아니라 무엇이 문제인가를 파악하는 소크라테스적 의심이었다. 정의의 문제를 일단 자신과 관련된 구체적 현실 속에서 찾아내어 문제화하는 과정에서 학생들 스스로 본질적인 문제와 맞닥뜨리는 경험이 수업의 목적이었다. '지금 그리고 여기'에서 경험하는 구체적인 문제에서 보편적인 질문을 끌어내기 위해 열띤 토론을 마다하지 않은 학생들에게 이 자리를 빌려 진심으로 감사의 마음을 전한다.

이 책은 불공정한 사회에서 정의를 실현할 수 있는 길을 묻고 찾는다. 설령 불공정사회라는 진단에 동의한다고 하더라도, '무엇이 공정인가?'라는 물음에는 의견이 갈린다. 게다가 공정을 외치면서도 정작 공정에 관한 질문은 던지지 않는 것처럼 보이기도 한다. 이 책은 공정의 문제를 좀 더 명료화하려는 의도에서 집필되었다. 현실적인 문제에 대한 답을 찾으려고 노력했지만, 답보다는 오히려 더 많은 질문을 야기할지도 모른다. 30여 년의 강단 생활을 마무리하며 쓴 책이 명료한 답을 제공하는 대신 여전히 질문과 의심으로 가득 차 있다는 사실에 놀라기도 한다. 나의 질문에 독자들이 스스로 답을 찾아 나서기를 기대할 뿐이다.

이 책이 빛을 볼 수 있도록 도와준 여러분께 감사의 마음을 전한다. 글을 발표할 기회를 제공해주고, 또 다양한 토론과 논쟁을 통해 질문의 칼을 갈 수 있도록 도와준 동료 학자들이 없었다면 이 글은 지금의 모습을 갖추지 못했을 것이다. 학술적 글쓰기와 대중적 글쓰기 사이에서 방황할 때마다 나름의 의미를 찾을 수 있도록 격려하고 지원해준 휴머니스트 출판사 편집부에 고마운 마음을 전한다. 끝으로, 내 생각이 글로 영그는 모든 과정에서 대화의 상대가 되어주고 비판적 독자의 역할을 마다하지 않은 미애에게 깊은 감사와 사랑을 전한다. 언제나 깊은 애정으로 지원해준 미애에게 이 책을 바친다. 나의 길은 언제나 우리의 길이다.

2021년 여름 창리 꽃골에서
이진우

차례

공정은 허구이다

공정을 간절히 외치는 사회는 불공정사회다. 모든 절규와 아우성은 결핍과 부재를 호소한다. 빵이 없으면 빵을 원하고, 자유가 없으면 빵만으로 살 수 없다고 말한다. 우리의 욕구가 자연스럽게 충족되는 풍요로운 사회에서 사람들은 빵을 외치지 않을 것이며, 자유와 평등이 사회적으로 보장된 사회에서 자유를 갈구하는 일도 없을 것이다. 자본주의 체제가 아무런 문제 없이 돌아가면, 누구도 자본주의를 말하지 않는다. 자본주의를 말한다는 것은 그 자체로 자본주의 체제가 위기에 처해 있다는 징후이다.

누구나 그리고 언제 어디에서나 공정을 말한다는 것은 공정에 문제가 발생했다는 징후이다. 이 책은 이러한 징후를 해석하려고 했다. 왜 공정인가? 자유도 아니고 공생도 아니고 왜 '공정'이라는 말이 우리의 시대정신이 된 것인가? 정의로운 사회에서는 존엄한 삶을 영위할 수 있는 물질적 수단과 평등한 시민적 자유가 이미 보장된 것으로 간주된다. 당연하게 여긴다고 반드시 당연한 사실이 되는 것은 아니다. 우리는 자유와 평등을 정치적 거래나 사회적 이득의 계산에도 좌우되지 않는 민주주의의 기본 가치로 인정하지만, 그렇다고 자유와 평등이 현실에서 당연한 사실로 실현되는 것은 아니다.

공정은 언제나 정의의 실현을 방해하는 요소를 전제하기에 허구이다. 우리는 흔히 능동적 자유와 부정적 자유를 구별한다. 능동적 또는 적극적 의미에서의 자유는 자기실현을 의미한다. 반면에 부정적 또는 소극적으로 이해되는 자유는 구속으로부터의 해방이다. 존 롤스John Rawls, 1921~2002가《정의론A Theory of justice》에서 이야기하는 것처럼, 자유는 언제나 자유로운 행위의 주체, 이 주체가 그것으로부터 자유롭게 되는 제한이나 한계, 주체가 자유롭게 행하거나 혹은 행하지 않는 것이라는 세 가지 측면을 갖고 있다. 이처럼 자유를 부정적으로 파악하는 것이 자유를 실현하는 데 도움이 된다. 자유가 무엇인지를 말하기는 어렵지만, 나의 자유를 억압하고 제한하는 것을 규정하기는 비교적 쉽기 때문이다.

불공정사회는 자유와 평등 그리고 정의가 민주주의의 기본 가치라는 사실에서 출발한다. 이 책은 정의를 어떻게 실현할 것인가를 적극적으로 논하는 대신에 '부정적 자유'처럼 정의를 제한하고 침해하는 사회적 조건에 초점을 맞추었다. 오늘날 격렬한 공정 담론은 자유와 평등의 이념에 기반한 민주주의에도 불구하고 우리 사회가 정의롭지 못하다고 폭로한다. 민주적으로 선출된 지도자가 합법적인 방식으로 민주주의를 무너뜨릴 수 있는 것처럼, 정의를 내세운 정권과 정치인이 오히려 사회 정의의 토대를 침식할 수 있다. 공정은 정의로운 사회로 가는 통로임에도 불공정이 만연하다면 정의로운 사회는 하나의 정치적 허구일 뿐이다.

이 책은 정치철학의 핵심 문제들을 정의의 관점에서 다루지만, 이 책을 쓰게 된 동기는 이론적이기보다는 지극히 현실적이다. 소위 '촛불혁명'으로 탄생한 문재인 정권은 공정을 가장 많이 말하면서도 왜 하는 일마다 공정하지 못하다는 비난을 받는 것인가? 왜 이 정권은 상당히 유리한 정치적 자원에도 불구하고 사회적 통합에 실패한 것인가? 이 물음에 대한 답변뿐만 아니라 질문조차 정치적 진영에 따라 극단적으로 갈라지는 사회 분열의 현실 속에서 공정을 말할 수 있는가? 이 책은 이러한 현실의 요구에 대한 답을 찾고자 했다.

공정이 허구가 된 현실에서 공정을 묻는 일은 쉽지 않다. 이 질문 자체가 정치적으로 오용되고 오염될 수 있기 때문이다. 현 정권이 불공정의 비난을 받는다고 해서 다른 정치 집단이 공정한 것은 아니다. 이 책은 좌우의 구별과는 관계없이 우리의 정치문화에 침착된 오랜 병폐에 주목한다. 이 병폐는 사회의 제도와 우리의 심성 구조에 뿌리 깊이 박혀 있어서 병폐로 인식되지 않을 수도 있다. 우리가 너무나 당연하게 생각하는 것이 과연 당연한지 아니면 공정의 관점에서 부조리한 것인지를 밝히고자 한다. 불공정사회의 사회병리적 현상을 제대로 파악하고 극복할 때, 우리는 좌우의 대결을 넘어선 공정사회를 실현할 수 있을 것이다.

이 책은 불공정사회에서 제기되는 정의에 관한 아홉 가지 질문으로 구성되었다. "합법적인 것은 반드시 정당한가?"라는 첫 번째 질문은 민주주의를 실질적으로 실현하려면 형식적 제도의 합법성을 넘어서야 한다는 점을 겨냥한다. 법만 강조하는 사회는 역설적으로 반민주적 사회일 수 있다. 두 번째 질문은 능력주의가 오히려 부의 양극화를 초래하고 공고화하는 현상에 초점을 맞춘다. 사회 양극화의 고통을 당하면서도 능력주의를 고수하는 역설적 현상은 우리에게 "능력은 불평등을 정당화하는가?"라고 묻는다. 세 번째 질문은 우리 사회의 고질병인 승자독식의 학벌주의에 물음표를 붙인다. 우리는 다양한 사회적 가치가 존립하는 다원주의 사회에 살고 있으면서도 특정 집단이 언제나 사회적 가치를 지배하고 독점한다. "뛰어난 사람은 모든 분야에서 뛰어난가?"

게임의 규칙을 정하고 심판까지 스스로 고른 집단이 능력주의로 무장한 사회에서 공정은 기대하기 어렵다. 그들은 공정이라는 이름으로 불공정을 심화한다. 다음의 세 질문은 자본주의의 핵심 요소인 '노동', '자산' 그리고 '경쟁'과 관련이 있다. 내가 열심히 일하여 번 재산은 내 마음대로 할 수 있다는 인식은 언뜻 공정해 보인다. 그러나 내가 분배받은 소득은 모두 사회적 협동의 산물이다. 이런 맥락에서 네 번째 질문이 제기된다. "내 것은 정말 나의 것인가?" 내가 번 돈 중에서 쓰고 남은 것을 절약해야 미래를 위해 투자할 수 있다. 부는 집중되어야 효율적이다. 규모의 경제와 낙수효과로 표현되는 부의 집중 현상이 어떤 불공정을 야기하는가를 "부는 집중되어야 생산적인가?"라는 질문을 통해 알아본다. 개인과 사회의 관계에서 경쟁은 필수적이다. 그러나 과도한 경쟁은 오히려 자원 배분을 왜곡하고, 사회를 황폐화한다. "경쟁은 효과적인 분배 방식인가?"라는 질문을 통해 초경쟁사회가 어떤 문제를 야기하는지 살펴본다.

마지막 세 질문은 사회적 통합을 어떻게 이룰 수 있는가를 다룬다. 전통사회의 유산인 집단주의를 극복하고 민주적 연대를 실현하려면, 우리는 이렇게 질문해야 한다. "연대는 언제 연고주의로 변질하는가?" 일곱 번째 질문은 연고주의에 기반한 정치적 부족중심주의가 사회를 극단적으로 분열시킬 수 있음을 지적한다. 여덟 번째 질문은 정치적 부족중심주의가 이념과 정책의 생산적 경쟁보다는 서로를 제거해야 할 대상으로 삼는 대립 정치를 초래하는 현상에서 나왔다. "정의는 이념 갈등에 중립적인가?"라는 질문은 극단을 향해 치닫는 이념 갈등은 다원주의 사회의 가치 갈등과 근본적으로 다르다는 점을 부각한다. 끝으로 이 책은 현재의 한국 사회를 '저신뢰 사회'로 규정하면서 어떻게 정부에 대한 국민의 신뢰와 국민 상호 간의 신뢰를 구축할 수 있는가를 묻는다. "신뢰는 더는 사회적 덕성이 아닌가?" 민주적 에토스가 발전하지 않으면 우리는 서로를 믿지 못하는 각자도생各自圖生의 길로 접어든다.

이 책은 지금 그리고 여기 사회의 곳곳에서 표출되는 위험 징후를 포착하려고 노력했다. 여러 징후는 모두 불공정사회를 가리킨다. 불공정의 징후가 농후한데 공정을 논하는 것은 위선적이다. 우리가 진정 공정사회를 원한다면, 우선 우리 사회가 불공정하다는 점을 인정하고 그 원인을 찾아야 한다. 민주주의는 언제든지 퇴보할 수 있고, 문명은 언제나 야만으로 되돌아갈 수 있다. 이를 막을 수 있는 유일한 길은 부정적 요소를 하나씩 제거해가는 비판적 의심이다. 공정은 허구이다. 그렇지만 우리를 정의로운 사회로 안내할 수 있는 강렬하고 매혹적인 허구이다. 이러한 허구에 이끌린 이 책이 공정을 방해하는 요인들에 대한 비판적 여정의 동반자가 되길 바란다.

합법적인 것은 반드시 정당한가?

그는 자신이 들어온 합법성의 문을
합법적인 방식으로 뒤로 다시 닫고,
어쩌면 장화를 신고 닫힌 문을 열고 들어오려는 정치적 적을
비열한 범죄자 취급을 해도 될 것이다.

카를 슈미트, 《합법성과 정당성》

법의 이름으로 법치주의를 파괴하다

"헌법 정신과 법치주의, 그리고 상식을 지키기 위해 최선을 다하겠다." 코로나가 여전히 기승을 부리던 2020년 12월 24일 서울행정법원 행정12부가 윤석열 검찰총장이 추미애 법무부 장관을 상대로 제기한 정직 2개월 징계처분 집행정지 신청을 인용하자, 윤석열 검찰총장은 업무에 복귀하면서 입장을 이렇게 간단하게 밝혔다.[1)]

우리나라뿐만 아니라 전 세계가 코로나 팬데믹으로 극심한 혼란과 고통을 당하고 있는 와중에 때아닌 '법치주의'라는 용어가 소환된 것이다. 세계적 전염병이 법질서를 무너뜨린 것도 아니고, 방역 조치에 반대하는 삐딱한 사람들의 위반행위가 도를 넘어선 것도 아니다. 코로나 위기는 집단주의 문화에서 비롯한 순응주의를 오히려 강화했기 때문에 법질서에 위협이 되지는 않았다.

훗날 2020년은 코로나의 해로 기억될 것이 분명하지만, 코로나가 민주주의를 위협하기 때문에 '헌법 정신과 법치주의'가 전면에 등장한 것은 아니다. 2020년은 우리의 민주주의가 심각한 위기에 빠졌던 해로 기억될 것이 틀림없지만, 그 원인은 다른 데 있다. 이 정치사회적 위기의 중심에는 '추미애-윤석열 사건'이라 불릴 수 있는 일련의 갈등이 있었다. 법의 정신과 집행을 관장하는 법무부 장관과 검찰총장의 갈등이 법치주의의 근간을 위협한 것이다.

이 사건은 종종 진흙탕 싸움의 흥미진진한 이야기들 속에 묻히지만, 그것이 던지는 의미와 교훈은 의미심장하다. **법만 지키면 된다는 지극히 일차원적 합법성은 법의 이름으로 법치주의의 토대를 파괴한다.** 의결의 최소 요건만 갖추면 된다는 다수결주의는 소수를 배척함으로써 다수의 폭정을 초래하고, 정치권력의 이해관계에 따라 법을 선별적으로 적용하면 공정과 민주주의가 무너진다. 이 사건이 표면적으로는 검찰 개혁을 둘러싼 지지자와 저지자의 싸움처럼 보이지만, 실제로는 정권의 도구로 사용되던 검찰이 바로 그 정권에 칼을 겨누면서 법의 이중성이 극명하게 드러난 것이다. 법이 정권의 수단이 되면 법치주의를 위협하고, 모든 사람에게 공정하게 적용되는 헌법에 기반하면 법은 정권을 견제해야 한다.

이 사건은 법무부의 대규모 검찰 인사가 단행된 2020년 1월 8일로 거슬러 올라간다. 이 인사는 조국 전 법무부 장관을 비롯한 현 정부와 청와대를 수사한 검사들을 한직으로 좌천시키고 친정부 성향의 인사들로 대체함으로써 보복성 인사라는 비판을 받았다. 왜 인사의 문제가 법치주의를 위협하는 것인가? 법무부 장관과 검찰총장 사이의 의견 충돌이 무엇이기에 헌법 정신과 법치주의를 위태롭게 할 정도인가?

어느 조직이나 집단, 어느 사회나 국가에도 충돌과 갈등은 있게 마련이다. 하물며 보직 인사와 관련된 충돌은 비일비재하다. '검찰청법' 제34조에 따르면 검사의 임명과 보직은 법무부 장관의 제청으로 대통령이 한다. 법무부 장관이 법으로 정해진 자신의 고유 권한을 행사한 것이 법치주의를 훼손한다는 것은 인사 내용에 대한 불만을 과장한 것처럼 들린다. 물론 앞의 법률에는 "이 경우 법무부 장관은 검찰총장의 의견을 들어 검사의 보직을 제청한다."라는 단서 조항이 붙어 있다. 의견을 듣는다는 것이 무엇을 의미하는지 내용과 절차가 구체적으로 명시되지 않은 애매모호한 조항이 문제이지만, 추미애 장관의 인사를 위법하다고 할 수는 없다.

그렇지만 우리는 합법적 요식행위가 분명한 위법보다 법치주의 정신을 훨씬 더 좀먹는다는 것을 잘 알고 있다. 법률이 요구하는 일정한 방식에 부합한다고 해서 반드시 정당한 것은 아니다. 법무부 장관은 인사를 하기 이전에 검찰총장의 의견을 듣지 않았다는 비난에 대해 오히려 윤석열 검찰총장이 인사 의견을 내라는 자신의 '명을 거역한 것'이라고 반박했다. 여기서 소환되는 하극상, 항명, 불복종과 같은 단어들은 모두 지시와 명령이 합법적이고 정당하다고 전제한다.

여기서 우리는 이 사건의 본질적 의미와 맞닥뜨리게 된다. 합법적인 것이 반드시 정당한 것은 아니다. 합법성은 국가에 의해 강제되는 사회적 규범에 형식적으로 부합하는지에 따라 결정된다면, 정당성은 법이 실질적 목적이라고 할 수 있는 정의에 기여하는지에 따라 결정된다. "악법도 법이다"라는 말처럼 법은 강제적 구속력을 갖고 있지만, 법에는 정당하지 않은 악법도 있다. 우리가 법을 정의의 맥락에서 검토해야 하는 까닭이 여기에 있다. 법이 만들어지는 입법과정도 정의의 원칙에 부합해야 하며, 법을 적용하고 집행하는 사법행위도 공정해야 한다.

그렇다면 법률대로 행한 법무부 장관의 행위가 공정하지 않고 정당하지 않다고 느껴지는 이유는 무엇일까? 법의 이름으로 정의가 집행되고 있다는 느낌이 들지 않기 때문이다. 2020년 한 해 내내 코로나 팬데믹만큼 우리를 끈질기게 괴롭혔던 문제의 핵심을 파악하려면 그 맥락을 들여다봐야 한다. 2020년은 정치적 문화의 관점에서 보면 그야말로 반목과 불화의 해다. 국민 전체의 삶에 영향을 주는 팬데믹에도 불구하고 정치적 갈등과 반목은 더욱 강해졌다. 우리는 단순히 팬데믹과만 싸웠던 것이 아니다. 우리는 한국의 특수한 정치적 팬데믹이라고 할 '퓨데믹feudemic'[2]과 여전히 싸우고 있다. 적대적인 두 진영으로 나뉘어 정치적 봉토feud를 차지하려는 극단적인 반목과 불화feud는 팬데믹보다 더 뿌리 깊고 더 강력하다. 법의 집행을 불공정하게 만드는 것은 바로 고질적인 '반목 전염병'이다.

윤석열 검찰총장이 임명될 때 그를 정의의 아이콘으로 만든 것도 반목 전염병 퓨데믹의 바이러스라고 할 수 있는 진영 논리이고, 그가 검찰총장직에서 물러날 때 그를 법치주의의 수호자로 만든 것도 진영 논리다. 물론 그때마다 진영이 달라졌다. 왜 이런 코미디가 연출되었을까? 문재인 대통령이 신임 윤석열 총장에게 당부한 말은 이 물음에 대해 분명하게 답한다. "살아 있는 권력 눈치도 보지 말라." 문재인 대통령은 "권력형 비리에 대해서 권력의 눈치도 보지 않고 사람에 충성하지 않는 자세"를 높이 평가하면서 "그런 자세가 살아 있는 권력에 대해서도 똑같은 자세가 되어야 한다."[3]고 당부했던 것이다. 청와대든, 정부든 또는 집권 여당이든 권력형 비리가 있다면 엄정하게 처리해야 한편으로는 권력의 부패도 막고, 다른 한편으로는 검찰의 정치적 중립도 성취할 수 있다는 것은 이론의 여지가 없는 상식이다.

'추미애-윤석열 사건'의 시점은 바로 이런 대통령의 말에서 합리적으로 추론할 수 있다. 윤석열 검찰총장이 소위 적폐 청산이라는 명목 아래 전 정부의 권력형 비리를 파헤칠 때는 아무런 문제가 없다가 현 정부와 대립하게 된 것은 도대체 무엇 때문일까? 상식적으로 생각하면 그 이유는 명명백백하다. 살아 있는 권력이 위협을 느끼기 때문이다. 검찰이 권력의 도구일 때는 아무런 문제가 없던 것이 권력 비리를 대상으로 삼으면 문제가 된다. 이때부터 자신에게 칼을 겨눈 검찰의 손발을 묶어놓으려고 '검찰 개혁'이라는 프레임이 전면에 등장한다.

법의 집행이 공정하려면 권력이 정의로워야 한다. 적폐 청산이 권력의 도구가 되면 새로운 적폐를 만들어내는 것처럼, 개혁이 목적을 상실하면 단순한 정쟁의 수단이 될 뿐이다. 우리는 여기서 '추미애-윤석열 사건'의 일지를 재구성하여 구태여 소모적인 논쟁을 재현할 필요는 없다. 우리가 주목하는 것은 이 사건이 상기시킨 법치주의의 본질이며, 왜 우리가 어렵사리 이룩한 민주주의가 2020년 코로나 팬데믹과 함께 퍼진 반목 전염병에 의해 위기에 처하게 되었는가이다. 그렇다면 자유민주주의와 헌법 정신은 정말 파괴된 것인가? 우리 사회에서 정말 정의와 상식이 무너진 것인가? 이 물음에 답하려면, 우리는 법의 이름으로 법치주의가 파괴될 수 있음을 깨달아야 한다.

법치주의의 위기: 합법성과 정당성

민주주의가 여기저기서 위협받고 있다. 바야흐로 민주주의 위기의 시대다. 20세기에 경험했던 끔찍한 전체주의 정권이 몰락하고 현존 사회주의 체제가 붕괴했는데 민주주의를 위협하는 것은 도대체 무엇인가? 우리는 소련이 붕괴하고 베를린 장벽이 무너진 이후에는 자유민주주의가 지배적인 체제가 되어 전 세계로 확산할 것이라고 믿었다. 냉전의 종결과 함께 인류의 이데올로기 발전은 종말을 맞이할 것이며, 서구 자유민주주의가 보편화되어 정부의 최종 형태가 될 것이라는 프랜시스 후쿠야마Francis Fukuyama, 1952~ 의 예상과 희망은 보기 좋게 빗나갔다.[4] 21세기 세계 곳곳에는 포퓰리즘populism과 폐쇄적 민족주의가 준동하고 있고, 높은 지지를 받는 권위주의적 인물들의 독재 성향은 민주주의 규범의 한계를 시험하고 있다.

지난 반세기 동안 산업화와 민주화를 성공적으로 이룩한 우리는 민주주의를 구축하는 것이 결코 쉬운 일이 아니라는 것을 잘 알고 있다. 하지만 민주화가 일단 성공하면 민주주의 제도가 정착하고 또 민주적 가치가 생활화되는 '민주주의의 공고화'가 지속적일 것이라고 믿었다. 한국 시민운동의 절정이라는 평가를 받은 2016~2017년의 소위 '촛불 시민혁명'은 권력을 사유화한 보수적인 구체제를 무너뜨리고 마침내 '나라다운 나라'를 굳건히 세울 것이라고 희망했다. 그러나 우리의 희망과 바람을 담아 '혁명'이라고 부르고 싶었던 촛불시위 이후의 정치는 개혁은커녕 진보의 이름으로 오히려 구체제를 공고화하고 있지 않은가?

민주주의는 언제든지 후퇴할 수 있으며, 민주주의의 가치가 민주화라는 이름으로 훼손될 수 있다. 이것이 바로 우리가 한 번도 경험해보지 못한 괴로운 진실이다. 자유롭고 공정한 선거를 통해 권력을 교체하는 것만으로는 민주주의가 공고화되지 않는다. 민주적으로 선출된 인물들이 민주제도를 망가뜨리는 신권위주의가 유행처럼 번지고 있다. 문제는 이러한 일들이 법의 테두리 안에서 이루어지고 있다는 점이다. 민주적으로 선출된 인물들에 의해 민주주의 가치가 훼손되기도 하는 것처럼 법에 의해 법의 정신이 파괴되고 있다고 해도 과언이 아니다.

오랫동안 민주주의와 법치주의는 하나로 생각되어왔다. 권력이 국민에게서 나온다는 국민 자치가 '민주주의'의 핵심이라면, 이렇게 형성된 공적 권력이 특정 집단을 위해 사용되는 것이 아니라 모든 국민에게 이익이 되도록 하는 것이 다름 아닌 '법'이다. 권력을 떼어놓고 법과 민주주의를 생각할 수 없다. 토머스 홉스Thomas Hobbes, 1588~1679가 예리하게 정리한 것처럼 "법을 만드는 것은 권위이지 진리가 아니다."[5] 법을 제정하는 목적이 설령 정의라고 할지라도 법을 법이게 만드는 것은 강제권을 가진 권위다. "법은 명령이다."[6] 이 말은 민주주의 시대에도 여전히 타당하다. 물론 법을 만드는 권위가 신도 아니고 왕도 아니라는 것은 분명하다. 법을 만드는 입법자는 두말할 나위 없이 주권자인 국민이다. 이런 맥락에서 법치국가는 국민이 만든 법이 지배하는 국가를 의미한다.

법치주의는 법에 대한 대륙적 전통을 대변하는 독일어 개념 '법치국가Rechtsstaat'에서 유래한다. 법치국가는 정부 권력의 집행을 법으로 제한하는 '입헌국가constitutional state'이다. 대륙적 전통의 '법치국가'는 영미 계통의 '입헌주의'와 부합하지만, 합리성과 자연법에 기반한 정의와 도덕적 올바름을 강조한다는 점에서 차이가 있다. 법을 뜻하는 독일어 낱말은 두 가지다. 하나는 국회의 입법과정을 통과한 '법률Gesetz'이고, 다른 하나는 옳음과 정당과 정의를 함께 의미하는 '법Recht'이다.

우리는 여기서 독일의 '법치국가' 개념이 법과 정의를 의미하는 '법Recht'과 '국가Staat'의 합성어라는 사실을 알 수 있다. 독일의 법치국가 이념은 영미 전통의 입헌주의적 '법의 지배'와 짝을 이루는

데 한국에서는 '법치주의'로 표현된다. 요컨대 법치주의는 '법의 지배'이고, '입헌주의'이며, '헌법 정신'이다. 민주주의는 결코 기존의 법률을 인식하고 해석하고 적용하는 것만으로 실현되지 않는다. 기존의 법률이 정의의 원칙에 부합하는지 그리고 법률의 집행이 올바로 이루어지는지 끊임없이 검토할 때 비로소 법치주의는 실현된다.

민주주의가 근본적으로 법에 기반한 지배 형식이기는 하지만, 정의 실현이라는 본래의 목적을 망각하고 기존의 법만을 강조하는 형식적 법실증주의는 오히려 민주주의를 파괴한다. 법의 목적은 정의다. 법치국가는 정의의 지배다. 문제는 민주주의의 허울을 쓰고 법치주의를 말살하는 집단이나 이를 비판하는 집단도 모두 '정의'를 아전인수我田引水 격으로 끌어댄다는 점이다. 독일 법치국가의 전통을 정립한 이마누엘 칸트Immanuel Kant, 1724~1804는 법치주의의 목적인 정의의 전제 조건을 이렇게 말한다.

입법권은 오직 국민의 결합된 의지로부터 나올 수 있다. 왜냐하면 모든 권리는 입법권에서 시작하므로 입법권력은 자신의 법률을 통해 절대 누구에게도 부당한 일을 할 수 없어야 하기 때문이다.[7]

아무도 자신에게 해가 되는 부당한 규칙을 제정하지 않는다. 마찬가지로 자유롭고 평등한 시민들로 구성된 국가가 하나의 인격이라고 가정한다면, 국가의 일반의지는 국민 누구에게도 불의를 저지르는 법을 제정하지 않는다. 이것이 법치주의의 강력한 전제 조건이다.

그러나 법 현실은 올바른 규범이라는 법 이상과는 커다란 괴리가 있다. 국회의 입법과정을 통해 제정된 법률들이 반드시 정당한 것은 아니며, 법률의 집행이 때로는 국민에게 불의를 가할 수도 있다. 민주주의 발전 과정을 흔히 사람의 지배인 '인치'에서 객관적이고 중립적인 법의 지배, 즉 '법치'로의 이행으로 설명한다. 그렇다면 사람이 지배하지 않고 법이 지배한다는 것은 무엇을 의미하는가? 카를 슈미트Carl Schmitt, 1888~1985는 《합법성과 정당성Legalität und Legitimität》에서 법치국가의 특성을 이렇게 말한다. "사람이나 권위 또는 관헌이 아니라 법이 지배한다. 더 정확하게 말하면, 법이 지배하는 것도 아니라 법은 오직 규범으로서 적용된다."[8] 정의와 불의, 올바름과 그름을 구별할 수 있는 도덕적 규범이 지배해야 한다는 것이다. 그런데 현실에서는 법을 만드는 것도 사람이고, 법을 집행하는 것도 사람이다. 법의 지배는 언제나 '법을 통한 사람의 지배'가 될 수 있는 것이다.

법은 이상적으로는 모든 사람에게 이익이 되지만 현실적으로는 불의를 행할 수도 있다. 올바른 규범으로서의 '법의 지배rule of law'가 현실에서는 항상 '법에 의한 지배rule by law'를 포함하기 때문이다.[9] '법에 의한 지배'는 통치자가 법을 수단으로 통치하는 것을 말한다면, '법의 지배'는 통치자 역시 법에 의한 제한을 받아야 한다는 것을 전제한다. 만약 통치자가 법을 만들 수 있는 막강한 권력을 가지고 있다면, 집권당이 입법을 마음대로 할 수 있는 독점적 지위에 있다면, '법의 지배'는 언제든지 '법에 의한 지배'로 타락할 수 있다.

법치국가의 이념을 정립한 사상가들은 '법의 지배'와 '법에 의한 지배', 합법성과 정당성의 이율배반에 주목했다. 법치주의는 근본적으로 국민이 입법과정에 참여하는 공화주의이기 때문에 입법권과 행정권의 분리를 전제한다. 입법부, 행정부, 사법부의 삼권분립은 견제와 균형을 통해 '법의 지배'가 '법에 의한 지배'로 타락하는 것을 막는 기본적인 전제 조건이다. 이런 상황에서는 정의는 곧 법률이고, 법률은 시민의 의사를 대변하는 대표들에 의해 제정되는 국가적 규범이다.

그러나 법의 지배가 요구하는 법과 정의, 합법성과 정당성의 일치와 조화는 항상 위태롭다. 오늘날 민주적 법치국가에서 입법자는 합법성을 독점할 수 있고, 또 규범의 강제와 국가의 권위를 위해 합법성을 독점해야 하기 때문이다. 민주적 제도가 삼권분립을 통해 제대로 작동하고 있다면, 우리는 합법성을 독점하는 국가의 입법권을 신뢰할 수 있다. 만약 정의와 법률의 조화가 깨지고 또 우리가 입법자를 신뢰할 수 없다면, 만약 통치자가 '법의 지배'라는 명목으로 실제로는 '법에 의한 지배'를 하고 있다면, 민주주의의 토대인 헌법 정신은 법에 의해 파괴될 것이다.

법의 입법과 집행을 독점하는 통치자는 어떤 비판과 저항도 '불법'과 '불의'로 배척할 것이다. 카를 슈미트는 이런 현상을 매우 재미있게 묘사한다.

그는 자신이 들어온 합법성의 문을 합법적인 방식으로 뒤로 다시 닫고, 어쩌면 장화를 신고 닫힌 문을 열고 들어오려는 정치적 적을 비열한 범죄자 취급을 해도 될 것이다.[10]

합법성을 독점하면 정당성의 토대를 파괴하고, 결국 합법성의 존재근거도 박탈한다. 나는 이것을 '법치국가의 역설' 또는 '이율배반'이라고 부른다.[11]

합법성의 원리를 합법적 방식으로 제거하는 것, 이것이 바로 2020년 '추미애-윤석열 사건'을 통해 경험한 것이다. 검찰은 두말할 나위 없이 법을 집행하는 권력이다. 역대 정권들이 합법성을 독점하는 수단으로 사용했던 검찰의 총수가 "법치 말살과 헌법 정신의 파괴"[12]를 거론하는 것만큼 역설적인 현상도 없을 것이다. 우리가 좀 더 정의로운 사회로 나아가려면, 공정사회의 제도적 조건을 실현하려면, 우리는 이 사건을 법치국가의 역설을 이해하는 기회로 삼아야 한다.

불공정한 법의 자기모순

'법의 지배'를 실현하려면, '법에 의한 지배'가 공정해야 한다. 공정하지 않은 법은 헌법 정신을 파괴한다. 여기서 공정은 법이 만들어지는 과정과 법이 적용되는 과정 모두에 해당한다. 법은 정의를 실현하는 필수적인 수단이기도 하지만, 동시에 정의를 왜곡하고 파괴할 수 있는 막강한 권력이기도 하다. 이런 맥락에서 '정의'는 종종 특정한 상징을 통해 비유적으로 묘사된다. 로마신화에서 정의의 여신 '유스티티아Justitia'는 왼손엔 저울을, 오른손엔 칼을 들고 눈을 가린 채 서 있는 모습을 하고 있다. 눈가리개는 재산과 권력과 지위를 고려하지 않고 편견과 선입견을 배제한 객관적 기준에 따라 법을 집행하는 '공평성'를 상징한다.[13] 저울은 맥락에 따라 법을 평등하게 집행하는 '적절성'을 나타내며, 칼은 추상같은 법의 '권위'를 비유한다. 정의는 법치국가 최고의 도덕적 덕성이며, 민주사회의 기본 원리다.

정의의 여신이 분명하게 말해주는 것처럼 법이 공정하게 입법되고 집행되기 위해서는 그중에서도 '공평성'이 가장 중요하다. 정의 자체를 공평성으로 이해하는 사람들은 도덕적 관점을 공평성의 관점과 동일시한다. 법이 그 내용과 상관없이 규범으로서 효력을 발휘하려면 불편부당해야 한다. 어느 쪽으로도 치우침 없이 매우 공평해야 한다는 뜻이다. 여기서 공평성은 법의 도덕적 성격을 보장한다. 다시 말해 법의 입법과 적용이 불편부당하게 이루어진다면, 그것은 '법의 지배'로 평가될 수 있다.

'추미애-윤석열 사건'에는 두 담론의 프레임이 충돌한다. 하나는 '검찰 개혁'이고, 다른 하나는 '법치의 파괴'다. 한쪽에서는 검찰이 법 권력을 오용하고 남용하기 때문에 개혁해야 한다고 주장하고, 다른 한쪽에서는 검찰의 수사권을 완전히 박탈하겠다는 집권 세력의 행위가 법치주의를 파괴한다고 주장한다. 국민은 사태의 본질을 파악하기는커녕 이러한 '프레임 전쟁'[14]의 희생자가 될 가능성이 크다. 눈에 아무런 경계 없이 들어오는 넓게 펼쳐진 풍경과 문이나 창을 통해 바라보는 풍경은 다르다. 문과 창 또는 담을 설치하면 바깥의 자연을 담아낼 수 있다. 창은 풍경을 담을 수 있는 액자이다. 이와 마찬가지로 정치적 프레이밍framing은 정치적 사건과 현실을 특정한 시각에서 바라보게 만드는 담론의 기술이다. 프레임은 경계 없이 모호하게 펼쳐지는 정치적 사건 중에서 특정한 행위와 사건을 하나의 독립된 본질적 실체로 골라낸다.

프레임은 세상을 바라보는 마음의 창이다. 프레임 없이 세상은 인식되지 않는다. 현대사회의 시민들이 어떤 사건을 이해하고 대응하기 위해 의존하는 해석의 도식은 많은 편견과 고정관념으로 구성된다.[15] 사람들은 자기가 좋아하는 미디어를 통해 자신이 보고 싶은 정보만을 얻는 확증편향의 경향이 있어서 프레임을 바꾸는 일은 쉽지 않다. 이러한 현상을 조지 레이코프George Lakoff, 1972~ 는 '코끼리는 생각하지 마Don't think of an elephant!'라는 책 제목으로 설명한다.[16] 코끼리를 부정하려면 우리는 어쩔 수 없이 코끼리의 이미지를 떠올린다. 이러한 역설에는 네 가지 원리가 작용한다. 첫째, 모든 단어는 하나의 프레임을 떠올리게 한다. 둘째, 어떤 프레임 안에서 정의된 낱말들은 바로 그 프레임을 떠올리게 한다. 셋째, 어떤 프레임을 부정하는 것은 바로 그 프레임을 떠올리게 한다. 넷째, 어떤 프레임을 떠올리는 것은 바로 그 프레임을 강화한다.[17] 2020년 한국 사회를 뜨겁게 달군 프레임 전쟁은 검찰 개혁과 법치 파괴를 연동시켰다. 코끼리를 의도적으로 생각하지 않으려면 어쩔 수 없이 코끼리를 생각해야 하는 것처럼, 검찰 개혁을 주장하면 어쩔 수 없이 '법치 파괴'를 떠올리게 만든다.

프레이밍이 꼬리를 무는 상황에서는 어떤 해법도 찾을 수 없다. 우리가 '추미애-윤석열 사건'을 민주주의 발전의 계기로 삼으려면 '검찰 개혁 대 법치 파괴'의 프레임을 공정한 법치국가라는 관점에서 '리프레이밍'해야 한다. 이 사건을 다른 맥락에 갖다놓을 때 비로소 우리는 진정한 법치주의가 무엇인지 알게 된다. 조지 레이코프에 의하면 "리프레이밍은 우리가 보는 대로 진실을 말하는 것이다. 도덕적 확신을 갖고 주저함이 없이 강력하고 직설적으로 명료하게 진실을 말하는 것이다. 언어는 개념적 리프레이밍, 즉 진보적인 도덕성의 관점에서 이루어지는 리프레이밍에 적합해야 한다. 꼭 낱말의 문제는 아니지만, 올바른 낱말은 진보적인 프레임을 불러일으키는 데 도움이 된다."[18] 합법성과 정당성이라는 법치국가의 역설로 이 사건을 설명하고자 하는 것도 이 때문이다.

법은 자신의 강제적 권위를 정당화하려고 더욱더 권력화하는 경향이 있다. 권력이 법을 이용하면 법치국가는 '법에 의한 지배'가 되고, 법이 권력을 견제하면 진정한 법치주의인 '법의 지배'가 된다. 법과 권력의 관계에서 핵심은 불편부당으로 표현될 수 있는 '공정'이다. 그런데 프레임 전쟁을 벌이는 양 진영은 모두 공정을 자신의 편으로 삼고자 한다. 법치국가의 파괴를 경고하면서 검찰의 독립을 주장하는 윤석열을 지지하는 사람들은 반대편이 공정하지 않다고 하고, 검찰에 의한 권력의 독점을 우려하며 검찰을 개혁해야 한다고 주장하는 사람들은 윤석열 검찰총장의 행위가 검찰의 집단이기주의일 뿐이라고 주장한다.

이렇게 사태가 불투명한 상황에서는 사건의 맥락과 원인을 살펴볼 필요가 있다. 법치주의의 파괴라고 과감하게 말하는 윤석열 검찰총장이 오히려 법치주의를 훼손하고 있다는 주장을 들어보자. 《경향신문》의 이범준 사법전문기자는 '윤석열의 법치주의'라는 제목의 칼럼에서 이렇게 말한다. "수사 권력이 대한민국 민주주의와 법치주의의 현신現身이 되어가고 있다. 법에 의한 지배가 법의 지배를 위협하고 있다."[19] 윤석열의 법치주의는 법치주의의 올바른 이해가 아니라는 반어법이다. 법을 단순히 적용하려 수사하고 기소하는 행위 자체가 법치주의로 오해되고 있다는 뜻이다. 그러나 검찰의 수사권과 기소권이 정치권력이 원하는 사람과 집단에게만 '선별적'으로 집행되면 공정성은 파괴되고 결국은 법치주의의 토대가 무너진다는 것이 핵심 문제다.

'추미애-윤석열 사건'이 겉으로는 검찰의 수사권에 집중된 것처럼 보이지만, 그 맥락이 말해주는 것은 '검찰의 정치적 중립'이다. 여기서 우리는 합리적 의심을 할 수밖에 없다. 적폐 청산이라는 이름으로 검찰의 권력을 정치적으로 이용할 수 있을 때는 윤석열 검찰총장을 국민의 희망으로 치켜세우다가 정치적으로 이용할 수 없게 되자 검찰 개혁의 걸림돌로 찍어내리려는 것은 아닌가? 자신들이 필요할 때는 '정치검찰'의 칼을 이용하다가 칼날이 자신을 향하자

'검찰 개혁'을 들먹이는 속이 빤히 보이는 짓을 한다면 개혁이 제대로 이루어지겠는가?

법은 정의의 실현을 위해 권력이 필요하지만, 이 권력은 결코 무소불위의 권력으로 국민 위에 군림해서는 안 된다. 이 경우 권력은 견제와 균형의 원리에 따라 민주적으로 통제되어야 한다. 그렇다면 윤석열 검찰총장의 검찰이 일반 국민에 대해 무소불위의 권력을 행사했는가? 아니면 권력형 비리에 대한 윤석열 검찰총장의 태도가 문제가 된 것인가? 이 사건의 핵심은 결국 '권력 비리'다. 법은 힘 없는 사람뿐만 아니라 힘 있는 사람에게도 공정하게 적용되어야 한다. "유전무죄 무전유죄有錢無罪無錢有罪"라는 냉소적 속담이 여전히 통용되는 것처럼 법과 권력의 관계는 모순적이다. 돈이 없는 사람들의 죄는 분명하게 드러나고 가혹한 반면, 돈이 있는 사람들의 죄는 가볍고 잘 드러나지 않는다. 정치·경제·사회 분야에서 힘 있는 사람들은 법을 잘 알고, 잘 이용하기 때문이다. 법이 권력의 수단이 되는 것이다.

법은 오히려 약자에게 관대하고 강자에게 가혹할 정도로 엄격해야 한다. 그가 제대로 구현했는가의 여부를 떠나 "권력층의 반칙에 대응하지 못하면 공정과 민주주의가 무너진다."는 윤석열 검찰총장의 말은 전적으로 옳다. 따라서 검찰 권력의 정치적 중립화는 법을 정권에 관계없이 불편부당하게 적용할 때 비로소 성취된다. 이러한 사실은 검찰의 수사권을 박탈하여 고위공직자범죄수사처(공수처)를 설립하거나 수사와 기소를 분리하여도 변하지 않는다. 이 새로운 권력기관들이 똑같은 문제에 봉착하기 때문이다. 사회적 강자와 기득권의 반칙 행위에 단호하게 대응하지 못하면, 법은 권력의 시녀가 된다. 공정하지 못한 법은 결국 법치주의를 파괴하는 것이다. 그리고 국가권력을 쥐고 있는 정권이 그 어떤 세력보다 법의 공평성을 깨뜨릴 가능성이 훨씬 더 크다.

입법의 공정성: 입법 독재와 다수결 원칙

법이 권력의 수단으로 전락하지 않고 올바른 규범이 되려면, 입법 과정이 공정해야 한다. 법치국가는 국민에게서 나오는 주권이 국민에게 해가 되는 법률을 제정하지 않는다는 공화주의의 원리를 전제하기 때문이다. 국민의 통합 의지로 불리는 '일반의지volonté générale, general will'는 현실에서 존재하지 않는다. 우리는 모두 개별적 의지를 갖기 때문에 합의에 이르는 과정은 갈등과 타협으로 점철된다. 시민들의 사적인 의지가 모두 모인다고 해서 또 시민을 대변하는 의원들이 하나의 의견에 동의한다고 해서 일반의지가 실현되지는 않는다. 간단히 말해 다수의 의지가 일반의지가 아닌 것처럼, 산술적으로 통합된 전체의 의지도 일반의지가 아니다. 장 자크 루소Jean Jacques Rousseau, 1712~1778가 왕도 의회도 대표자 회의도 아닌 공동체 전체의 일반의지만이 오직 진정한 주권자라고 말하는 데서 알 수 있는 것처럼, 일반의지는 어떤 다수의 의지도 결코 일반의지가 될 수 없다는 것을 경고하기 위한 허구적 개념이다.

그런데 법치국가는 일반의지의 표현이다. 일반의지만이 주권자를 합법화하고, 주권자만이 올바른 법을 만들 수 있다. 그러므로 모든 사람이 연합해서 일반의지를 만들려는 의지가 법치국가의 전제 조건이다.[20] 일반의지는 오직 '일반의지를 형성해가는 과정'에서만 존재한다. 이런 의지 없이 다수를 일반의지로 혼동한다면 법치국가의 토대는 크게 흔들린다. 우리는 상식적으로 알고 있다. **권력을 장악하고 있는 집단은 자신의 이익이 마치 국민 전체의 이익인 것처럼 위장하고, 다수를 얻은 집단은 자신의 의지를 일반의지로 포장하려는 경향이 있다.** 일반의지를 형성하려는 의지도 없고 그러한 제도와 절차를 존중하지 않는다면, 기득권 세력은 일반의지를 가장하기 위해 더욱더 '국민'을 호출할 것이다.

법치국가가 논란이 된 2020년 '추미애-윤석열 사건'에서 동시에 '입법 독재'와 '의회 독재'라는 말이 거론된 것은 결코 우연이 아니다. 법치국가의 근본은 공정한 입법에 있기 때문이다. '국민'·'일반의지'·'공동체'라는 말이 반사실적 허구에 지나지 않는다면, 입법은 어떻게 공정하게 이루어질 수 있으며, 또 법은 어떻게 보편적 타당성을 획득할 수 있는가? 현대 민주주의사회에서 법치국가는 자신의 정당성을 오직 합리적인 공정한 절차를 통해서만 획득한다.[21] 입법의 과정이 공정해야 그 산출물인 법이 정당할 수 있는 것이다.

법치국가를 위르겐 하버마스Jügen Habermas, 1929~ 가 말하는 '절차적 민주주의 개념'으로 이해하면, 법치국가는 실제로 민주적 의사 형성을 통한 '입법 정치'라고 할 수 있다. 현대 대의민주주의사회에서 정치는 국회에서 입법권을 확보하기 위한 투쟁이다. 2020년 4월 15일 실시된 제21대 국회의원 선거에서 집권 여당인 더불어민주당과 더불어시민당은 재적 300석 중 180석을 차지해 헌법을 제외한 모든 법을 마음대로 바꿀 수 있는 입법권력을 획득했다. 그리고 우리는 입법 정치가 특정 정치적 집단의 권력의지에 의해 지배될 때 발생하는 문제들을 경험했다.

더불어민주당이 실제로 '강행' 처리한 법안은 한두 가지가 아니다. '경찰법' 개정안과 '5·18 역사왜곡 처벌법', 야당의 '공수처장 거부권'을 무력화시킨 '고위공직자범죄수사처 설치법' 개정안, 국정원의 대공對共 수사권을 폐지한 '국정원법' 개정안, '대북전단 살포 금지법'을 다수의 힘으로 밀어붙였다. 공수처를 만들어 검찰의 권력층 수사를 원천 봉쇄하고, 왜곡 처벌법으로 헌법이 보장한 국민의 표현의 자유까지 침해하는 것이라는 지적과 비판에 아랑곳하지 않고 더불어민주당은 오히려 "역사적인 성과"라고 주장했다. 입법과정에서 야당이 가진 마지막 합법적 저항 수단인 필리버스터filibuster(무제한 토론)마저 코로나 재앙을 핑계로 강제 종결시켰다.[22] 국회에서 합리적인 토의와 논의도 없이 많은 법안을 통과시키면서 '민주주의는 전진한다'는 더불어민주당의 태도를 어떻게 이해해야 하는가?

토의가 없는 입법 정치는 결코 민주주의가 아니다. 이런 맥락에서 '입법 독재', '의회 독재'의 얘기가 나오는 것은 지극히 당연한 일이다. 최장집 고려대 명예교수는 "다수결의 지배가 민주주의에서 일반적인 결정 원리라고 할 수 있겠지만, 민주주의적 결정 원리가 다수결인 건 아니다."라고 전제하면서 "다수의 지배가 무차별적으로 결정 원리가 된다면, 그것은 다수의 독재 이상 아무것도 아니다."라고 단언한다.[23] 진중권 전 동양대 교수는 더 강한 목소리로 "의회에서 토론 한번 없이 쪽수로 법안 통과시키는 게 당신들의 민주주의입니까?"라고 반어적으로 물으면서, 그것은 "자유민주주의가 아니라 인민민주주의"[24]라고 결론을 내린다. 이에 대해 집권 여당은 법과 절차를 지키는 것은 결코 독재가 아니라고 반박한다. 더불어민주당 박주민 의원은 "독재는 보통 엄청나게 찍어누르면서 아무것도 특히 절차를 무의미하게 만들면서 진행되는 것"[25]이라고 말하면서 '좌파 독재'는 어불성설語不成說이라고 덧붙인다. 폭력적인 전제정치와 입법과정을 독점하는 독재를 구별하지 못한 탓이기는 하지만, 형식적인 표결 절차를 거치면 독재가 아니라는 인식은 문제의 핵심을 건드린다.

　민주주의가 입법권을 쟁취하기 위한 다수를 둘러싼 싸움이라면, 다수를 획득한 정당은 형식적 절차를 지키면 정말로 마음대로 해도 되는 건가? 여기서 우리는 민주주의의 의사 결정 원리로 여겨지는 '다수결 원칙'을 따져볼 필요가 있다. 민주주의를 다른 정체와 구별하는 몇 가지 특성들이 있다. 민주주의가 실현되기 위해 충족되어야 하는 필수적인 '절차상의 최소 조건'은 (1) 가능한 최대 다수의 관심 있는 시민들의 정치적 참여, (2) 정치적 결정을 위한 다수결 원칙, (3) 통상의 의사소통 권리와 아울러 다양한 강령과 정치 엘리트 집단 중에서 선택할 기회, (4) 사적 영역의 보호이다.[26] 여기서 최대 다수는 계량적으로만 이해되어서는 안 된다. 아리스토텔레스와 그의 전통을 이어받은 한나 아렌트Hannah Arendt, 1906~1975가 정치의 기본 전제 조건이 '다원성'이라고 밝혔듯이, 최대 다수는 의견과 가치의 다양성을 의미한다. 서로 다른 의견들이 자유롭게 개진되고 토의될 수 있을 때만이 다수결이 민주적 의사 결정의 원칙으로 작용하는 것이다.

다수결 원칙은 다수의 의견을 전체의 의견으로 간주하여 다수가 원하는 대로 결정하는 의사 결정의 방식이다. 우리는 다수가 전체가 아니라는 것을 상식적으로 알고 있다. 그렇다면 다수의 의견은 어떤 조건에서 전체의 의견으로 간주될 수 있는가? 민주주의의 원리를 다수결의 관점에서 최초로 정립한 헤로도토스의 명제는 간단하다. "다수 속에 전체가 있다."[27] 민주주의는 모든 결정을 전체 앞에서 한다. 이런 조건에서만 다수는 전체를 대변한다. 다시 말해 다수가 항상 전체의 관점에서, 즉 공익과 공동선의 관점에서 결정할 때만 정당하다는 것이다. 다수가 전체를 고려하지 않고 오직 다수라는 이유만으로 결정한다면, 그것은 다수의 폭정이지 민주적 결정이 아니다.

이 전통을 계승한 존 로크John Locke, 1632~1704는 다수결의 원칙에서 중요한 것은 바로 공동체의 결성이라는 점을 강조한다. 로크에 의하면 시민들이 하나의 공동체를 결성하기로 동의한 경우에만 공동체는 한 몸으로서 행동할 수 있는 권력을 가지게 되며, 그 권력은 오로지 '다수의 의지와 결정the will and determination of the majority'[28]

에 따르게 된다. 시민들이 결성한 공동체가 하나의 몸으로 행위를 할 수 있는 힘을 가질 때만 다수결 원칙이 민주적 과정으로 평가될 수 있다는 것이다.

그렇다면 정치적으로 다른 이념과 정책을 추구하는 다양한 사람과 정당이 어떻게 하나의 공동체를 이룰 수 있단 말인가? 여기서 공동체를 형성한다는 것이 모든 사람이 똑같이 된다는 것을 의미하지 않는다는 것은 분명하다. 전체가 마치 하나인 것처럼 획일적으로 통치하는 것은 전체주의와 다를 바 없다. 민주적 의사 결정에서 전체를 고려한다는 것은 다음과 같다. (1) 모든 시민은 자유롭고 평등한 주체로서 의사 결정 과정에 참여한다. (2) 지배자와 피지배자는 언제든지 바뀔 수 있다. (3) 다수는 소수가 될 수 있고, 소수는 언제든 다수가 될 수 있다. (4) 따라서 다수는 소수자의 의견을 존중하고 충족하기 위한 최선의 노력을 다해야 한다. 엄밀히 말해서 민주주의사회에서는 어느 누구도 다른 사람들의 합의 없이는 타인을 지배할 수 없다. **합의가 없다면, 즉 다수의 결정에 대한 소수의 승인이 없다면, 어떤 정권도 지속될 수 없다. 합의를 배제한 다수의 지배는 합법적일 수는 있을지 모르지만 결코 정당하지 않다.**

합법성만을 추구하는 다수결은 결국 '다수의 폭정'으로 끝난다. 우리는 여기서 민중이 지배하는 민주정체가 타락한 정치체제가 될 수 있다는 아리스토텔레스의 경고에 귀를 기울여야 한다. 의회의 다수를 차지했으니 마음대로 할 수 있다는 생각은 독재와 폭정을 잉태한다. 소수에게도 국정에 참여할 기회를 열어놓을 때 다수결 원칙은 민주주의의 원리가 된다. 그것이 바로 보편적인 규범이 지배하는 민주주의다. 다수가 영구적으로 다수로 머무를 수 있다는 착각이 헌법 정신을 왜곡함으로써 결국 법치주의를 파괴한다.

법치주의의 공정은 소수자의 의견을 존중하고 보장하는 것이다. 공정이 없는 다수의 지배는 사회를 더욱더 분열시키고, 정치를 끊임없는 수의 싸움으로 타락시킨다. 다수의 지지를 얻기 위한 정치는 민주적 토론과 논의보다는 선전과 선동을 부추긴다. 2020년은 다음과 같은 아리스토텔레스의 말을 상기시킨 한 해였다고 해도 과언이 아니다.

> 법이 지배하는 민주정체에서는 민중 선동가가 나타나지 않고, 가장 훌륭한 시민들이 주도적인 역할을 하기 때문이다. 그러나 법이 최고 권력을 갖지 못하는 국가에서는 민중 선동가들이 나타난다. 이것은 민중의 다수로 구성된 독재자가 되기 때문이다.[29]

불공정한 법이 사회를 분열시키고, 사회의 분열이 법치주의를 파괴하는 악순환이 계속된다. 불공정은 정치, 사회, 경제 및 문화의 모든 영역에서 힘을 가진 자들이 의사 결정을 독점할 때 발생한다. 공정에 대한 희망으로 탄생한 정권이 불공정을 확신하게 했다는 역설에서 우리는 이제 이렇게 물어야 한다. 힘 있는 자들은 정말 탁월한 자들인가? 탁월하다는 것은 사회적으로 어떤 의미를 지니는가? 이 물음은 우리를 엘리트와 대중의 문제로 이끈다.

능력은 불평등을 정당화하는가?

우리가 사회에서 우리의 최초 출발 위치에 대해
응분의 자격을 갖는 것이 아니듯이,
천부적 자질의 배분에서 우리의 위치에 대해 역시
'응분의 자격을 갖는' 것은 아니다.

존 롤스, 《정의론》

도덕을 타락시키는 엘리트의 자식 사랑

2020년 12월 23일 고등학생들이 코로나 전염병의 비정상적인 상황에서 입시 전쟁을 치르고 있는 동안, 서울중앙지방법원 형사합의 25-2부(부장판사 임정엽·권성수·김선희)는 조국 전 법무부 장관의 부인 정경심 동양대 교수에게 징역 4년 형을 선고하고 법정구속했다. 1심 재판부는 '자녀 입시 비리', '사모펀드 불법 투자', '증거인멸' 등 정 교수의 혐의 15개 중 11개를 유죄로 판결하면서 딸 조모 씨의 논문 등재 실적과 인턴십 확인서 등 부산대 의학전문대학원에 합격하기까지 입시용 경력 7개는 모두 정 교수가 꾸며낸 허위라고 판단했다.[1]

단순한 입시 부정 사건에 불과한 하나의 에피소드로 넘어갔을 이일이 왜 '시대적 사건'이 되었는가? 이 사건의 중심은 도덕성의 완전한 타락이다. 불법을 저지른 사람이 불법인지조차 인지하지 못하고 오히려 음해와 음모라고 주장하면, 옳고 그름을 판단할 수 있는 도덕적 능력은 완전히 부패한다. 도덕성을 상실한 권력은 법을 형식적으로 이해하고 자신의 이익을 위해 오용한다. 합법을 가장한 권력은 결국 도덕의 토대를 오염시킨다.

언뜻 단순한 입시 부정으로 보이는 이 사건이 우리 사회의 구조적 문제를 적나라하게 드러낸 '조국 사태'의 맥락에서 파악되어야 하는 것은 이 때문이다. 국민은 이 사건에 왜 분노했는가? 누가 사회적 경쟁에서 유리한 지위를 차지하고 있으며, 어떻게 이 지위에 도달하는지에 대한 근본적 의문이 이 사건을 통해 제기된 것이다. 말로는 현실의 불공정성을 비판하면서 입으로는 모든 이익을 먹는 도덕적 이중성이 폭로된 것이다. 정파를 뛰어넘어 모든 국민에게 분노를 일으킬 입시 부정 스캔들조차 진영의 프레임에 갇히는 순간 도덕성 자체가 파괴된다.

'조국 사태'는 한국 사회의 공정 문제를 정면으로 건드렸다.[2] 2019년 8월 9일 문재인 대통령이 조국 전 청와대 민정수석을 법무부 장관 후보자로 지명하면서 시작된 '조국 사태'는 이 정권이 정치적 자산으로 내세운 도덕성이 거짓이고 허위임을 폭로했기 때문이다. 공정을 내세운 정부가 전혀 공정하지 않다는 것이 드러날 때 사회의 건강한 상식과 도덕은 심각한 위협을 받는다. 문재인 대통령은 야당의 반대에도 불구하고 조국 법무부 장관을 임명하면서 사법개혁을 원하는 국민의 뜻을 강조했다. 장관의 인사는 헌법과 법률이 정한 대통령의 고유 권한이라는 합법성의 정치는 결국 국민을 조국 반대자와 수호자로 분열시키고 적대적으로 대립시켰다. 권력이 자신의 이익을 관철하기 위해 동원하는 국민은 결코 정당성의 원천인 전체로서의 국민이 아니다. 공정은 국민을 통합하지 결코 분열시키지 않는다.

무엇이 기득권 세력의 도덕적 불감증을 초래한 것인가? 재판부는 조국 전 법무부 장관의 딸과 관련된 입시 비리가 "공정성을 저해하는 행위"라는 점을 분명히 하면서, 양형 이유에서 피고인의 반도덕적 태도를 언급한다. 재판부는 "단 한 번도 자신의 잘못에 관하여 솔직히 인정하고 반성한 사실이 없다."고 판단하면서, 피고인의 방어권 행사 측면을 고려하더라도 "모든 공소사실을 부인하면서 설득력 없고 비합리적인 주장을 계속하는 태도"[3]는 수긍하기 어렵다고 밝혔다. 조국 전 법무부 장관과 정경심 교수가 문제점을 인정하고 진심으로 사과했다면, 이 사건이 과연 정권의 도덕성 자체를 위태롭게 만드는 정치적 사건으로 발전했을까? 잘못된 것을 잘못된 것이라고 말하지 않는 도덕적 불감증은 정치적 판단력을 마비시키는 것처럼 보인다.

'조국 사태'의 핵심은 권력에 의한 도덕의 타락이다. 이러한 현상을 가장 잘 보여주는 것이 바로 입시 부정이다. '조국 수호'와 '조국 사퇴', '검찰 개혁'과 '법치 파괴', '서초동 집회'와 '광화문 집회'로 분열되어 싸우는 과정에서 드러난 다른 문제들보다 훨씬 심각한 것은 사실 윤리의 파탄이다. 입시 부정은 국민의 분노를 일으키는 부도덕하고 불법적인 행위임에도 불구하고 오히려 공정을 외치는 도덕적 도착倒錯 현상을 어떻게 이해할 수 있는가? '도착'은 상하가 전

도되어 서로 어긋나는 것을 의미하며, 감각과 판단의 이상으로 말미암아 사회도덕에 어그러진 행동을 보이는 일을 의미한다. 예컨대 '성적 도착증sexual perversion'은 성적 쾌감을 얻으려고 이상 행위를 하는 습성을 말한다. 이런 맥락에서 **권력과 이익을 얻으려고 비정상을 정상으로, 그른 것을 옳은 것으로 주장하는 것은 분명 '도덕적 도착증moral perversion'이다.**[4]

이 사건의 중심에는 자식을 명문대에 보내고자 하는 명문대 출신의 부부가 있다. 세계에서 유례없는 경쟁 시스템을 자랑하는 한국의 입시제도는 전문가조차 꿰뚫어 보기 힘들다. 이런 상황에서는 정보 자원을 효과적으로 활용할 수 있는 능력이 결정적이다. 자식을 좋은 대학에 보내고 싶은 학부모들은 입시에 유리하게 작용할 수 있는 스펙을 쌓기 위해 온갖 노력을 다한다. 교과 외에 봉사활동이나 인턴 경험을 하거나, 표창장을 받거나, 논문을 쓴 실적이 있다면 입시에서 좋은 결과를 가져올 확률이 크다.

아마 대부분의 학부모는 법적으로 문제가 되지 않는다면 모두 이런 노력을 기울일 것이다. 그것이 합법적이라면 공정을 부르짖은 자가 공정하지 않다는 도덕적 비난쯤은 모두 감수할지도 모른다. 도덕적으로 비난받을 수 있을지는 모르지만 결단코 불법은 아니라고 강조하면서 조국 가족에게만 유독 가혹하게 법을 적용하는 것은 외려 정치적 공세라고 생각하는 지지자들의 반발은 소위 상류층 엘리트 가정에서 암암리에 이루어지고 있는 부도덕한 지원에 대한 대중의 의심에 기대는 것처럼 보인다. 우리 모두 책임져야 할 사회적 문제이지 한 사람과 한 가정이 독박을 쓸 문제는 아니라는 것이다. 그런데 대학 입시부터 의학전문대학원 입시까지 이어진 입시비리 관련 행위의 동기와 방법이 모두 불법이라면, 이를 어떻게 정당화할 수 있단 말인가?

아직 판결이 확정되지 않았지만, 1심 재판부는 "공정한 경쟁을 위해 성실히 노력하는 많은 사람에게 허탈감과 실망을 야기했고, 우리 사회가 입시 시스템에 가졌던 믿음을 저버리게 했다."고 지적했다. 우리는 이제까지 능력과 실력에 근거한 입시제도가 공정하다고 믿었으며, 이러한 입시 시스템이 이따금 터져 나오는 입시 부정에도 불구하고 비교적 견고하다고 생각했다. 모든 국민이 입시 전문가라고 자칭할 정도로 입시제도와 과정에 관심을 쏟고 있는 상황에서 부정과 불법은 쉽게 일어나지 않을 것이라고 착각했기 때문이다. 우리 모두는 학생부종합전형이든 수능 위주의 정시든, 특별전형이든 일반전형이든, 능력과 재능으로 대입이 이루어지기 때문에 대학입시에는 합법적인 '정문'만 있지 '뒷문'과 '옆문'은 없는 줄 알았다. 우리는 정문에 이르는 길에도 돈과 권력이 떠돈다는 것을 어렴풋이 알아채고 있었지만 애써 인정하지 않았는지도 모른다. 능력과 재능으로 대입이 이뤄져야지 돈과 권력과 사회적 지위와 같은 다른 요인에 좌우되어서는 안 된다는 공정의 희망을 놓고 싶지 않았기 때문이다.

잘못을 저지르고서도 뉘우치지 않는 도덕적 불감증은 매우 이상한 확신에서 기인하는 것처럼 보인다. 그럴 수 있는 경제적 힘과 사회적 권력을 갖고 있다면 아마 누구나 그럴 것이라는 믿음이 깔려 있다. '조국 사태'에 대한 국민의 분노는 대체로 이 사건의 불법적인 면과 불공정성에 집중되었지만, 그 못지않게 우리를 불편하게 하는 것은 우리 사회의 도덕적 취약성이다. 이제까지 우리는 '나 자신의 실력과 노력으로 여기에 섰다'고 주장하는 사회적 승자와 기득권자의 말을 곧이곧대로 믿었는데, 공정한 능력주의에 대한 믿음이 우리의 착각일 수도 있다는 것이 밝혀진 것이다. 공정사회의 토대인 사회적 제도에 대한 신뢰가 철저하게 무너진 것이다.

능력주의가 권력이 될 때

우리는 권력을 가진 사람이 능력이 있을 것으로 생각하지만, 현실은 언제나 우리의 소망과 희망을 배신한다. 능력 있는 사람은 권력을 가지고, 게다가 권력자가 도덕성마저 갖춘다면, 도덕적 정치인에 의해 통치되는 사회는 더할 나위 없이 공정한 사회일 것이다. 플라톤은 '각자가 자기 일을 행하는 것'을 정의라고 규정하면서, 지배자나 피지배자 모두 이성적인 부분이 지배해야 한다는 데 의견이 일치하고 이 점에 대해 반목하지 않을 때 비로소 정의로운 사회가 실현된다고 말한다.[5] 여기서 이성은 물론 옳고 그름을 판단할 수 있는 능력을 말하지만, 분명한 것은 능력 있는 자가 다스려야 한다는 믿음이다. 하지만 권력은 이제까지 항상 능력을 위조하고 조작하고 왜곡했다.

　사회적 지위와 신분이 아니라 오직 능력과 실력에 따라 자기 일을 찾을 수 있어야 한다는 능력주의는 공정사회의 전제 조건이다. 능력 있는 사람이 자신의 능력에 맞는 일을 하면 정의이고, 능력 없는 사람이 통치하면 불의다. 현실은 이런 상식을 비웃는다. 플라톤 역시 정의의 반反사실성을 간파한 것처럼 보인다. "훌륭한 사람들이 스스로 통치하려는 마음을 갖지 않을 경우, 그에 대한 최대의 벌은 자기보다 못한 사람한테 통치를 당하는 것이다."[6] 능력과 도덕성을 갖춘 사람들이 통치해야 한다는 플라톤의 주장은 현실에서 통치하는 지배자들이 사실 능력도 없고 도덕적이지도 않다는 인식에서 기인하기 때문이다.

　플라톤이 생각하는 능력 있는 훌륭한 사람들은 결코 돈과 명예 때문에 통치하지 않는다. 그들은 통치의 대가로 드러내놓고 보상을 요구하지도 않고, 이익을 추구하지도 않는다. 그들은 통치를 구실로 몰래 보상을 취하지도 않고, 민주적 도덕성이라는 명예를 원하지도 않는다. 그것은 권력과 통치를 수단으로 경제적 이익과 사회적 명예를 도둑질하는 것과 다를 바 없다. '진정한 통치자'는 자신의 이익을 생각하지 않고 피지배자에게 이익이 되는 걸 생각해야 하기 때문이다. 하지만 현실 권력은 돈과 명예를 얻으려고 정치적 힘과 사회적 지위를 이용한다.

　도덕적 이성이 현실을 인도해야 한다는 생각이 단순한 희망이든 아니면 권력이 현실을 왜곡하든, 뛰어난 자가 지배해야 한다는 것은 동서고금을 막론하고 확고부동한 것처럼 보인다. 지배자와 피지배자, 부유한 사람과 가난한 사람, 그리고 능력 있는 사람과 무능한 사람 모두 '뛰어난 사람'이 지배해야 한다는 점에 동의하기 때문이다. 언제 어디에서나 다수가 소수에 의해 지배받는다는 것이 놀라움을 불러일으키지만, 어느 사회에서나 권력을 가진 사람들은 소수이다.

이런 맥락에서 보면 귀족정치aristocracy는 정치적 지배 형태의 일반적인 형식일 뿐만 아니라 능력주의의 정치적 실현이라고 할 수 있다. 고대 그리스어로 '탁월성aristos'과 '지배kratos'의 합성어인 '아리스토크라티아aristokratia'는 글자 그대로 "가장 뛰어난 자의 지배 rule of the best"를 의미한다. 아리스토텔레스는 《정치학Politika》에서 뛰어난 도덕적 덕성에 따라 공직을 배분하는 것이 귀족정체의 주된 특징이라고 말한다.[7] 뛰어나다는 것은 국민의 관점에서 옳고 그름을 판단할 수 있는 도덕적 탁월성, 즉 덕arete을 말한다. 그러나 이러한 귀족정치가 타락한 형식을 '과두정치oligarchy'라고 부르는 것을 보면, 지배하는 자들이 소수라는 사실만이 확고부동한 사실로 검증되고 도덕적 능력은 언제나 의심의 대상이 된다. 결국 소수의 부유한 '귀족들'이 자신의 권력을 이용하여 돈과 명예와 사회적 지위를 모두 차지하는 과두정치가 현실이 되었다.

우리 사회가 민주화되면서 귀족주의가 과거가 되었다는 것은 커다란 착각인 것 같다. 과거 전통사회에서는 사회적 지위가 세습되었다면, 현대사회에서는 누구나 자신의 능력과 노력에 따라 원하는 사회적 지위를 얻을 수 있다는 것이 능력주의다. 모든 사람에게 자신의 능력을 발견하고 계발할 기회를 균등하게 주고, 사회적 지위를 얻는 과정이 열려 있고 공정하면, 결국은 자유롭고 평등한 다수가 자기 일을 할 수 있는 정의로운 사회가 실현될 수 있다는 것이다. 따라서 능력주의는 귀족주의를 민주주의로 전환할 수 있는 비밀의 열쇠다.

과거의 귀족은 혈통이나 가문 덕택에 태어나면서부터 특권을 가졌고, 이를 남용해 부당한 이익을 독점했다. 간단히 말해 자신이 속한 집단과 신분, 계층과 계급을 통해 개인의 이익을 도모한 것이다. 민주화 과정에서 '뛰어남'의 판단 기준은 이제 계층적 집단에서 개인으로 옮겨간다. 인간의 지위는 출신에 의해 결정되기보다 그 사람이 가진 능력에 의해서만 결정되어야 한다는 능력주의 가치가 굳건하게 자리 잡았다. 오늘날의 엘리트들은 자신들의 능력과 노력을 통해 그리고 누구에게나 허용된 수단을 이용해 현재의 지위를 정정당당하게 얻었다고 주장한다. 과거의 귀족들이 사회적 공적은커녕 노력도 하지 않고 사냥과 무도회를 하며 빈둥거렸다면, 현대의 엘리트들은 엄청나게 노력하여 얻은 성과로 사회에 상당한 기여를 한다고 주장한다.

능력주의는 귀족주의를 민주화한 것이다. 더 정확하게 말하면, 민주사회의 조건에서 새롭게 재구성된 귀족주의다. '능력주의 meritocracy'는 라틴어 어원(meritus, merit)이 말해주는 것처럼 능력과 노력에 따라 마땅히 받을 만한 자격이 있는 후천적인 사회적 지위와 혜택을 정당화한다.[8] 여기서 민주주의는 개인의 재능을 보상하는 체계로 변질된다. 능력은 개인에게 속한 것이고, 우리의 성공은 우리가 통제할 수 없는 힘에 좌우되지 않으며 누구나 자기 운명의 주인이 될 수 있다는 능력주의는 민주주의의 핵심 가치와 근본 원리로 인정된다. 오직 각자의 능력대로만 보상하는 시스템은 공정하며, 이런 시스템 안에서 자신의 노력으로 얻은 사회적 보상은 그 자체로 합리적이고 공정하다는 것이 능력주의의 본질이다. 사회가 능력에 따라 경제적 보상과 사회적 지위를 공정하게 배분해야 한다는 약속은 매우 매력적이다.

현대사회는 능력 경쟁사회다. 경쟁은 필연적으로 부와 사회적 지위의 불평등을 초래하지만, 경쟁이 공정하다면 결과로서의 불평등은 정당한 것으로 받아들여진다. 그러나 능력주의라는 개념을 처음 만들어낸 마이클 영Michael Young, 1915~2002은 엘리트 귀족의 탄생이 능력주의의 민주적 요소를 파괴할 수 있음을 경고했다.[9] 평등을 중시하는 민주주의 사회에서 새로운 '엘리트 귀족'이 탄생하면서 능력주의의 유토피아는 민주주의의 허울을 쓴 디스토피아로 전락한다. 능력이 평등사회를 구현할 수 있는 수단이 아니라 사회적 불평등을 심화시키면서도 그것을 당연한 것으로 받아들이게 만드는 권력 수단으로 변질하기 때문이다. 전통사회의 세습 엘리트들은 타고난 권리 덕분에 자신의 신분과 지위를 자녀들에게 쉽게 상속했다면, 능력주의 사회에서는 계층을 물려주려면 특권을 끊임없이 구축해야 한다. 능력주의 사회의 엘리트는 차별적인 교육을 통해 그 목표를 달성한다. '계급 없는 사회'를 위한 교육이라는 민주적 이상理想이 능력주의와 결합하면, 학교와 교육은 계급을 선별하는 기계가 되고 불평등을 대물림하는 잔인한 매개체가 된다.

능력주의는 분명 민주주의사회의 새로운 계급인 엘리트 집단이 자신의 특권을 보존하고 유지하기 위한 이데올로기다. 능력이 권력의 수단이 되자마자, 능력은 이제 조작과 위조의 대상이 된다. 특권을 보존하고 확대하려면 학위가 필요하고, 학위를 취득하려면 차별적인 교육이 이루어져야 한다. 이런 점에서 '조국 사태'는 능력주의의 타락을 분명하게 보여주는 상징적 사건이지만, 권력에 의한 능력의 조작과 왜곡은 진보와 보수를 막론하고 모든 엘리트층에서 나타나는 도덕적 타락 현상이다.

'촛불혁명'을 통해 공정을 내세운 문재인 정권을 출범시킨 것은 다름 아닌 '박근혜-최순실 국정농단 사건'이었다. "능력 없으면 니네 부모를 원망해. 있는 우리 부모 가지고 감 놔라 배 놔라 하지 말고. 돈도 실력이야."[10] 최순실의 딸 정유라가 2014년 말 이화여대 체육교육과에 승마 특기생으로 합격했을 때 자신의 페이스북에 올린 글이다. 그녀는 2014년 3월 승마 국가대표로 선발된 뒤 같은 해 9월 16일 이화여대에 입학원서를 냈다. 그리고 9월 20일 아시안게임 승마 단체전에서 금메달을 받았다. 정씨는 10월 18일 이화여대 입시 면접에 승마복 차림에 금메달을 갖고 들어갔다. 그녀는 입학 후에도 이유 없이 결석을 하고 성의 없는 과제물을 제출해도 학점을 받는 등 일반인이라면 생각할 수 없는 수준의 대우를 학교 측으로부터 받았다. 그녀의 능력을 인정받게 만든 것은 바로 특혜와 특권이었다. 자신의 순수한 능력과 노력이 아니라 부모의 '빽'으로 아시안게임 대표가 되고 명문 대학에 입학하게 되었다는 사실에 국민은 분노했다. 최순실 사태와 조국 사태는 그 불법성과 불공정성에서 닮은 꼴일 뿐만 아니라 바로 능력주의의 민낯을 적나라하게 보여준다.

능력은 민주주의 사회에서 사회적 불평등을 정당화할 수 있는 유일한 자원이다. 능력이 경쟁의 대상이 되면서 새로운 엘리트 기득권층은 특권을 유지하기 위해 능력을 자본화한다. 여기에 진보와 보수의 차이가 없다. 차이가 있다면 보수 엘리트들은 부와 권력이 능력을 결정할 수 있다는 점을 애써 숨기려 들지 않는다면, 진보 엘리트들은 앞으로는 공정의 도덕을 외치면서도 뒤로는 마찬가지로 부와 권력을 탐한다는 점이다. 도덕성을 무기로 '권력을 쥐고 돈까지 갖고 싶었던' 운동권이 기득권 세력이 되는 순간에도 능력주의에 대한 믿음은 공고한 것이다.[11] 보수가 돈과 권력에도 도덕적 명예를 얻고 싶어 하든, 진보가 도덕과 권력과 돈의 순서로 자본을 축적하려고 하든, 능력이 부와 권력과 명예의 수단이 되는 순간 능력주의는 도덕적 자원을 잃게 된다. 능력주의에 기반한 '민주적 귀족주의'가 소수의 부유한 엘리트가 지배하는 과두제로 타락하면, 불공정사회는 피할 수 없는 현실이 된다.

능력주의는 신화이다

대한민국에서 '조국 사태'로 능력주의의 어두운 이면이 폭로되었을 때 2019년 3월 미국에서도 특권층 부모들이 불법적 수단으로 자기 자녀들을 명문대에 입학시킨 '대입 부정 사건'이 터진 것은 결코 우연이 아니다. 신자유주의가 전 세계로 보편화되고 세계화가 진행되는 동안 빈부격차는 더 벌어지고, 사회적 불평등은 심화되었다. 사회의 발전이 모든 사람에게 이익이 되는 방향으로 이루어지기보다는 상류층에게는 혜택을, 보통 사람들에게는 무력감을 안겨주었다. 최근 수십 년 동안 이루어진 불평등의 폭발적인 증가는 사회적 계층 이동을 가속화시킨 것이 아니라 정반대로 특권층이 그 지위를 대물림해줄 힘만 키워준 것이다. 우리가 사회적으로 어느 자리에 있든 열심히 노력하면 계층 이동을 할 수 있다는 믿음은 서서히 깨어지기 시작했다.

능력주의는 이제 상류 엘리트 계층이 자신의 지위와 특권을 정당화하는 알리바이가 되었다. 능력주의가 확산되면서 이동이 단절된 계층은 점점 더 계급이 된다. 상위층은 더욱 상위층이 되고, 하위층은 더 하위층이 되고 있으며, 상위층은 사회적 자본을 독점하여 그들의 위치를 공고히 하고 있다. 이런 과정에서 개인의 능력이 각자의 경제적 삶과 사회적 성공에 미치는 영향은 생각만큼 크지 않으며, '금수저 흙수저' 담론이 말해주는 것처럼 비능력적 요인이 미치는 영향은 실로 엄청나다는 사실을 점차 인식하게 되었다. 능력주의의 신화처럼 모든 사람이 새로운 출발점에서 시작하는 것이 아니라 부모로부터 유리한 "출발점을 물려받는 '릴레이 경주'"[12]가 현대인의 삶이 된 것이다. 부모의 문화적 자본은 위장된 형태로 교묘하고 은밀하게 특권을 세습하는 무형의 상속 자산이다. 이처럼 능력이 상속되고 세습되는 사회는 불공정사회다.

능력주의가 불공정사회를 초래하는 첫 번째 원인은 '능력주의의 역설'이다. 사회적 불평등을 완화해줄 것이라고 기대한 능력주의가 오히려 불평등을 강화한다. 전통적 신분사회와 계급사회를 타파하려고 고안된 능력주의는 새로운 계급을 만들어낸다. 능력 있는 자와 능력 없는 자, 사회적으로 필요한 자와 쓸모없어 남아도는 자의 계급적 대결이 능력주의의 산물이다. 능력주의가 세습귀족제로 굳어져가는 원인은 경제적 불평등이다. 미국에서 상위 1퍼센트의 가구가 전체 소득의 20퍼센트를, 상위 0.1퍼센트의 가구가 전체 소득의 10퍼센트를 차지한다. 1950년부터 1970년까지 상위 1퍼센트가 소유한 몫은 2배로, 상위 0.1퍼센트의 몫은 3배로 늘어났다. 이들의 경우 총소득의 3분의 2에서 4분의 3이 근로소득이라는 점을 고려하면, 경제 불평등이 심화된 원인은 중산층 직업에서 상위 직업으로의 소득 이전 때문이라고 한다.[13]

한국도 고소득 민주주의 국가와 마찬가지로 소득 불평등과 자산 불평등의 구조적 문제를 갖고 있다. 2010년 가처분소득을 기준으로 최상위 10퍼센트의 소득은 최하위 소득보다 4.8배 높으며, 최상위 20퍼센트의 소득은 최하위 20퍼센트보다 5.7배 높다. 산업화로 고도성장을 한 1990년 이후 지난 20년 동안 소득 불평등의 정도가 약 60퍼센트 정도로 급격하게 나빠졌다고 한다.[14] 소득 양극화의 경향은 코로나 팬데믹 이후에 더 심해질 것으로 전망된다. 2021년 4월 1일 발표한 취업 플랫폼 잡코리아에 따르면, 2020년도 국내 대기업 임직원의 평균 연봉은 8,322만 원으로서 2019년 기준 중소기업의 평균 연봉 4,052만 원보다 거의 2배 높다.[15] 이처럼 불평등이 커질 대로 커지면 경계가 모호한 정도의 차이가 경계가 뚜렷한 정도의 차이로 바뀐다. 부유층과 나머지 계층은 이제 사는 지역도 다르고, 교육 수준도 다르며, 심지어 인터넷에서도 다른 세상에 산다. 능력주의는 경제적 자본, 사회적 자본과 문화적 자본을 차별화함으로써 부유층과 중산층 사이의 모호한 사회적 경계를 예리한 것으로 바꿔 놓는다.

둘째, 현대사회의 기회 배분 시스템을 주도하는 교육은 대학을 능력주의 질서의 매개체로 삼음으로써 불공정사회를 만든다. 오늘날 학교의 질적 차이가 직업과 소득의 차이로 이어진다는 것은 지극히 당연한 상식으로 여겨진다. 좋은 직업을 얻어서 높은 소득을 올리려면 우선 명문 대학에 들어가야 한다. 명문 대학의 입학 자체가 희소자원이기 때문에 부모의 소득과 자녀의 대학 입학과의 상관관계는 뚜렷하다. 명문대 입학은 성공의 방정식이다. 미국에서는 아이비리그 대학을 졸업해야 하고, 한국에서는 소위 SKY를 나와야 사회적으로 고공행진을 할 수 있다. 하버드와 스탠퍼드 대학생의 3분의 2는 상위 5분위 가정 출신이라고 한다.[16] 우리도 예외가 아니다. 하류층 출신의 학생들이 능력과 노력만으로 명문 대학에 입학하는 것은 정말 예외가 되었기 때문이다. 요람에서 유치원까지, 그리고 초등교육에서 대학 교육에 이르기까지, 아이들은 부모의 사회적 계층 지위에 비례해서 교육을 받는다. 교육이 특권이 되면, 교육의 기회는 불공정하게 배분될 수밖에 없다.

셋째, 능력주의는 계층 이동이 불가능하다는 사실을 교묘하게 은폐함으로써 공정 자체를 의심하게 만든다. 능력주의는 비록 더 많은 평등은 약속하지 않았지만, 더 많은 사회적 이동 가능성에 대한 희망을 심어주었다. "개천에서 용 난다"는 마법의 속담은 사회적 환경과 자본이 빈약하더라도 능력과 노력을 통해 경제적 보상과 사회적 상승을 이룰 수 있다는 믿음을 대변한다. 교육이 소득과 계층 상승의 사다리로 여겨진 것이다. 그러나 자녀 세대에게 '교육이라는 유산'을 물려줄 수 있는 능력은 이미 부유층과 기득권 세력의 특권이 되었다. 상류층 아이들은 상류층 교육을 받고, 중산층 아이들은 중산층 교육을 받는다.

이와 같은 교육의 차이로 말미암아 사회적 지위는 대물림된다. 마이클 샌델Michael Sandel, 1953~ 의 표현에 의하면 "소득 사다리의 단이 하나씩 높아질수록, SAT의 평균 점수는 올라가기" 때문에 "한 세대에서 다음 세대로 바뀔 때 가진 자와 가지지 못한 자가 위치를 바꾸는 일은 일어나지 않는다."[17] 능력주의가 이미 용이 날 수 있는 개천을 말라버리게 만든 것이다. 교육이 계층의 원인일 뿐만 아니라 계층의 결과로 작동하는 능력주의 사회는 불공정사회다. 능력주의는 불평등한 성공의 사다리를 오를 평등한 기회를 얻어야 한다고 강조할 뿐 불평등의 극복에는 관심이 없고 오히려 불평등을 정당화하기 때문이다.

넷째, 능력주의는 자신의 실패와 자신의 곤경을 자신 탓으로 돌리게 하여 우리의 심리 구조를 고착시킴으로써 불평등을 극복할 수 있는 잠재력을 파괴한다. 우리는 성공한 사람을 보면 '특출한 능력이 있었겠지.'라고 생각하고, 그러지 못한 사람은 '능력이 없거나 노력을 하지 않았겠지.'라고 생각하는 경향이 있다. 이러한 심리는 사회적 불평등이 사회적 구조와 왜곡된 기회 분배에서 기인하기보다는 개인에게 책임이 있다는 사고방식을 강화한다. 능력주의가 도덕적으로 불공정한 성공의 윤리와 도덕적으로 옳지 못한 태도를 부추긴다. 마이클 샌델이 《공정하다는 착각The Tyranny of Merit》에서 문제 삼는 것은 바로 이와 같은 왜곡된 도덕 감정이다. "능력주의 윤리는 승자들을 오만으로, 패자들은 굴욕과 분노로 몰아간다."[18]

불평등의 증가와 함께 '혐오 사회'가 출현하는 것은 우연이 아니다. 사회의 엘리트 계층이 "당신의 부와 명예는 당신의 실력과 당신이 사회에 공헌한 탁월한 공적 덕분이다."라고 말한다면, 능력주의의 승자는 웬만한 덕성을 갖추지 않고서는 오만을 피할 수 없을 것이다. 사회적으로 불리한 계층의 사람이 "당신의 가난은 실력이 없어서이고 당신이 사회에 기여한 것이 거의 없기 때문이다."라는 말을 들으면 아무리 자존감이 강한 사람이라도 모욕감을 느낄 수밖에 없다.

'하면 된다'라는 말은 양날의 검이다. 한편으로는 자신감을 불어넣지만 다른 한편으로는 모욕감을 준다. 승자에게 갈채하며 동시에 패자에게 조롱한다. 패자 스스로도 말이다. 일자리가 없거나 적자에 시달리는 사람에게 나의 실패는 자업자득이다. 재능이 없고 노력을 게을리했기 때문이라는 생각은 헤어나기 힘든 좌절감을 준다.[19]

열심히 노력해서 능력을 갖추면 누구라도 성공할 수 있다는 능력주의는 오늘날 하나의 허구와 신화로 밝혀졌다. 아무리 노력해도 아무것도 안 되는 사회에서 능력주의는 역설적으로 극단적인 불평등사회를 생산한다. 능력주의는 '양극화된 불평등사회'를 낳고, 불평등은 교육을 '특권의 수단'으로 만들고, 새로운 계급의 매체가 된 교육은 오히려 '사회적 이동을 불가능하게 만들며', 결국 '오만과 굴욕의 왜곡된 도덕 감정'을 초래한다. 21세기에 능력주의의 결과에 좌절하고 절망하면서도 여전히 능력주의를 붙잡고 있는 현대인은 어떤 모습인가?

젊은 세대는 자기 계발 자체에 의문을 품고 분노하기보다는 집중할 수 없는 스스로를 비웃고 자학했다. 이 시기에 유행한 '잉여'라는 표현은 자기 계발과 하등 상관없어 보이는 짓거리를 반복하면서 자조하는 이들을 대변했고, '루저'라는 표현은 그런 에너지마저 고갈된 채 패배 의식에 젖어 있는 자를 지칭했다.[20]
사람들을 쓸모 있는 존재로 만드는 대신 잉여 존재로 전락시키는 사회만큼 불의의 사회도 없다. 이런 맥락에서 공정은 어쩌면 점점 더 타락해가는 능력주의의 병폐를 치유할 수 있는 마지막 수단일지 모른다.

다른 불공정을 초래하는 공정

능력만이 신분사회를 타파할 수 있는 공정한 수단이라는 믿음이 서서히 붕괴하고 있다. 현대사회의 새로운 엘리트는 교육을 특권화하여 자식들에게 물려주고, 이렇게 고착화된 경제적 불평등은 능력을 정치적 권력으로 변질시킨다. 우리는 부유한 사람이든 가난한 사람이든 사회적 계층과 관계없이 똑같은 출발선에서 인생의 경주를 한다고 착각한다. 그것이 착각이든 아니면 소망의 표현이든 현실에서 출발선은 불평등하며, 공정하다고 여겨진 경쟁의 장소는 이미 기울어진 운동장이다. 부유한 부모를 둔 사람들은 처음부터 이미 결승점 근처에서 출발하는 반면, 가난한 부모를 둔 사람들은 다른 사람들보다 훨씬 뒤에서 출발한다. 부모가 생계 때문에 자식에게 관심을 가질 수조차 없어 부모의 도움을 받을 수 없는 사람들을 '흙수저'라고 부르지 않는가. 인생 출발점이 부모의 사회경제적 계층과 지위에 의해 결정되는 사회에서는 능력과 노력을 강조하는 것 자체가 공정하지 않다.

능력주의가 불평등을 정당화하는 수단으로 변질되면 될수록 공정에 대한 요구가 강해지는 것은 언뜻 당연해 보인다. 그렇다면 능력주의와 공정은 어떤 관계에 있는가? 한편으로는 우리 사회가 공정하지 않기 때문에 능력주의가 왜곡되고 부패했다고 볼 수 있고, 다른 한편으로는 공정 담론의 인플레이션은 불평등 문제의 본질을 흐리게 하여 오히려 능력주의 이데올로기를 강화한다. 이 모순적 관계를 정확하게 이해하지 못하면, 우리는 지나치게 많다고 할 수 있는 공정성 담론의 과잉으로 표출되는 한국 사회의 사회병리적 현상을 올바로 파악할 수 없다.[21)]

우리 사회가 공정하지 않다는 사실에는 진보와 보수를 떠나 모두 동의하는 것처럼 보인다. 우리가 막연하게 느끼고 있던 사회의 불공정성은 국가가 공정의 수호자가 아니라는 현실이 폭로되면서 2017년 촛불집회로 표출되었다. 공정을 내세운 문재인 정부의 소위 소득주도성장을 주도했던 장하성 교수는 2011년 10월 13일자《조선일보》칼럼에서 국민의 73퍼센트가 "우리 사회가 공정하지 않다."고 답한 정부의 여론조사를 언급하면서 "경쟁은 공정성이 전제됐을 때 효율성을 달성할 수 있다."[22)]고 주장한다. 이런 상황에서 문재인 정부가 공정을 국정 원리로 내세운 것은 자명한 일이다. 문재인 대통령은 2017년 5월 10일 취임사에서 유명한 공정사회의 명제를 내세웠다. "문재인과 더불어민주당 정부에서 기회는 평등할 것입니다. 과정은 공정할 것입니다. 결과는 정의로울 것입니다." 이러한 원칙을 실현해감으로써 그는 "공정한 대통령이 되겠습니다."[23)]라고 약속했다.

공정을 배제한 능력주의가 필연적으로 타락하는 것처럼, 법의 이름으로 특권과 반칙을 허용하면 공정은 사회적 규범으로서의 타당성을 잃게 된다. 공정을 목청 높여 외칠수록 그 방법과 수단의 불공정성은 더욱 뚜렷해진다. 정의롭지 않은 결과를 가져오는 과정은 그것이 아무리 합법성의 외관을 하고 있더라도 불공정하기 때문이다. 공정을 내세운 정부가 공정성 이슈로 공격받았다는 것은 역설이다. 2020년 7월 서울연구원이 서울에 거주하는 만 20~39세 청년 1,000여 명을 대상으로 실시한 '서울 청년 불평등 인식조사' 결과에 의하면, "우리 사회는 노력에 따른 공정한 대가가 제공되고 있다."는 설문에 동의한 응답자는 14.3퍼센트에 그쳤다.[24] 공정을 내세운 진보 정부에서도 사회의 불공정성은 전혀 개선되지 않은 것이다.

공정이라는 국정 목표를 정당화하기 위해 끌어댄 통계가 이제는 거꾸로 이 정부의 정당성을 흔들고 있다. 문재인 정부를 뒤흔든 공정의 이슈들은 실로 여러 가지지만, 공정과 능력주의의 관계에서 볼 때 가장 핵심적인 사건은 소위 '인국공 사태'로 불리는 인천국제공항공사 비정규직의 정규직 전환 문제다. 공정을 실현하려는 정책이 왜 불공정의 대명사가 된 것일까? 문재인 대통령은 2020년 9월 19일 '제1회 청년의 날' 기념사에서 이 물음에 스스로 답한다.

공정을 위해 노력하는 과정에서 비로소 모습을 드러내는 불공정도 있었습니다. …… 때로는 하나의 공정이 다른 불공정을 초래하기도 했습니다. 정규직과 비정규직 사이의 차별을 해소하는 일이, 한편에서는 기회의 문을 닫는 것처럼 여겨졌습니다. 공정을 바라보는 눈이 다를 수 있다는 사실이 공정에 대해 더 성찰할 수 있는 계기가 되었습니다.[25]

다른 불공정을 초래하는 공정을 과연 공정이라고 할 수 있을까? 이 물음에 답하려면 공정을 바라보는 시각의 차이를 진지하게 고찰해야 한다. 정부는 정규직과 비정규직 사이의 차별을 해소하는 일이 제도 속의 불공정을 해소하는 방법이라고 보았다면, '인국공 사태'에 분노하는 청년들은 과정이 공정하지 않다고 비난한다. 정부는 불공정한 게임의 결과에 주목했다면, 청년들은 정의롭지 못한 결과를 초래할 수 있는 조건과 과정에 초점을 맞춘 것이다.

정의의 문제를 현대적 맥락에서 재구성하면서 '공정으로서의 정의'를 제안한 존 롤스는 사회를 자유롭고 평등한 시민들의 공정한 협력체계로 규정한다.[26] 사회 협력은 우선 협력하는 시민들이 그들의 행위를 규제하는 규칙을 공동으로 제정하고 승인하며, 다음으로 이들이 공정하게 협력하는 조건은 호혜성이나 상호성이며, 끝으로 참여자는 공정한 협력을 통해 자신의 합리적 이익을 얻는다.[27] 간단하게 요약하면, 정의로운 사회는 시민들이 자발적으로 참여하는 '공정한 협력체제a Fair System of Cooperation'다. '공정으로서의 정의'를 뒷받침하는 직관적인 생각은 "모든 사람의 복지가 그들의 만족스러운 삶에 필수적인 사회 협동 체제에 의존하기 때문에 이득의 분배는 가장 곤란한 처지에 있는 사람들을 포함해서 그 사회에 가

담하는 모든 사람의 협력을 이끌어내도록 이루어져야 한다."[28]는 것이다.

'인국공 사태'는 우리가 자발적으로 참여할 수 있는 공정한 협력의 조건이 존재하지 않는다는 것을 폭로했다. 롤스는 사회적·경제적 불평등은 오직 최소 수혜자에게 그 불평등을 보상할 만한 이득을 가져오는 경우에만 정당화될 수 있다고 주장한다. 예컨대 정규직과 비정규직의 차이가 있다고 하더라도 이러한 차별이 비정규직에게도 이익이 되어 그들의 처지를 향상시킬 수 있어야 정규직과 비정규직이 공정하게 협력할 수 있다. 이 경우 임금, 근로 환경, 노동 여건 등을 개선하는 것이 공정하다는 점을 부정할 사람은 없을 것이다.

문제는 비정규직을 정규직으로 전환하는 것이 왜 공정성을 훼손하는가이다. 여기서 우리는 공정의 문제를 사회적 협력의 '조건'과 '절차'의 두 가지 측면에서 볼 필요가 있다. 협력의 조건은 참여하는 사람들의 합의를 통해 주어진다. 이 사태에 대해 청년들이 분노한 이유를 살펴보자. (1) 비정규직이 정규직이 되면 취업의 기회가 줄어든다. (2) 취업의 기회는 모든 사람에게 균등하게 주어져야 한다. (3) 정규직에 취업할 기회가 희소한 상황에서 비정규직의 정규직화는 기회를 부당하게 박탈한다. 청년들이 문제 삼는 불공정성은 주로 '기회'에 집중된다.

2000년대 이후 청년세대 내부의 실업률과 비정규직 추이를 보면, 청년세대의 노동시장 불평등은 매우 심각하다. 실업률도 높고, 비정규직 비율도 높다. 이중고를 겪고 있는 청년세대가 비정규직의 고통에 공감하지 않고 오직 자신들의 이익에만 관심을 가진다고 비난하는 것은 상황을 제대로 파악하지 못하는 것이다. 최근 20대 청년들은 노동시장에 진입한다고 하더라도 '양질의 안정적인 일자리'를 획득하는 것이 어렵고, 오히려 노동시장 밖으로 내몰리고 있다고 해도 과언이 아니다. 양질의 일자리는커녕 일자리 자체가 없는 상황에서 "20대 청년 상당수가 극심한 경쟁으로 내몰리며 불안정한 노동을 경험하거나 노동시장에서 더욱 배제되고 있다."[29] 이런 상황에서는 비정규직을 정규직으로 전환하는 것은 공채로 들어갈 기회가 줄어 내가 설 자리가 좁아질 것이라는 제로섬의 사고방식이 만연할 수밖에 없다.

　고용이 극도로 불안정한 상황에서 일자리를 늘리지는 않고 일자리의 형식을 바꾸는 것은 불공정한 것이다. 능력과 노력에 대해 보상받을 기회를 제공하지도 않으면서 노력하라고 강요하는 것은 공정은커녕 사회적 폭력이다. 모두가 먹을 수 있는 파이를 늘리지는 않으면서 '네 몫의 파이는 스스로 챙기라'는 것은 공정하지 않은 처사이다.[30] "바보야, 문제는 일자리야!"라는 말이 타당하다. 인천국제공항 보안 검색 요원을 비정규직에서 정규직으로 전환한다고 해서 취업 준비생들의 기회를 박탈하는 것이 아니라는 주장도 공허하고, 비정규직을 비난하는 청년들을 두고 공정성을 편협하게 하고 왜곡한다고 역으로 비난하는 것도 정당하지 않은 것은 이 때문이다. 물론 비정규직은 자신들에 대한 사회적 공격에서 자신이 처한 조건에서 열심히 살아온 노력이 부정당하는 것 같은 부당함을 느낄 것이다.

그러나 분명한 것은 일자리를 얻는 과정이 불공정하다고 인식된 다는 점이다. 비정규직으로 취업을 할 경우에도 정규직으로 전환할 수 있는 합리적 절차가 미리 제시되어 비정규직 중에서 자격을 갖 춘 일부가 정규직으로 전환되었다면 불공정 논란으로 번지지 않았 을 것이다. 만약 정규직과 비정규직의 차이를 인정하는 선에서 직 접고용보다 자회사 정규직으로 고용했더라면, 이 사태에 대한 저항 은 덜했을 것이다. 만약 정규직 전환을 현재의 비정규직을 포함하 더라도 공개적인 경쟁의 방식으로 이루어졌더라면, '인국공 사태' 는 발생하지 않았을 것이다. 정규직과 비정규직, 일자리를 가진 자 와 가지지 못한 자 사이를 가로막는 장벽이 있는 상태에서 절차의 불공정성은 결국 게임 조건의 불공정성으로 이어진다. 존재하는 고 용시장의 성벽을 허물어뜨리려는 어떤 노력도 하지 않으면서 선전 되고 강요되는 공정의 담론은 불공정성의 감정만을 퍼뜨릴 뿐이다. 우리에게는 아직 공정한 협력의 조건이 존재하지 않는다.

능력 절대화의 문제

나는 취업 걱정을 별로 하지 않는 엘리트 대학에서 정치철학을 가르치면서 학생들에게서 능력주의 정서가 점점 짙어지고 넓게 퍼져나가고 있음을 느꼈다. 정의에 관한 다양한 관점, 특히 아리스토텔레스의 '덕으로서의 정의', 공리주의의 '행복으로서의 정의', 칸트의 '의무로서의 정의'와 롤스의 '공정으로서의 정의'를 소개하면 학생들은 대부분 롤스의 관점에 많은 관심을 기울인다. 모든 사람에게 각자의 몫을 배분하는 고전적 정의관이나 최대 다수의 최대 행복을 추구하는 공리주의와 어떤 조건에서도 올바름을 실천해야 하는 칸트의 의무론도 흥미롭지만, 차별을 인정하면서도 모든 사람이 협력할 수 있는 공정한 조건을 탐색하는 롤스의 관점이 가장 매력적으로 보이는 것 같았다.

그런데 학생들이 쉽게 받아들이지 못하는 한 가지 관점은 능력과 노력도 결코 더 많은 이익을 얻을 정당한 자격을 주지 않는다는 롤스의 생각이다. 최소 수혜자의 이익을 최대화하는 방식으로 이루어질 때만 불평등은 정당화될 수 있으며 또 그런 사회가 공정한 사회라는 점은 적극적으로 승인하면서도, 노력과 능력을 부정하는 듯한 롤스의 태도에 대해서는 반대하거나 냉소적인 태도를 보였다. 왜 그런 것일까? 롤스의 말을 들어보자.

우리가 사회에서 우리의 최초 출발 위치에 대해 응분의 자격을 갖는 것이 아니듯이, 천부적 자질의 배분에서 우리의 위치에 대해 역시 '응분의 자격을 갖는deserve' 것은 아니다. 우리가 자신의 능력을 개발하도록 노력할 수 있게 해주는 우월한 성격에 대해 응분의 자격을 갖는다는 주장 역시 의문스럽다. 왜냐하면 그의 성격은 대체로 자신의 공로라고 주장할 수 없는 훌륭한 가정이나 사회적 여건에 달려 있기 때문이다. 응분의 몫desert이라는 개념은 여기에 적용될 수 없다고 생각한다.[31]

우리의 능력과 재능이 우리의 것이 아니라면 무엇이 응분의 몫을 결정하는가? 롤스는 사회적 협력과 경쟁에서 비능력적 요소를 가능한 한 제거하기 위해 오히려 능력의 우연성을 강조한다. 롤스가 말하는 공정의 조건은 시민들이 자신의 삶을 살 수 있는 전망이 평등하게 주어져야 한다는 것이다. 내가 노력하면 어떤 삶이 펼쳐질 것이라고 합리적으로 기대할 수 있는 사회가 공정한 사회다. 그러나 일생에 대한 전망은 비능력적 요소로 인해 불평등하다. (1) 우리가 태어나서 성장하는 출신 계급에 따라 다른 기회가 주어지며, (2) 사람들의 천부적인 재능을 발전시킬 기회가 불평등하고, (3) 질병과 사고, 불운과 행운과 같은 개인이 통제할 수 없는 우연에 의해 우리의 삶은 달라진다. 롤스는 출신 계급의 '사회적 우연성', 천부적 재능과 같은 '자연적 우연성', 그리고 불운과 같은 '운명적 우연성'의 영향을 줄이려는 제도적 노력을 할 때 비로소 공정한 협력체계로서의 정의로운 사회가 구현될 수 있다고 믿는다.[32]

사람들은 본성적으로 다르다. 타고난 능력과 성향도 다르다. 따라서 천부적으로 타고난 것은 자연적인 사실일 뿐 결코 정의도 아니고 불의도 아니다. 롤스는 "무엇이 정의이고 불의인가의 문제는 제도가 그러한 사실들을 처리하는 방식"[33]이라고 말한다. 롤스는 개인의 재능과 노력을 경시하지도 배제하지도 않는다. 그는 불평등한 능력과 재능이 공정한 협력의 출발점이 되어서는 안 된다고 주장하는 것이다. 출발선이 같거나 평평한 운동장에서 경쟁이 벌어진다면, 승자는 의심의 여지 없이 가장 큰 재능의 소유자일 것이다. "아무도 자신의 보다 큰 천부적 능력이나 공적을 사회에 있어서 보다 유리한 출발지점으로 이용할 자격은 없다. 하지만 이것이 이러한 차이점들을 무시하거나 없애야 할 이유는 아니다."[34] 롤스는 이러한 자연적 불평등이 불공정한 사회적 제도들을 통해 증폭되는 것을 막을 수 있는 다른 방법이 있다고 제안한다. 자신의 능력과 노력으로 얻은 이익도 실제로는 사회적 협력의 결실이라는 점을 인정한다면, 그는 자신의 이익을 공동체와 나눌 수 있는 정의의 덕성을 갖게 된다는 것이다.

우리가 출발선을 똑같이 하거나 기울어진 운동장을 평평하게 만든다고 해서 정당한 공적의 차이와 사회적 불평등을 부정하는 것은 아니다. 그는 사회적 지위가 대물림되는 장벽 사회에서 비능력적 요인이 능력적 요인을 압도하는 불공정한 경향을 경계한다. 우리 사회의 공정 담론도 이와 맥을 같이한다. 사회의 불공정성에 분노하는 청년세대가 더욱더 능력주의에 매달리는 현상은 언뜻 모순처럼 보인다. **부모의 경제적 능력과 사회적 지위와 같은 비능력적 요소가 자식들에게 세습되는 상황에서 시험이라는 형식적 절차와 공정성만을 강조하는 것이 지극히 편협하고 왜곡된 것처럼 보이지만, 공정할 기회조차 없는 사회는 철저한 불공정한 사회다.** 시험만이 공정한가? 시험의 경쟁이 기회의 균등인가? 시험만이 그 사람의 능력을 판별할 수 있는 유일한 기준인가?[35] 청년세대가 대학이 인재 선별기 또는 계층 선별기로 전락했다는 사실을 모르고, '성적순' 또는 '출신 대학'이라는 평가 기준을 우선시했던 기성세대의 오류를 답습한다는 비난은 정말 오만한 생각이다.

우리는 청년세대가 '개인의 노력'보다 '누군가의 아들·딸'이란 것이 더 크게 작용하는 사회구조에서도 능력과 노력을 유일하게 남은 공정의 잣대로 삼는 이유와 배경에 주목해야 한다. 차별을 없애는 것만이 공정이 아니다. 기회가 공정이고, 기회를 늘리는 것이 공정이다. 더 정확하게 말하면, 삶을 합리적으로 기대하고 전망할 기회를 늘리는 것만이 공정이다. 청년세대는 능력 있는 자들이 자신의 노력을 통해 합당한 이득을 얻는 것에 반대하지 않는다.

마이클 샌델은 능력주의를 비판하면서 정당화될 수 있는 능력과 성공을 이렇게 비유적으로 서술한다. "가장 잘 달리는 주자에게 납이 들어간 신발을 신길 필요는 없다. 마음껏 전속력으로 달리게 하라. 다만 그의 승리가 전적으로 그에게 속한 것이 아님은 분명히 해야 한다."[36] 한국의 청년세대는 성공한 시민이 동료 시민에게 빚이 있다는 도덕성도 요구하지 않는다. 그들은 능력주의가 하나의 허구라는 사실을 이미 간파하고 있다. 미국의 전설적인 대학 미식축구 감독이었던 배리 스위처Barry Switzer, 1937~ 는 능력주의가 하나의 신화에 불과하다는 점을 매우 인상적으로 꼬집는다. "어떤 사람들은 3루에서 태어났으면서 마치 자기가 3루타를 친 것처럼 생각하며 살아간다."[37]

　이런 상황에서 젊은 세대의 능력주의를 비난하는 것은 오만하고 위선적이다. 허구인 줄 알면서도 허구에 매달릴 수밖에 없는 절박한 상황을 상상조차 하지 못하는 것이다. 그들은 단지 능력을 개발할 수 있고, 노력의 대가를 합당하게 보상받을 '기회'만을 요구할 뿐이다. 한국 사회의 다차원적 불평등구조가 세습되고 고착화하면 할수록, 불평등한 격차사회는 폐쇄적인 '장벽 사회'로 전환된다. 기득권층의 능력주의가 시민들에게 평등한 기회를 부여하는 것처럼 보이지만 실제로는 기회를 박탈하는 통곡의 장벽이 될 때, 불공정사회는 불의를 확대 재생산한다. 공익과 공동선을 배제한 능력주의의 절대화 자체가 불공정을 양산하기 때문이다.

세 번째 질문

뛰어난 사람은 모든 분야에서 뛰어난가?

시험을 통해 검증되는 것은
시험을 보는 단순한 능력뿐이었다.

마이클 왈저, 《정의와 다원적 평등》

누가 마땅한 몫을 정하는가?

능력 있는 사람이 자신의 공적에 따라 마땅한 보상을 받아야 한다는 것은 모든 사람이 당연하게 생각하는 보편적 규범이다. 우리는 단순히 허기를 달래는 데 만족하지 않고 맛있게 먹기를 바라기 때문에 요리를 잘하는 사람을 보면 칭찬하고, 요리사는 그에 마땅한 보상을 받을 만하다고 생각한다. 우리는 좋은 교육을 받고 싶다면 그 분야에서 최고의 선생을 찾을 것이다. 따라서 좋은 선생이 많고 훌륭한 시설을 갖춘 명문 대학에서 공부하고 싶은 것은 매우 자연스러운 일이다. 물론 명문 대학이라고 해서 이름처럼 좋은 선생만 있는 것은 아니지만, 훌륭한 선생 밑에서 배우고 싶다는 소망은 결코 잘못된 것이 아니다.

우연히 들른 식당에서 예상치 못한 좋은 음식을 먹게 되면, 사람들은 대체로 칭찬의 팁을 건넨다. 설령 다른 사람들이 나의 의견과 판단에 동의하지 않더라도 부당하다고 비난할 일이 아니다. 좋은 음식을 먹어 행복한 것은 나이니까. 요즈음 요리가 유행하면서 덩달아 조리 도구 소비도 늘었다고 한다. 그렇다면 최고의 조리 도구를 누구에게 주는 것이 정의로운 것일까? 식칼의 목적은 훌륭한 음식을 만들어내는 것이다. 따라서 이 목적을 가장 탁월하게 실천할 수 있는 요리사가 최고의 식칼을 가져야 한다고 아리스토텔레스는 말한다. 이처럼 무엇인가를 배분할 때 비로소 공정과 정의의 문제가 발생한다.

아리스토텔레스는 사람들에게 그들이 마땅히 받아야 할 것을 주는 것이 정의라고 말한다. "정의는 특정한 사물들을 특정한 사람들에게 배분하는 것을 조정하며, 평등한 사람들에게는 평등해야 한다."[1] 그런데 어떤 점에서 평등인가? 그리고 무엇이 마땅히 받아야 할 것인가? 마땅히 받아야 할 자격은 누가 정하는가? 이 질문에 대한 답은 우리가 무엇을 누구에게 어떻게 분배하는가에 달렸다. 아리스토텔레스는 최고의 피리는 최고의 연주자에게 주어야 한다고 말하면서 분배의 문제점을 이렇게 말한다.

재능이 대등한 피리 연주자가 여러 명 있을 때 집안이 더 좋은 자에게 더 좋은 피리를 주어서는 안 될 것이다. 집안이 좋다고 해서 피리를 더 잘 연주하는 것은 아니니까. 그러니까 일을 더 잘하는 자에게 더 좋은 도구가 주어져야 하는 것이다.[2]

아리스토텔레스는 여기서 능력주의가 정당화될 수 있는 조건을 분명히 제시한다. 대상과 사람이 평등해야 한다는 것이다. 어떤 사람이 피리 연주 실력은 월등히 뛰어나지만 가문과 외모에서는 훨씬 열등하더라도, 우리는 훌륭한 연주자가 좋은 피리를 갖는 것이 정의라고 생각한다. 집안이 부유하다고, 얼굴이 잘생겼다고, 키가 크다고, 또는 빨리 달린다고 좋은 피리를 배분한다면 사람들의 조소와 분노를 불러일으킬 것이다. **능력의 차이에 따라, 탁월성에 따라 배분하는 것이 정의이기는 하지만, 능력이 평가되는 분야와 대상이 다른데 이런 차이를 무시하고 똑같이 배분하는 것은 불의다.**

사람들은 근본적으로 다르다. 사람들 사이에는 천부적으로 주어진 자연적 불평등이 있다. 어떤 사람은 뜀뛰기를 잘하고, 어떤 사람은 계산을 잘하고, 어떤 사람은 말을 잘하고, 어떤 사람은 성격이 좋다. 대인관계를 잘 맺는 사람이 영업이나 마케팅 직종에서 일하는 것이 마땅하고, 말을 잘하는 사람이 대중 강사가 되는 것이 합당하며, 계산을 잘하는 사람이 재정과 회계를 담당하는 것이 적합하다. 그리고 잘 달리는 사람이 마땅한 상을 받을 수 있는 곳은 육상경기 대회이다. 아리스토텔레스가 관심을 가진 분배의 정의는 대개 이러한 가치들이 아니라 공직과 영광의 분배와 관련한 문제였다. 정치권력은 어떻게 분배해야 하는가? 정치가 추구하는 선과 가치는 정의이므로 공동의 이익을 증진할 능력과 책임 의식을 가진 자가 통치권을 쥐어야 한다. 이처럼 우리의 삶에 영향을 미치는 것들, 그리고 사회적 협력을 통해 생산된 재화는 '가치'에 따라 분배되어야 한다.

아리스토텔레스는 평등한 것을 불평등하게 대할 때처럼 불평등한 것을 평등하게 대할 때도 사회적 불의가 발생한다고 말한다. 따라서 무엇이 어떤 가치에 따라 분배되는가의 문제는 매우 중요한 정의의 문제다.

분배에 있어 정의로운 것은 어떤 가치에 따라 이루어져야 한다는 것에 대해서는 모든 사람이 동의하지만, 그럼에도 모든 사람이 동일한 것을 가치로 주장하는 것은 아니다.[3]

누가 분배의 기준인 가치를 결정하는가? 민주주의자들은 자유와 공익을 가치라고 주장하고, 과두정 지지자들은 부와 좋은 혈통을 가치라고 주장하고, 귀족주의자들은 탁월성을 가치라고 주장한다. 현대적인 관점에서 말하면, 분배의 기준은 경제적인 돈일 수도 있고, 정치적 이념인 자유와 평등일 수도 있으며, 문화적 가치라고 할 교육과 교양일 수도 있다.

부유한 사람이 반드시 교양이 있지도 않고, 또 교육을 많이 받은 사람이 반드시 정치적 권력을 손에 쥐는 것도 아니다. 우리는 이런 현실을 보고 세상은 공평하다고 한다. 머리가 좋은 사람이 외모는 추할 수 있으며, 외모가 출중하지 않더라도 성격은 좋을 수 있다. 이렇게 다양한 가치를 서로 비교할 수 있는 단 하나의 절대적 가치는 존재하지 않는다. "돈으로도 살 수 없는 것이 있다"라는 오래된 격언은 도덕적으로 요청되는 규범일 뿐만 아니라 사실상 참이다. 그러나 현대자본주의는 돈으로 살 수 없다고 여겨진 많은 것을 시장

거래의 대상으로 만들고 있다. 《돈으로 살 수 없는 것들What money can't buy》이라는 매우 인상적인 제목을 달고 있는 마이클 샌델의 책은 사실 장기·학력·명예·사랑을 포함하여 얼마나 많은 것을 돈으로 살 수 있는가를 보여준다.[4]

  돈만 있으면 좋은 교육을 받을 수 있고, 좋은 직업을 구해 고액의 소득을 올릴 수 있으며, 능력 있는 사람이라는 평가를 받아 높은 사회적 지위를 얻고, 막강한 권력과 사회적 영향력을 손에 넣을 수 있다. 돈이 다양한 가치를 비교할 수 있는 유일한 매개체가 된 것이다. 물질주의가 지배하는 현대 자본주의사회에서 부와 권력을 분배하는 유일한 가치가 된 것이 바로 '능력'이다. 능력주의는 바로 물질주의다. 고소득은 능력의 증표이며 저소득은 무능력의 증표로 여기는 사회에서 개인의 지위와 보상이 능력에 비례한다고 믿는 태도가 능력주의이기 때문이다. 이런 사회에서 능력 있는 사람이 돈을 적게 번다는 것은 하나의 모순이다. 거꾸로 돈을 많이 버는 사람은 어떤 형태로든—그것이 설령 간계와 술수, 부패와 사기의 기술이라 할지라도—능력이 있어서 그 자리에 올라갔을 것이라고 사람들은 믿는다. **시장은 도덕을 밀어내고, 다양한 가치를 획일화한다. 돈으로 살 수 있는 것은 유용하고, 돈으로 살 수 없는 것은 무용한 것으로 인식된다.**

  누가 오늘날 분배의 가치를 결정하는가? 누가 개개인이 출생이나 특권이 아닌 자신의 재능으로 성공해야 한다고 말하는가? 전통적 귀족사회를 붕괴시키고 새로운 엘리트 사회를 건설한 기득권 세력이 그렇게 말하는 것이다. 사람들이 능력주의에 현혹되면 될수록 기득권의 권력은 더욱 강화된다. 우리가 노력하면 사람들 사이의 불평등 격차를 좁힐 수 있다고 믿으면 믿을수록, 그 격차는 건너뛸 수 없는 장벽이 된다. 분배의 가치를 만들고 정립하는 자가 결국 세상을 지배한다. 그들이 능력 있는 자만이 성공할 수 있다고 말하면, 성공한 그들은 그 자체로 능력 있는 자가 되는 것이다. 그들은 모든 것을 가지고 있고, 그들의 자식은 '엄친아'라는 유행어처럼 능력이나 외모, 성격, 집안 등 거의 모든 면에서 완벽하다. 그렇지 않은 사람들은 '엄마 친구 아들'이라는 뜻의 이 낱말처럼 부유한 사람들을 바라보고 비교하며 동조화한다. 자신도 노력하면 언젠가는 그렇게 될 수 있다는 믿음이 능력주의를 현대사회의 유일한 분배 가치로 만든다.

승자독식의 학벌사회

오늘날 대학들은 현대사회에서 중요한 가치인 교육 기회의 배분 시스템을 주도하고 있다. 대학 교육을 받은 사람들에게 적합한 일자리가 충분히 있을 때는 대학의 대중화가 많은 사람에게 사회적 상승의 기회를 제공했다. 능력만 있으면 좋은 대학에 들어가고, 졸업 후에는 좋은 일자리를 얻을 수 있었다. 능력주의가 산출한 새로운 교육 엘리트는 기존의 세습 엘리트를 몰아냈다. 문제는 학력이 권력의 수단이 될 때다. 노력과 능력만으로 사회적 지위를 획득한 신흥 엘리트 계층은 자식들에게 지독한 입시 경쟁에서 살아남는 방법을 물려준다. 이렇게 교육의 특권이 세습된다. 학교 졸업장이 사회적 성공의 자격증이 되는 순간 어느 대학을 나왔는가가 엄청난 권력의 부가가치를 얻게 한다. 이렇게 학벌이 형성된다.

한국에서 학벌은 계급 세습의 수단이다. 학벌은 사회적 차별과 불평등의 근본 원인이기 때문이다. 학벌이란 무엇인가? 국립국어연구원이 펴낸《표준국어대사전》에 의하면, 학벌은 "학문을 닦아서 얻게 된 사회적 지위나 신분. 또는 출신 학교의 사회적 지위나 등급"을 뜻하기도 하고, "출신 학교나 학파에 따라 이루어지는 파벌"을 의미하기도 한다. 우리는 여기서 학력이 사회적 지위와 권력과 밀접한 관계가 있다는 것을 알 수 있다. 학벌을 풀이하는 데 사용한 '파벌派閥'이 "개별적인 이해관계에 따라 따로 갈라진 사람의 집단"을 뜻한다는 점을 고려하면, 학벌은 특정한 학교 출신이라는 사실을 자신의 이익과 권력을 증대시키는 수단으로 사용하는 권력의 메커니즘이다. 우리나라에서 SKY로 불리는 학벌은 특권 세습의 수단이 된 것이다.

그렇다면 한국의 학벌은 어떻게 특권을 재생산하는가? 여기서도 지배적인 이념은 지배계급의 이념이라는 카를 마르크스 Karl Marx, 1818~1883의 통찰이 타당하다. **학벌로 무장한 새로운 지배계급은 무엇이 중심적인 '가치'이고, 무엇이 우리 사회에 유용한 '능력'인가를 결정함으로써 특권과 특혜를 누린다.** 학벌은 돈이라는 경제적 가치와 권력이라는 정치적 가치만 독점하는 것이 아니다. 그들은 자신들이 다른 사람들보다 능력이 훨씬 더 탁월하다는 것을 이데올로기적으로 정당화함으로써 피지배계층의 저항과 반발을 사전에 막아버린다.[5] 학벌이 자신의 특권을 가장 효율적으로 정당화하는 방법이 바로 능력주의이기 때문이다.

학벌은 성공의 기회를 독식하고, 그렇게 사회적 승자가 되어 특권을 세습한다. 한국의 독특한 불평등구조를 이해하려면, 우리는 먼저 승자가 독식하는 학벌사회의 독점 메커니즘을 파악해야 한다. 그렇다면 학벌은 정말 얼마나 많은 권력을 독점하고 있는 것인가? 우리나라 명문 대학의 학벌은 실제로 공직과 경제 분야의 주요 지위를 독점하고 있다. 21대 국회의원 300명 중 SKY대학 출신은 112명으로 37.3퍼센트에 달한다. 대학원을 SKY대학으로 진학한 19명을 합하면 SKY 출신은 131명(43.7퍼센트)으로 늘어난다. SKY대학을 포함해 학부나 대학원이 서울에 있는 소위 '인서울 대학' 출신 국회의원은 총 239명(약 80퍼센트)이다. 서울 소재 대학을 나온 국회의원은 10명 중 8명꼴이고, SKY대학 출신은 10명 중 4명인 셈이다. 서울대를 나온 국회의원은 전체 300명 중 63명으로 전체 21퍼센트를 차지한다.[6]

선출직이 아닌 고위 공무원의 분포에서는 명문대 출신의 집중 현상이 더욱 두드러진다. 2014년도 대학교육연구소가 발표한 '통계로 본 학벌사회'에 따르면, 정부 부처 3급 이상의 고위공무원 출신 대학을 보면 1,476명 중 서울대가 435명으로 29.5퍼센트를 차지했고,

SKY대학의 비율만 48.8퍼센트에 달했다. 신규임용 법관의 경우 서울대 출신이 660명 중 340명으로 51.5퍼센트를 차지했고, SKY 3개 대학을 합하면 무려 79.9퍼센트에 달했다. 언론사 주요 간부의 75퍼센트도 서울대, 연세대, 고려대 출신이었다. 그뿐만 아니라 500대 기업 최고 경영자의 50.5퍼센트가 SKY대학 출신들이었다. 신임 교수를 채용할 때 모교 출신을 선호하는 SKY대학의 순혈주의 현상도 뚜렷했다.[7]

우리나라의 학벌은 폐쇄적인 이익집단이 되었다. SKY로 대변되는 학벌이 독점하고 있는 분야는 정치권력, 경제권력, 사법권력, 언론권력, 문화권력을 망라한다. 제도 교육에 의한 출신 학교를 바탕으로 이루어진 연고 집단이라는 매우 중립적인 뜻을 가진 학벌이 학연을 수단으로 폐쇄적인 파벌을 이루어 사적인 이익을 추구함으로써 권력을 독점하는 사회가 바로 '학벌사회'인 것이다. 그렇다면 우리는 학벌사회의 심각한 문제를 알고 있는가? 학벌에 기반한 권력의 독점과 그로 인한 사회적 불평등도 학벌사회의 심각한 사회병리적 현상이지만, 훨씬 더 심각한 것은 당연하지 않은 것을 이제는 당연하게 여길 정도로 학벌주의가 고착된 것이다. 그동안 학벌사회의 문제점을 끊임없이 제기하고 학벌 타파를 위해 노력했던 '학벌없는 사회'가 1998년 출범한 이후 18년의 활동을 뒤로하고 2016년 자발적으로 해체했다는 사실은 이를 잘 말해준다.[8] 해산 선언문에서 자본 독점 앞에 학벌 독점도 작동하지 않고 있다고 진단하지만, 학벌이 여전히 권력 획득의 주요 기제라는 점에는 변함이 없다.

자본주의사회에서 돈과 부는 모든 영역을 관통하는 기준이 되었으며, 능력은 이를 정당화하는 유일한 척도로 작용한다. 경제적 부로 이어지지 않는 학력은 쓸모없는 것으로 여겨질 수 있다. 아무리 좋은 대학을 나왔더라도 높은 소득을 보장하는 좋은 일자리를 얻지 못하면, 학벌은 자본 앞에 맥을 쓰지 못하는 것처럼 보인다. 그러나 학력은 미래를 계획할 수 있는 자본이고, 능력은 이러한 자본과 권력을 정당화하는 유일한 수단이다. 그 때문에 학벌사회의 문제점을 아무리 많이 열거하더라도 학벌과 능력주의에 대한 믿음은 흔들리지 않는다. 2014년 실시된 《한국일보》와 한국리서치 조사에 의하면 국민 10명 중 8명은 "학벌이 인생을 결정한다."라고 여겼다. 학력이 좋아야 직업을 구하기 쉽고, 수입도 많고, 결혼 시장에서 짝을 찾는 데도 유리하다. 여기서 중요한 것은 많은 사람이 교육을 통해 얻은 지식과 능력을 나타내는 '학력學力'보다 출신 학교 간판인 '학력學歷'을 더욱 중요하게 생각한다는 점이다. 대학 간판이 무기가 된 학벌사회에서 명문대에 입학하려고 치열하게 경쟁하는 이유는 좋은 대학을 나오는 것이 취업부터 결혼까지 우리의 삶에 절대적인 영향을 미치기 때문이다.

승자독식의 학벌사회는 결국 능력주의를 왜곡시킨다. 승자독식은 승자가 돈과 명예와 권력 모두를 차지하는 현상을 말한다. 이것은 자원의 불공정한 분배, 사회적 불평등의 증대, 시장가치에 의한 도덕 가치의 배제 등의 부작용을 유발한다. 그런데 '승자독식 사회The Winner-Take-All Society'의 문제점은 '성과'에서의 작은 차이를 '보상'에서의 엄청난 차이로 전환시키는 데 있다.[9] '능력' 자체가 중요한 것이 아니라 능력을 권력으로 만드는 시장의 메커니즘이 중요하기 때문이다. 물론 좋은 학력을 가진 사람들이 치열한 입시 경쟁을 뚫고 좋은 대학에 들어간 것은 사실이지만, 그 대학에서 교육을 통해 얻은 지식과 능력의 차이는 실제로 그렇게 크지 않다. 우리는 오히려 그 결과를 보고 거꾸로 능력을 추론한다. 사회적으로 높은 지위에 있는 사람은 능력이 있어서 그 자리에 있다고 생각하고, 좋은 대학에 다니는 사람은 그 밖의 다른 대학의 학생들보다 실력이 좋을 거라고 추정한다. 우리는 이것을 '결과주의적 오류'라고 부를 수 있다.

자본주의는 오직 결과만을 중시함으로써 과정을 경시한다. "개같이 벌어서 정승같이 산다"라는 속담은 천박한 자본주의 논리를 대변한다. 따라서 시장의 가치로 평가되는 '결과'는 과정의 도덕성을 처음부터 배제한다. 승자독식 사회에서는 도덕성의 반전이 일어난다. 능력주의의 승자는 결과를 기반으로 과정의 도덕성도 만들어낸다. "끝이 좋으면 모든 것이 좋다"라는 속담은 능력주의의 도덕원리다.

능력이 어떻게 도덕성까지 확보하게 되는가는 윌리엄 셰익스피어William Shakespeare, 1564~1616의 희극 〈끝이 좋으면 다 좋아All's Well That Ends Well〉[10]가 잘 말해준다. 비천한 의사의 딸인 헬레나가 돈과 권력, 법과 계급이라는 신분사회의 문제를 극복하고 버트람 백작의 사랑을 쟁취하는 과정은 결코 도덕적이라 할 수 없다. 지위가 아무리 미천해도 덕을 갖고 있으면 그 덕으로 지위가 높아지고, 아무리 높은 지위라도 덕이 없으면 그건 병들어 부어오른 명예에 지나지 않는다는 도덕성에 대한 믿음은 의심을 받게 된다. 좋은 결과는 과정의 의심스러운 부도덕성을 은폐할 뿐만 아니라, 심지어 도덕적인 것으로 위장한다.

한국형 승자독식 사회인 '학벌사회'는 더는 의심스러운 것으로 여겨지지 않는다. 명문대 출신이 고위공직과 각종 권력을 독점하는 현상은 결코 부패도 아니고 불공정도 아니라는 인식이 생겨난다. 학벌은 능력을 대변할 뿐만 아니라 적어도 '성실함'이라는 도덕적 덕성을 나타내는 지표라는 것이다. 우리가 학벌에 의한 사회적 불평등을 정의라는 이상理想의 관점에서 비판할 수는 있으나 현실적으로는 받아들일 수밖에 없는 현상이라는 것이다.

설령 명문대 출신이 다른 집단에 비해 모든 분야에서 우월한 것은 아니라고 하더라도, 그 능력을 객관적으로 평가할 수 있는 기준과 제도가 없는 상황에서는 학벌이 인재의 선별 기준이 될 수 있다는 것이다. 명문대에 들어가기 위해서는 엄청난 노력과 성실함이 필요하다는 점을 인정한다면, 학력은 바로 성공에 필요한 덕성의 지표가 된다. 예컨대 사람들의 다양한 능력과 특성을 정확하게 판단하여 적재적소에 임용할 수 있는 시스템이 갖춰지지 않은 상황에서 학력은 매우 객관적이고 효율적인 지표로 활용될 수 있다는 것이다.

결과는 과정을 정당화한다. 학력만으로 부와 권력뿐만 아니라 도덕성마저 갖는 사회가 바로 '학벌사회'다. 이런 상황에서 모든 사람이 원하는 결과, 즉 좋은 학력을 얻으려고 치열하게 노력하고 경쟁하는 것은 당연하게 여겨질 수밖에 없다. 온 국민의 목적은 서울대다. 서울대 학생들의 공부법을 분석하여 SKY대학에 들어갈 수 있는 공부법을 파는 사교육업체가 이를 잘 말해준다.[11] 어차피 SKY대학에 들어갈 수 있는 최상위권보다는 중상위권의 학생들에 집중하여 성적을 완전히 뒤집어 SKY로 역전시킨다는 마케팅 전략은 학벌사회의 논리를 잘 파고든다. 입시는 그의 말처럼 마지막에 웃는 자가 진짜 승리자이다. 우리는 이런 능력주의 이데올로기에 현혹되어 여전히 끝까지 노력하면 반드시 역전할 수 있다고 착각한다. 그러나 우리가 사람들의 다양한 재능과 능력을 인정하지 않고 오직 성적만을 유일한 척도로 받아들이면, 학벌사회의 계급적 장벽은 더 높아지고 더 탄탄해질 뿐이다. 다양성이 파괴된 사회가 아름다울 수 있겠는가?

분배되는 것은 사회적 가치다

우리는, 이상적으로는 학벌사회가 사회적 불평등을 조장한다고 말하지만 현실에서는 불평등을 극복하려면 오직 학력이 필요하다고 인정한다. 학벌사회의 이러한 모순과 미궁에서 벗어나려면, 우리는 문제의 본질로 되돌아가야 한다. 학벌 없는 사회를 꿈꾸는 사람들도 결코 완전한 평등이 가능하다고 생각하지 않는다. 대학입시와 취업

만을 중심으로 돌아가는 경쟁적인 학교교육과 '가방끈'으로 사람의
가치를 재고 차등하는 학벌사회를 바꾸자는 취지로 '투명가방끈'[12]
운동을 펼치는 사람들도 완전한 평등을 바라지는 않을 것이다.

　학벌이 극심한 사회적 불평등을 초래하여 새로운 종류의 계급사
회를 만들지만, 문제는 평등이 아니라 '분배'다. 평등을 지향하는 운
동도 조직을 통해 권력, 지위 및 영향력을 분배하자마자 평등을 배
반하고 불평등한 관계를 드러낸다. 우리는 어떤 점에서 다른 사람
들과 평등한가? 평등한 사람들 사이의 불평등은 왜 발생하는가? 이
문제에 답하려면, 우리는 인간 사회가 근본적으로 분배 공동체라는
점을 인정해야 한다.

　우리는 다른 사람들과 더불어 공유하고 나누며 교환한다. 우리
가 살아가는 데 필요한 모든 재화는 노동 분업과 협동을 통해 우리
에게 분배된다. 나의 물질적 소유, 정치와 경제에서의 나의 지위, 동
료들 사이에서의 나에 대한 평가는 모두 다른 사람들로부터 나에게
온다. 내가 소유한 모든 것이 분배의 산물인 까닭에 내가 가진 것은
정당하게 소유한 것이거나, 아니면 부당하게 갖게 된 것이다. 모든
것이 분배의 문제다. 사회는 근본적으로 다원성이라는 전제에서 정
의와 불평등 문제를 분석한 마이클 왈저Michael Walzer, 1935~ 는 분
배의 정당성을 판단하는 것이 쉽지 않다고 말한다. "분배의 영역과
참여자들의 수가 상당히 많을 경우, 어떤 것이 정당하게 소유한 것
이며 어떤 것이 부당하게 소유하게 된 것인가를 판단하는 일은 결
코 쉬운 일이 아니다."[13]

사례 1: 능력

A는 어려운 가정 형편 때문에 중학교를 중퇴하고 생활 전선에 나서야 했다. 고등학교 졸업생의 83퍼센트가 대학에 가는 대한민국에서 중학교 중퇴생이 할 수 있는 일이 무엇이 있을까? 그는 환풍기 수리공, 행사 가수 등 닥치는 대로 일을 했다. 그가 인생 역전을 일구어낸 것은 오로지 타고난 그의 노래 실력 덕택이었다. 그는 2010년 인기 오디션 프로그램인 엠넷 '슈퍼스타 K2'에서 깜짝 우승했다. 우승과 함께 발표한 노래는 각종 음악 차트 상위권을 달리고, 식사를 제때 하지 못할 정도로 바쁜 하루를 보내고 있다. 그는 무엇보다 '공정사회'를 사회적 화두로 내세운 2010년 우리 정치권에서 공정사회의 아이콘으로 떠올랐다. 목소리 하나만으로 기적을 이뤄낸 그는 '노래 잘하는 가수'라는 말을 듣고 싶다고 한다.

사례 2: 연줄

B는 자식을 위해서라면 모든 것을 다해주는 중상층 부모님 덕택에 어릴 적부터 좋은 교육을 받았다. 그는 부모님 말씀 잘 듣고 매사에 성실한 모범생이었다. 어느 것에도 지기 싫어하는 성격이라서 자신이 가장 원하고 또 제일 잘하는 것이 무엇인지 모를 정도로 학업성적은 모든 분야에서 뛰어났다. 대한민국의 모든 학부모가 보내고 싶어 하는 S대에 진학하여 부모를 기쁘게 만들었다. 그렇지만 타고난 것은 지능뿐만이 아니었다. 미모도 타고난 그는 재학 중 배우로 픽업되어 연예계의 미인 아이콘이 되었다. 연기는 비록 별로라

세 번째 질문 | 뛰어난 사람은 모든 분야에서 뛰어난가?

는 평가를 받았지만 뛰어난 미모로 각종 광고에 출현하여 평생 쓰고도 남을 정도의 부를 축적했을 뿐만 아니라, 나이가 들어서는 학연 덕택에 문화계를 대표하는 단체의 장을 맡아 사회적 영광을 누리고 있다.

사례 3: 행운

C와 D는 어릴 적부터 한동네에서 자란 친구이다. 집안 환경도 비슷하여 서로 잘 어울렸는데 고등학교도 같은 학교에 들어가 서로를 격려하며 '좋은 대학'에 들어가자고 약속했다. 학교 성적과 내신 평가도 비슷했다. 어떤 때 C가 영어를 잘하면, 수학에서는 D가 더 좋은 성적을 받는 등 실력의 우위를 가리기가 힘들었다. 운명을 바꾼 불행한 사건은 수능을 치는 날에 일어났다. C는 수능에서도 탁월한 성적을 냈지만, D는 컨디션이 나빠 수능을 망쳤다. C는 서울대에 진학했고, D는 지방 국립대에 들어갔다. 두 친구 사이는 이런저런 이유로 점점 더 소원해졌다. 10년 뒤 우연히 만났을 때, 그들의 모습은 달랐다. 얼굴은 예전 그대로이지만 사회적 모습은 같다고 할 수 없었다. C는 대기업에 들어가 같은 학교 출신의 동기와 결혼하여 맞벌이로 많은 돈을 벌어 이미 서울에 아파트를 갖고 있는데, D는 중소기업에 취업하여 결혼했지만 외벌이로 생활하기도 힘들었다. C는 서울에서 살고, D는 지방에서 살고 있다.

한국에서의 불공정한 분배 시스템과 사회적 불평등을 묘사하려고 고안해낸 세 가지 시나리오는 우리 주위에서 쉽게 확인할 수 있는 보편적 현상이다. 사례 1에서 볼 수 있는 것처럼 능력만으로 성공할 수 있는 사회는 비교적 정의로운 사회다. 여기서 분배가 문제가 되는 영역은 음악 분야, 그것도 가수의 영역이다. 가수가 되고 싶은 사람은 부자이든, 좋은 학교를 나왔든, 사회적 지위가 높든 노래를 잘하면 된다. 이 점에서 그들은 평등하다. 노래 잘하는 사람에게 공연하고 음반을 낼 기회, 방송에 출연할 기회가 주어지고, 그에 따른 마땅한 보상을 받으면 정의로운 것이다. 그러나 노래만 잘한다고 반드시 가수로 성공하는 것은 아니라는 것을 우리는 익히 알고 있다. 무엇이 능력만으로 성공하지 못하게 하는 것인가?

사례 2는 이 물음에 대한 답을 암시한다. 부모의 적극적인 지원에다 최고의 대학에 들어갈 정도로 머리가 좋고 외모도 뛰어나다는 것은 성공의 자원을 이미 갖고 있다는 것을 의미한다. 그렇지만 그가 예능에 진출하려면 재주가 있어야 하고, 가수가 되고 싶으면 가창력이 있어야 하며, 배우가 되려면 연기를 잘해야 한다. 예능, 가수, 배우는 하나의 잣대로 평가할 수 없는 전혀 다른 영역이다. 만약 그가 뛰어난 연기력으로 훌륭한 배우로 인정받는다면, 이러한 평가에 학력은 사실 아무런 상관이 없어야 한다. 그런데 서울대 나왔다는 사실이 그의 활동과 평가에 긍정적으로 영향을 준다면, 그는 지금 향유하고 있는 것을 부당하게 얻은 것이다. 기회의 배분이 부당하면, 그것으로 얻은 부와 권력과 명예 역시 부당한 것이다. 우리는 여기서 다양한 영역과 능력이 획일화되고 있는 현상을 목격한다.

사례 3은 기회의 불공정한 분배가 감당하기 어려운 사회적 불평등을 산출할 수 있음을 분명하게 보여준다. 우리는 여기서 C와 D의 능력 차이가 별로 크지 않다는 사실에 집중해야 한다. D는 수능 전날 밤에 제대로 잠을 자지 못했을 수도 있고, 갑자기 감기에 걸렸을 수도 있다. 평상시 둘의 성적이 비등했다는 점을 보면, D가 스트레스 상황을 제대로 극복하지 못했다고 비난할 근거도 없다. 그가 통제할 수 없는 상황으로 인해 수능을 잘못 본 것만은 확실하다. 단지 운이 나빴다고 볼 수밖에 없다. 그런데 그 결과는 노력으로 메꿀 수 없을 정도로 격차가 심하다. 단지 불운 때문에 학력의 차이가 소득의 격차로 이어지고, 곧 불평등을 초래한다. 부모의 사회경제적 지위가 자녀에게 대물림되는 장벽 사회에서 그들의 자식들은 어떻게 살아가게 될까?

기회를 분배하는 사회적 메커니즘이 다원성을 무시하고 불공정하게 이루어지면 불평등한 사회가 발생한다. 다양한 사람으로 구성된 사회는 재화뿐만 아니라 공직, 사회적 지위, 토지, 자본, 개인의 정체성 등 다양한 가치를 다양한 방식으로 분배한다. 사회가 어떤 모습을 하고 있는가는 사회적 가치들을 분배하는 방식을 정당화하는 이데올로기에 달려 있다. 마이클 왈저가 열거하는 것처럼 사회적 가치는 헤아릴 수 없이 많다.

멤버십, 권력, 명예, 종교적 신분, 신의 은총, 인척관계와 사랑, 지식, 부, 신체적 안전, 노동과 여가, 보상과 처벌, 나아가 의식주를

포함한 일군의 가치들, 수송, 의료, 일상 용품들, 사람들이 모으는 온갖 기이한 물품들.[14]

간단히 말하면, 우리가 갖고 싶은 것들은 모두 분배된다. 우리가 갖고 싶은 것의 가치는 사회적으로 결정되며, 그 가치 역시 분배된다.

물론 분배의 방식도 다양하다. 분배의 기준은 응분의 몫, 자격요건, 출생과 혈통, 우정, 필요, 자유 교환, 정치적 충성심, 민주적 결정 등이 될 수 있다. 분배되는 가치의 다양성은 각각의 사회적 가치에 대한 분배 방식의 다원성에 부합한다. 이렇게 분배되는 가치와 분배 방식이 다양하다는 것은 분배에 결정적인 한계를 부여한다. 우선, 다양한 분배 영역 사이의 보편적 매개물이 존재하지 않는다는 '시장의 한계'다. 예컨대 공직은 시장에서 상품을 사고팔 듯이 거래할 수 없다. 따라서 모든 가치를 시장의 방식으로 교환하고 분배하는 것은 정의에 어긋난다. 다음으로 모든 분배가 통제되는 출발점이 존재하지 않는다는 '현실의 한계'가 있다. 가치들이 사회적으로 결정되기는 하지만, 우리가 지금 통용되는 방식에 합의한 적은 없다. 시장에서 거래될 수 없는 것을 거래하는 암시장이 있듯이, 현실은 언제나 공정한 분배를 배반한다. 끝으로 모든 분배에 통용될 수 있는 하나의 보편적 기준이 존재하지 않는다는 '기준의 한계'가 있다. 영역이 달라지면 기준도 달라신다. 영역들의 차이와 다원성을 무시하고 하나의 통일적 기준을 적용하면, 그것이 오히려 공정을

세 번째 질문 | 뛰어난 사람은 모든 분야에서 뛰어난가?

해친다. 학력만을 유일한 기준으로 설정하는 학벌사회가 정의롭지 못한 것은 바로 이 때문이다.

우리가 창출하고 분배하는 것은 사회적으로 만들어진 가치다. 사람들이 다른 사람들에게 가치를 분배하기 때문에 공정과 정의의 문제가 발생한다. 모든 사회적 가치가 분배되는 영역에는 대체로 공유되는 기준들이 있다. 그러니 이 기준들은 돈과 힘을 가진 사람들에 의해 종종 침해되고, 그 영역의 가치가 훼손되며, 궁극적으로 영역들이 특정한 가치에 의해 지배당함으로써 다양한 기준이 교란된다. 사례 3은 오직 시험과 성적이 유일한 가치 기준으로 모든 영역을 지배함으로써 성공을 행운에 달려 있는 것으로 만들며, 사례 2는 이 사회적 가치가 독점될 때 생길 수 있는 문제를 보여준다. 사례 1은 세상에는 다양한 영역과 그에 부합하는 능력도 다양하다는 것을 말해주지만, 이러한 다양성을 반영하는 공정과 정의가 쉽게 성취될 수 없음을 동시에 보여준다.

지배적 가치의 통제 방식

인간 사회에서 분배는 항상 소유와 연결되어 있어서 불평등이라는 낱말은 독점을 연상시킨다. 어떤 사람은 가진 것이 하나도 없는데 어떤 사람은 모든 것을 가졌다고 인식되면, 그것은 불평등한 사회다. 그러나 사회는 근본적으로 다양한 사람으로 구성된 복합적인 것이다. 완전한 불평등이 불가능한 이유이다. 당대의 유명한 영국 극작가이자 지성인인 조지 버나드 쇼George Bernard Shaw, 1856~1950와 화려한 미모를 자랑하는 현대무용가 이사도라 던컨Isadora Duncan, 1877~1927 사이의 일화는 이를 잘 말해준다. "우리가 결혼하면 당신의 지성과 나의 미모를 가진 아이가 태어날 거예요." 라는 이사도라 던컨의 말에 조지 버나드 쇼는 "글쎄요. 추남인 나의 얼굴과 당신의 텅 빈 머리를 가진 아이가 생길지 모르지요."[15]라고 대답했다고 한다. 지성과 아름다움의 영역과 가치가 우생학으로도 평준화될 수 없다는 것은 완전한 불평등이 불가능함을 말해준다.

우리 사회가 하나의 가치밖에 없다면 독점만이 불평등의 문제가 될 것이다. 출신과 혈통에 의해 모든 것이 분배되는 귀족주의사회에서는 가문이 좋은 사람이 토지 재산과 권력과 영예를 모두 독점한다. 돈이 유일한 가치인 천박한 자본주의사회에서는 자본을 가지고 있는 사람이 특권과 권력도 차지한다. 그러나 우리 사회는 그 경향이 설령 극단적이라고 할지라도 근본적으로는 다원적이고 복합적이다. 돈 있는 사람이 반드시 권력을 손에 쥐는 것도 아니고, 사회적 지위가 높다고 해서 외모가 출중하거나 명예를 얻는 것도 아니다. 이런 점에서 우리는 불평등을 초래하는 다른 요소에 주목해야한다.

마이클 왈저는 사회적 가치의 불평등한 분배에 결정적 영향을 주는 것은 '지배dominace'와 '독점monopoly'이라고 말하면서 독점보다는 오히려 지배에 주목할 필요가 있다고 주장한다. 독점은 "지배적인 사회적 가치들을 부당하게 이용하기 위해 사회적 가치들을 소유 혹은 통제하는 방식을 묘사한다."[16] 명예가 지배적 가치이면 명예를 독점하고, 자본이 지배적이면 자본을 독점하고, 전문 지식과 기술이 지배적 가치이면 지식과 기술을 독점한다. 독점은 결코 지배적 가치에 의문을 제기하지 않는다. 독점은 어떻게 하면 혼자서 모두 차지할 것인가에만 관심을 가진다. 한 개인이나 하나의 집단이 다른 경쟁자를 물리치고 그 가치를 성공적으로 소유하여 이익을 독차지하는가가 독점의 문제다.

역사를 돌이켜보면 신체적 힘, 가문의 명예, 공직, 재산, 전문 지식 등과 같은 것들이 시대를 달리하며 지배적이었다. 그때마다 지배적인 가치를 어떻게 독점할 것인가가 문제였다. 현대사회는 이렇게 다양한 가치가 동시에 나란히 존재한다. 이런 상황에서는 독점보다 지배가 훨씬 더 중요한 불평등의 기제가 된다. 마이클 왈저는 이런 맥락에서 "어떤 가치를 가지고 있는 개인들이 그 가치를 가지고 있다는 이유 때문에 더욱 광범위한 다른 가치들을 제압할 수 있는 경우 그 가치는 지배적"[17]이라고 말한다. 돈만 있으면 권력과 명예와 교육을 얻을 수 있다면, 돈은 지배적 가치다. 학력이 좋으면 돈도 많이 벌고 권력도 얻고 명예도 따라온다면, 학력이 지배적 가치다. 하나의 지배적 가치는 일종의 사회적 연금술처럼 다른 가치들로 전환된다. **지배적 가치를 결정하고 그것을 손아귀에 넣는 사람들이 결국 나머지 가치들도 연쇄적으로 얻게 된다. 어느 시대나 지배적 가치를 결정하는 자가 그 지배적 가치를 정당화하는 이데올로기를 통**

해 사회를 지배한다. 학력이 최고의 가치라고 규정함으로써 가장 많은 이익을 얻는 SKY 출신 엘리트들은 표준화된 학력을 끊임없이 강조할 수밖에 없다.

우리는 사회적 불평등을 해소하고 비교적 평등한 사회를 실현하려고 우선 독점 현상에 주목하지만, 불평등의 핵심적 원인은 오히려 지배에 있다. 지배적 가치는 그것이 무엇이든 상관없이 평등하게 분배되어야 한다고 주장하면, 우리는 독점이 부당하다고 말하는 것이다. 이렇게 독점을 폐지하고 축소함으로써 실현될 수 있는 평등은 '단순 평등'이다. 왜냐하면 단순 평등은 어떤 가치가 똑같이 분배되는 것을 원하기 때문이다. 서울대와 SKY대학 출신이 공직을 독점하지 않고 다양한 대학 출신으로 분배되어야 한다고 주장하는 것은 이런 입장이다.

그런데 만약 우리가 사회에는 다양한 가치가 존재하고 또 이러한 가치들을 자율적으로 분배할 수 있는 길이 열려 있어야 한다고 주장하면, 이것은 특정한 가치의 지배가 부당하다고 말하는 것이다. 학력, 학벌 차별에 반대하면서 가방끈을 신경 쓰지 않아도 되는 사회를 만들겠다는 '투명가방끈' 운동은 바로 특정한 사회적 가치의 지배에 이의를 제기하는 것이다. 모든 사람이 원하기만 하면 자녀를 위한 교육을 구매할 수 있는 평등한 능력을 지니고 있다고 가정해보자. 어떤 사람은 자녀를 위해 투자하고, 어떤 사람은 그 기회를 활용하지 않는다. 시간이 흐르면서 다른 사회적 가치들은 점차 오직 교육받은 사람들만 구매할 수 있는 것으로 전환된다. 그런데 어느 시점부터 교육을 독점한 사람들이 자신들이 장악하고 있는 가치, 즉 학력이 다른 영역에서도 지배적이어야 한다고 주장한다. 어떤 가치를 독점한 사람들이 그것을 지배적 가치로 만들고, 지배적 가치를 결정하는 사람들이 결국 그 가치를 독점하는 악순환이 일어난다. 현재 우리 사회에서 이루어지고 있는 현존의 지배 및 독점 형식이 정의롭지 않다는 주장이 제기되는 것이다.

시험이 공정해도 불평등은 지속된다

교육을 구매할 능력이 차별화된 사회에서 형식적 기회균등은 공정을 가장한 거짓이다. 능력만이 차별을 정당화할 수 있다는 능력주의는 정의롭지 못한 지배적 가치를 당연한 것으로 받아들이게 만드는 신화일 뿐이다. 어느 시대, 어느 사회나 자신이 가진 가치를 지배적인 가치로 만들고 그것을 독점하려는 경향이 있다. 독점을 완화하고, 특정한 가치가 다른 영역을 침해하지 않도록 하는 견제 장치가 없다면 지배와 독점의 악순환은 계속될 것이다. 마이클 왈저가 이 악순환 과정의 원인과 기제로 '시험'을 꼽은 것은 정말 예리하다. 시험이 중요한 분배 기제가 되면서 독점을 완화할 수 있는 다양한 영역의 평등이 심각하게 훼손되었기 때문이다.

예컨대 공직은 어느 사회에서나 상대적으로 희소하다. 희소자원은 항상 경쟁과 갈등을 산출한다. 이런 점에서 "능력 있는 자가 공직을 맡아야 한다."라는 원칙은 타당하다. 공직은 모든 사람에게 열려 있어야 하며, 공직자의 선발 과정은 공정해야 한다. 여기에서 시험은 공직의 공정한 분배의 기제로 떠오른 것이다. 중국의 과거제도는 세습적 귀족주의를 타파하고 국가의 인재를 공정하게 선별할수 있는 정의로운 제도로 여겨졌다. 중국의 시험제도는 가장 대표적인 능력주의 모델이라고 해도 과언이 아니다.

그렇다면 이 공정한 시험제도는 언제부터 불공정한 불평등의 기제로 타락하기 시작한 것인가? 여러 가지 이유가 있겠지만 한 가지분명한 것은 시험을 칠 수 있는 자격이 처음부터 평등하지 않았다는 것이다. 시험은 점점 더 기득권 세력이 자신의 지위와 권력을 유지할 수 있는 방향으로 변질되었다. 시험을 통해 검증되는 것은 실무에 필요한 구체적인 '능력'이 아니라 유학 고전에 대한 '지식'이었다. 마이클 왈저는 이러한 시험제도의 문제점을 매우 정확하고날카롭게 끄집어낸다. "시험을 통해 검증되는 것은 시험을 보는 단순한 능력뿐이었다."[18]

시험이 사회적 출세의 가장 중요한 수단이 되자마자 사람들의 삶은 글자 그대로 '시험 인생'이 되었다. 시험이 모든 것을 결정한다. 교육은 능력보다는 시험에 집중된다. 능력주의의 배신이다. 소득수준이 높을수록 사교육에 많은 돈을 지출하며, 높은 사교육비의 지출은 '좋은 대학'에 갈 확률을 높여준다. 이런 상황에서 단순한 입시제도의 변화만으로는 교육의 불평등을 줄이지 못한다. '정시 확대'라는 입시제도의 변화를 가져온 '조국 사태'에서 볼 수 있는 것처럼,

수능 위주의 정시든 학생부종합전형이든 시험제도를 왜곡한 사회적 가치가 변하지 않는 한 교육 불평등은 해소되지 않는다. 전형별 소득분위 분포가 말해주는 것처럼, 기득권층은 시험을 보는 방법에 탁월하기 때문이다.

수능보다는 내신 위주의 학생부교과전형과 학생의 다면평가를 토대로 한 학생부종합전형이 그래도 특정 계층의 독점 현상을 줄여준다는 것은 많은 것을 시사한다. 표준화된 시험이라는 획일성보다는 다원성을 확대하는 것이 교육 불평등을 감소시킨다. 그런데 공정을 내세운 문재인 정부가 오히려 정시 확대 정책으로 전환했다는 것은 역설적이다. 공정의 문제를 착각하여, 교육 불평등을 줄일 수 있는 길을 차단한 것이다.[19]

하나의 사회적 가치가 지배하여 다른 모든 영역을 장악하는 것은 폭정이고 전제정치다. 마이클 왈저는 파스칼을 인용하여 특정한 가치의 지배를 '전제tyranny'라고 단언한다.

전제의 특성은 그 고유한 영역을 넘어서 세계 전체로 권력을 확대하고자 하는 것이다. 서로 다른 집단들이 존재한다. 강한 자들, 선남선녀들, 똑똑한 사람들, 독실한 신자들. 이들 각자는 다른 곳이 아니라 자신들의 고유한 영역에서 군림한다. 그러나 그들은 종종 서로 만나며, 또 상대를 굴복시키려고 서로 싸운다. 그러나 어리석지 않은가? 왜? 그들 각자가 지닌 우월함은 서로 그 종류가 다른 것들이지 않은가! 그들은 서로를 잘못 이해하고 있으며, 상대가 보

편적인 지배를 노리는 것으로 잘못 판단하고 있다.[20]

"잘생겼으니까 나는 마땅한 보상을 받고 존경받아야 한다." "서울
대를 나왔으니까 사람들은 나를 사랑해야 한다." "나는 수학과 과학
에서 탁월하니까 정치적 권력을 가져야 한다." 이런 말은 어리석게
들릴지도 모른다. 그러나 권력자들은 결코 어리석지 않다. 그들은
자신의 가치를 지배적 가치로 만들고 독점함으로써 부와 권력을 소
유한다. 서울대 나오면 공직을 독점하고, 좋은 직장을 가져서 높은
소득을 올리고, 서울대를 나왔다는 이유만으로 받게 되는 존경의
시선을 즐긴다. 학력의 폭정이다. 시험 과정만 공정하면 된다는 이
런 사회는 극단적인 불공정사회다. 지배적인 가치에 대한 어떤 이
의 제기와 저항도 불가능하게 만들기 때문이다.

우리는 어떻게 사례 1의 복합적 평등사회를 이룰 수 있을까? 우
리는 우선 모든 사회적 가치는 그 나름의 고유한 영역을 지니고 있
다는 사실을 인정해야 한다. 예술을 즐기고자 한다면 예술적으로
소양을 갖춘 인물이 되어야 하고, 공직을 수행하려면 공익과 공동
선에 대한 남다른 책임 의식을 가져야 한다. 하나의 가치를 가졌다
고 자동적으로 다른 가치들을 장악해서는 안 된다. 마이클 왈저가
복합적 평등의 원칙으로 내세우는 것처럼 "어떠한 사회적 가치 x도,
x의 의미와는 상관없이 단지 누군가가 다른 가치 y를 가지고 있다는
이유만으로 y를 소유한 사람들에게 분배되어서는 안 된다."[21] 가치
가 다른 다양한 집단의 사람들에게는 그 가치에 맞는 절차에 따라

사회적 가치가 분배되어야 한다. 이러한 가치들의 차이를 증대시킬 때 비로소 사회적 차별을 감소시킨다. 독점에 대한 견제와 균형뿐만 아니라 다양한 가치를 인정할 수 있는 사회 전체의 지도를 올바로 그리는 것만이 불공정사회를 해결할 수 있는 길이다.

내 것은 정말 나의 것인가?

충분한 양의 그리고 똑같이 좋은 것들이
다른 사람들을 위한 공유물로
남겨져 있어야 한다.

존 로크, 《통치론》

'건물주'가 장래 희망인 나라

많은 사람이 사회적 불평등은 '악'이라고 생각하지만, '왜' 그런 것인지에 관해서는 잘 모르는 것처럼 보인다. 우리의 경험은 사회에는 평등한 것보다는 불평등한 것이 더 많다고 말해주기 때문일 수도 있다. 사람은 능력도 다르고, 배경도 다르고, 취향도 같지 않다. 그러나 이러한 차이가 바로 불평등으로 전환되지는 않는다. 현대사회가 모든 개인은 자신의 고유한 자아를 가지고 있어서 자기실현은 곧 차이가 나는 개성의 실현이라는 이데올로기를 전파할수록, 우리는 차이가 불평등이 되는 지점을 제대로 보지 못할 수 있다.

민주주의사회는 오히려 평등보다는 '정당화될 수 있는 불평등'에 초점을 맞춘다. 우리가 불평등을 승인하고 감당할 수 있으려면, 불평등은 자신의 존립 근거를 정당화해야 한다. 정당화될 수 있는 불평등은 오직 사회 전체와 구성원 모두에게 이익이 될 수 있는 불평등이다. 이것이 존 롤스의 '차등의 원칙difference principle'의 핵심 내용이다. 어떤 사회가 일정 기간 사회적 협동을 통해 얻어지는 소득과 부의 차이는 오직 사회적으로 혜택을 덜 받은 이들, 즉 최소 수혜자의 기대치를 향상할 때만 정당화된다는 것이다. 정당화될 수 있는 불평등의 전제 조건은 "모든 사람에게 이익이 되리라는 것이 합당하게 기대되는" 차등의 원칙과 "직위와 직책은 모든 사람에게 평등하게 개방된다."라는 기회균등의 원칙이다.[1] 이런 맥락에서 볼 때 사회적 불평등이 특정 집단의 이익만 증대시키고 동시에 기회균등을 갈수록 저해할 때, 그것은 사회적 악이 된다.

불평등이라는 악은 자연적으로 주어진 것이 아니다. 그것은 사회적으로 만들어진 것이다. 극단적인 사회적 불평등은 한편으로는 기회의 평등을 심각하게 훼손하고, 다른 한편으로는 소득과 자산에 대한 도덕성을 부패시킨다. 이 글을 쓰고 있는 2021년 봄, 신문에는 흥미로운 기사가 눈에 띈다. 삼성그룹의 고 이건희 회장이 남긴 재산에 대해 유가족이 내야 할 상속세 규모가 13조 원에 달한다고 한다. 부가 대물림되는 것을 막기 위한 제도가 상속세라는 점을 생각하면 유가족이 유산으로 물려받은 부가 어느 정도인지 상상조차 되지 않는다. 그럼에도 사람들은 이러한 현실을 이상하게 생각하기보다는 오히려 상속세 리스크를 걱정하는 것처럼 보인다. 아무튼 사람들은 높은 상속세를 내고 부를 다음 세대에 이전하는 상속은 당연한 것으로 여긴다.

부의 세습이 당연하다면, 법의 테두리 안에서 이루어지는 부의 창출도 물론 당연하다. 그것이 노동의 대가로 얻은 소득에 기반하든,

기존의 자산을 기반으로 한 소득이든, 부 자체는 도덕적으로 문제가 되지 않는다. 합법성을 가장한 권력이 사회적 질서의 정당성을 거꾸로 침해하여 법치주의의 논란을 불러일으켰던 2020년 부동산 문제가 불거진 것은 우연이 아닌 것처럼 보인다. 문재인 대통령은 2020년 신년사에서 "부동산 투기와의 전쟁에서 절대 지지 않을 것"이라고 강조했다. 도덕성을 내세운 정부가 부동산 시장을 안정시키기 위한 온갖 법규와 고강도 규제책에도 불구하고 부동산 가격이 폭등하는 역설적 현상을 맞닥뜨렸다는 것은 정말 아이러니다.

시장이 완전하게 작동할 때는 개인의 이익과 시장의 이익이 일치한다. 시장은 경쟁을 통해 공급과 수요의 균형을 맞춤으로써 효율적이고 바람직한 결과를 창출한다. 그러나 불공정한 독과점을 통해 공급을 줄이거나 소비자의 왜곡된 심리에 따라 수요가 늘면, 시장의 균형은 이뤄지지 않는다. 시장경쟁이 불완전한 경우에 기회를 틈타 큰 이익을 보려고 하는 '투기'와 이익을 얻기 위하여 어떤 일이나 사업에 자본을 대는 '투자'의 경계가 불투명해진다. 두 가지 모두 시세 변동을 예상하여 차익을 얻으려는 거래이기 때문이다. 정부는 건강한 투자를 불공정한 투기로 바꿔놓는 '시장의 실패'를 바로잡는 역할을 담당해야 한다. 정부가 시장에 개입할수록 시장의 실패를 교정하기는커녕 오히려 시장을 왜곡하여 사회적 불평등을 악화한다면, 시장은 결국 도덕성 문제를 몰아내게 된다. 도덕적인 이유에서 개입한 정부가 오히려 시장을 망가뜨리기 때문이다. 사람들은 더욱더 부의 증대를 목적으로 행동하고, 이를 위해서 활용하는 수단의 정당성은 경시하게 된다.

이미 높은 소득과 자산을 가지고 있는 기득권층이 자신이 장악한 시장과 정치적 권력을 이용해서 다른 사람들을 희생시켜 자신의 소득을 늘리는 방법은 대표적인 돈벌이 수단이다. 기득권층의 부를 증대시키는 것은 그들의 노력과 능력으로 창출한 새로운 가치가 아니라 그들이 이미 가진 자산이다. 이처럼 "부를 창출한 대가로 수익을 내는 것이 아니라, 창출된 부 가운데 상대적으로 많은 몫을 아무런 대가도 치르지 않고 차지하는 행위를 '지대 추구rent seeking'"[2]라고 한다. '지대'라는 말이 말해주는 것처럼 이 용어는 원래 토지로 인한 수익을 일컫는다. 토지 소유자는 자신이 한 일이 아니라 토지에 대한 소유권을 가지고 있어서 보상을 받는다. 지대는 사회적 부를 증대시키지 않는다. 따라서 사회적 이익의 증대에는 관심이 없고 오직 개인의 부를 늘리겠다는 개인적 동기만을 부추기는 지대 추구는 시장을 왜곡할 뿐만 아니라 시장의 근본적 도덕성을 파괴한다.

우리 사회에 이러한 조짐은 이미 오래전부터 나타나기 시작했다. 미래에 대한 꿈이 많은 초등학생의 장래 희망이 '건물주'라는 말은 이제 충격적으로 다가오지 않는다. 청소년들에게 많은 영향을 주는 예능 프로그램에서 건물을 소유하는 것이 연예인들의 '투자 비법'으로 거리낌 없이 소개되는 상황은 이를 잘 말해준다.[3] 정정당당하게 돈을 버는 것은 이미 중요하지 않다. 무엇보다 중요한 것은 시장에서 '이기느냐 지느냐'이며, 돈을 벌 수만 있다면 그 수단은 중요하지 않다는 인식이 만연하게 된다. 시장에서 승패를 결정하는 간단한 방법은 돈의 총액이다.

시장의 실패를 바로잡을 정책이 실패하면 더 커다란 시장의 실패로 이어진다. 문재인 정부에서 일어난 부동산 정책이 실패한 원인을 살펴보면, 시장의 논리를 무시한 정부의 도덕적 개입은 시장을 훨씬 더 교란한다는 것을 알 수 있다. 시장의 도덕성은—만약 시장에 그런 것이 있다면—역설적이게도 '경쟁'에 있다. 경쟁은 이윤이 비정상적으로 커지는 것을 막는다. 정부가 경쟁을 보장하지 못하는 시장에서는 기득권이 강화되고, 그렇게 함으로써 막대한 독점이윤이 발생할 수 있다. 만약 시장을 규제하는 정책을 입안하고 실행하는 당국자들이 앞으로는 시장의 도덕성을 강조하면서도 뒤로는 자신의 이익을 챙기는 타락한 행태가 밝혀지면[4], 소비자인 시민들은 당국의 정책을 신뢰하지 않게 되고 시장은 더욱 실패하게 된다. 실패한 시장의 자리에는 결국 '돈이면 된다'라는 타락한 물질주의만 남아 있게 된다.

'돈이 돈을 번다.' 이것은 분명 천박한 자본주의 논리다. 그것은 열심히 노력해서 얻은 소득이 자산의 증가로 이어지지 않는 사회다. 사람들 대부분은 능력과 노력에 의한 불평등은 당연한 것으로 받아들이지만, 자신이 할 수 없는 요인에 의한 불평등은 부당하다고 느낀다. 현대 자본주의사회에서 돈은 특권이다. 돈은 개인의 노력과는 무관하게 본래 가지고 있는 돈과 권력을 통해 새로운 부가적 소득을 창출한다. 특권은 이렇게 '불로소득'을 창출하고 동시에 정당화한다. 부동산, 주식과 같은 금융자산을 통해 버는 소득이 노동 소득을 능가한다. 돈이 돈을 버는 자본주의사회는 이렇게 능력과 노력 그리고 노동의 가치를 떨어뜨린다. 불로소득이 더 큰 불평등의 이유임에도 불로소득을 인정할 뿐만 아니라 미화하는 것은 결국 사회적 불평등을 정당화하는 것이다. 건물주가 장래 희망이라는 사회, '조물주 위에 건물주'라는 소리처럼 불로소득이 절대적 가치가 된 사회는 도덕적으로 타락했을 뿐만 아니라 완전한 불공정사회다.

부의 세습은 정당한가?

극단적인 사회적 불평등을 낳는 불로소득의 가장 커다란 원천은 상속이다. 한편에는 상속이 주어진 법률의 틀 안에서 허용되고 보호되어야 하는 권리라고 생각하는 사람들이 있다면, 다른 한편에는 정의로운 사회에서는 우리의 미래의 삶에 대한 기대와 그를 실현할 수 있는 자원에 대한 접근이 마땅히 받을 만한 자격이 없는 요소에 의해 영향을 받아서는 안 된다고 생각하는 사람들이 있다. 어떤 입장을 취하든 상속과 유산이 부의 대물림 수단이라는 점에는 변함이 없다.

21세기 자산 불평등의 문제를 예리하게 끄집어낸 토마 피케티 Thomas Piketty, 1971~ 는 《21세기 자본Capital in the Twenty-First Century》에서 "각 집단의 거의 6분의 1이 인구의 하위 50퍼센트가 평생 노동으로 버는 액수보다 더 많은 상속을 받을 것"[5]이라는 점을 밝혀냈다. 하위의 반을 차지하는 이 집단은 상속받을 것이 거의 없는 인구의 절반과 대체로 일치한다고 한다. 상속받은 6분의 1의 인구가 자신이 가진 특권을 이용해서 명문대 학위를 따고, 좋은 직장에서 고액의 연봉을 받고, 자신의 사회적 지위와 명예를 높일 것임이 틀림없다. 광범위한 사회적 불평등을 낳는 자본의 불평등한 분배에는 이처럼 상속이라는 수단이 굳건하게 자리 잡고 있다.

상속이란 사람의 사망 등으로 인하여 피상속인의 재산상의 지위 등을 포괄적으로 계승하는 것을 말한다. 부모는 생전 자신이 노력해 얻어낸 재산을 다음 세대로 물려주고 싶어 한다. **개인주의가 건강하게 발전하지 못하고 가족주의와 집단주의가 교묘하게 결합한 한국 사회에서 상속은 독특한 권력관계를 구축한다.** 부의 대물림이 특권을 유지할 수 있는 강력한 수단이라는 점에 동의한 사람들은 세대와 상관없이 부의 '사용'보다는 부의 '이전'에만 관심이 있는 것처럼 보인다. 이런 상황에서 부모로부터 상속받을 것이 없는 사람과 막대한 재산을 물려받을 사람 사이의 경제적 격차가 증가한다는 것은 지극히 당연한 일이다.

2010년 기준으로 한국 사회에서 상속이 부의 축적에 기여한 비중이 38.3퍼센트에 달한다.[6] 이러한 경향은 점점 더 강화된다. 2019년 통계에 의하면, 상위 1퍼센트의 자산 점유율은 11.38퍼센트에 달하고, 상위 10퍼센트의 자산 점유율은 43.32퍼센트, 상위 20퍼센트의 자산 점유율은 61.52퍼센드로 확대된다. 하위 40퍼센드의 자산 점유율은 5.59퍼센트에 불과하다. 상위 1퍼센트가 하위 40퍼센트보다 2배나 많은 자산을 갖고 있으며, 상위 10퍼센트로 확대하면 무려 7.7배로 늘어난다.[7] 한국은 미국보다는 자산의 불평등도가 낮지만, 프랑스나 영국과 같은 경제협력개발기구OECD에 속하는 국가와 비교하면 불평등도가 상당히 높다.

2014년 기준 자산 상위 1퍼센트를 비교해보면 한국은 미국, 네덜란드, 오스트리아 다음으로 매우 높은 자산 불평등도를 보이고, 상위 10퍼센트 점유율에서 한국의 자산 불평등도는 미국과 네덜란드 다음으로 매우 높았다. 이런 사실을 반영하듯, 서울대 행정대학원 서베이연구센터에서 전국 성인 6,000여 명을 대상으로 실시한 '2017년 국민인식조사'에 의하면 응답자 34.31퍼센트가 부모 세대의 상속과 증여가 불평등을 유발한다고 답했다.[8] 한국은 의문의 여지가 없는 불평등사회다.

자산은 누적된 불평등의 총체적 결과이다. 어느 사회나 부를 축적하는 두 가지 주요한 방법이 있다. 노동과 상속이다. 노동시장이 불평등하면 소득의 불평등으로 이어지고, 소득의 불평등은 상속을 통해 자산 불평등으로 대물림된다. 만약 우리 사회가 자신의 노력으로 편안한 삶을 살 수 있는 것이 아니라 많은 재산이 있어야 편안한 생활을 할 수 있는 사회라면, 우리 사회는 고전적 세습 사회처럼 신분이 아니라 자본이 세습되는 사회라고 할 수 있다. 토마 피케티는 발자크와 오스틴이 묘사하는 19세기의 고전적 세습 사회를 분석하면서 매우 흥미로운 사실을 발견한다. 평범한 생활을 넘어 최소한의 품위 있는 생활을 누리기 위해 필요한 소득은 당시 평균 소득의 약 30배였다고 한다.[9] 이 소득은 물론 노동을 통해서가 아니라 물려받은 재산에서 나온다. 편안한 삶을 보장하는 것은 예나 지금이나 불로소득이다.

모두가 편안한 삶을 원한다는 사실을 인정하면, 노동과 상속 자체가 문제가 아니라 기회균등을 파괴하는 소득 불평등과 자산 불평등의 정도가 핵심적인 문제다. 그렇다면 정당화될 수 있는 자산 불평등은 어느 정도의 수준인가? 상속은 언제 문제가 되는가? 롤스는 세대에 걸친 부의 축적이 "배경적 정의에 해로울 수 있다."[10]라고 말한다. 상속과 유산으로 시민들이 공정하게 경쟁하고 협동할 수 있는 배경적 조건이 파괴되는 것을 막기 위한 제도적 장치가 바로 누진적으로 부과되는 상속세다. 누진세의 원칙은 "배경적 정의에 해롭다고 판단되는, 즉 정치적 자유들의 공정한 가치와 공정한 기회균등에 해롭다고 판단되는 부의 축적을 방지하기 위해서만 부와 소득에 적용될 수 있다."[11]

우리가 상속세를 통해 모든 시민을 똑같은 출발선에 세울 수는 없지만, 세대 간 부의 이전을 적절하게 조정함으로써 시민들의 자발적 협동을 끌어낼 수는 있다. 모든 시민이 자발적으로 합의한 상호 협동의 조건들이 "예전에는 공정했을 수도 있지만, 표면적으로는 공정한 많은 분리된 합의가 누적된 결과는 시간이 충분히 지나면 결국 자유롭고 공정한 합의 조건이 더는 유지되지 않도록 시민들의 관계를 변화시킬 수 있다."[12] 공정을 위한 제도가 오히려 공정의 조건을 해칠 수 있다. 제도를 타락시키고 변질시킬 수 있는 사회적 경향과 역사적 사건은 무수히 많다. 마찬가지로 자산 획득의 과정이 설령 정당했더라도 세대를 거치는 과정에서 그 정당성을 잃어버릴 가능성도 크다.

자산은 중요한 의미에서 기회를 제공한다. 상당한 재산이 있는 사람은 기업을 설립하고, 더 좋은 교육을 받고, 좋은 인턴십을 구할 수 있는 기회를 얻게 된다. 부와 자산은 기회다. 따라서 한 사람이 유산과 상속을 통해 부를 물려주거나 받을 수 있는 정도를 제한하는 조세정책은 정의와 밀접한 관련이 있다. 상속세에 관한 한 철학자의 말을 들어보자.

상속이 다른 이점들 사이에 상관관계가 있다면, 상속세는 부의 상속을 통해 이루어지는 불평등을 중화시킬 뿐만 아니라 더 커다란 기회균등을 보장하는 방법으로 여겨질 수 있다.[13]

물론 상속세가 공정사회의 수단으로 정당화되려면 충족해야 하는 조건이 있다. 첫째, 상속세가 부유한 사람의 자녀들이 기회와 자원과 관련하여 누릴 수 있는 이점을 제거해서는 안 된다. 예컨대 A가 B보다 부유하다고 해서 A의 것을 빼앗아다 B에게 주는 평준화가 정의가 아닌 것처럼, 상속세를 통한 균등화가 하향 평준화가 되어서는 안 된다. 둘째, 상속세로 확보된 국가 재정은 공공 교육을 활성화하여 기회균등을 실현해야 한다. 예를 들면 상속받을 것이 없는 가난한 사람들은 국가로부터 지원을 받아 생계에 쓸 시간과 노력을 자신의 능력을 계발하는 데 사용할 수 있다. 셋째, 상속세는 롤스가 '정의로운 저축 원칙'이라고 부르는 자본 축적의 방식을 훼손하지 말아야 한다. 상속세가 약탈적일 정도로 너무 과하면, 사람들은 굳이 열심히 일해서 재산을 축적하고 싶은 생각이 들지 않을 것이다.

그러나 상속세가 정당하지 않은 부의 세습으로 인한 사회적 불평등을 완화하는 수단이라는 점을 인정하더라도, 상속세는 인기 있는 정책이 아니다. 누진적 상속세는 종종 약탈적인 것으로 평가된다. 상속세는 '정의로운 세금'이라는 인식에도 불구하고 상속세에 대한 부정적 감정은 오히려 확산되고 있다. "부모가 피땀 흘려 모아놓은 재산을 자식에게 물려준다는데 왜 국가가 탈취하는가?" "상속세를 내기 위해 하나밖에 없는 집을 팔고 거리로 나앉게 만드는 것은 조세 폭정이다." 한국 상속세 법정 최고세율(50퍼센트)은 일본(55퍼센트)에 이어 세계 2위 수준이다. OECD에 속하는 국가 중 상속세를 폐지한 국가를 제외한 나머지 회원국의 평균 상속세율은 15퍼센트 수준이다.[14] 오스트레일리아, 뉴질랜드, 스웨덴, 캐나다와 같은 나라는 상속세가 없다.

여기서 우리는 모순적인 현실에 직면하게 된다. 부의 대물림은 정의롭지 못하다고 말하면서도 현실에서는 상속세를 통한 부의 재분배에 대해서는 반감을 갖는 것은 무엇 때문일까? **소득 불평등은 '동일한' 세대의 문제이지만, 자산 불평등은 '세대 간' 정의의 문제이다. 자산은 상속과 증여를 통해 대물림되기 때문에 불평등을 장기**

네 번째 질문 | 내 것은 정말 나의 것인가?

적으로 고착화한다. 자산 불평등 문제를 해결하지 않고서는 사회적 불평등을 해결할 수 없다. 문제는 높은 상속세율에도 불구하고 사회적 불평등이 완화되기는커녕 오히려 심화된다는 데 있다. 복합적 원인에서 비롯한 사회 불평등을 해결하기에는 사회의 재분배 장치가 제대로 작동하지 않기 때문이다. 그렇게 되면 사회적으로 불리한 위치에 있는 사람들의 이익은 증대시키지 못하면서 동시에 잘 사는 사람들의 것을 빼앗아간다는 감정만 초래한다. 이런 방식으로 사회적 정당성의 토대가 침식되면 사람들은 무엇이 옳고, 무엇이 그른지에 관한 정의감을 상실하게 된다.

선한 부, 나쁜 부

우리가 소유하는 것은 모두 정당하게 획득한 것이거나 부당하게 획득한 것이다. 남의 돈을 강탈하거나 나쁜 꾀로 남을 속여 돈을 버는 것은 윤리적으로 부당하다. 능력주의가 정당한 소득의 유일한 기준으로 받아들여지고 있는 오늘날, 사람들은 남을 해치지 않고 자신의 노력으로 부를 획득하면 도덕적으로 문제가 되지 않는다고 생각한다. 그러나 참여자의 수가 너무 많아 부의 창출 과정이 복잡한 현대사회에서 어떤 것이 정당하게 획득하고 소유한 것인지를 판단하는 일은 쉽지 않다. 내가 나의 노동의 대가로 버는 임금 소득은 개인적인 차원에서 정당할 수 있지만, 내가 일하는 기업이 사업을 하는 과정에서 환경에 엄청난 피해를 준다던가, 아니면 부당한 독점을 통해 이익을 얻었다면 나의 소득이 정당하다고만 할 수는 없다.

상속의 경우 문제는 더욱 복잡해진다. 수평적으로 사회가 분화되어 많은 참여자가 복잡하게 얽히면 정의와 불의를 분간하기가 힘들어지는 것처럼, 수직적으로 시간이 많이 흘러 부를 창출한 주체를 확인하는 것이 어려워지면 상속을 통해 얻은 부의 도덕성을 가리는 일은 복잡한 퍼즐 게임이 된다. 경제의 역사를 일별해보면, 부의 창출은 언제나 정복과 착취로 이루어졌다는 것을 알 수 있다. 고대의 바빌론제국, 페르시아제국, 로마제국에서 대영제국과 미국제국에 이르기까지 제국의 역사는 경제적 부의 뒤에는 항상 군사적 정복이 있었음을 웅변한다.

우리가 자랑스러워하는 자유민주주의 국가도 과거의 범죄로 이루어졌을 수도 있다. 과거의 노예제도에 대해서는 사과하면서도 그 희생자인 현재의 아프리카계 미국인에게 배상하는 것은 지지하지 않는다는 빌 클린턴 전 미국 대통령의 1997년 발언은 문제의 복잡성을 잘 말해준다. 현재 사회적 불평등의 원인이 설령 범죄행위라고 할지라도 그것이 아주 먼 과거의 일이라면, 그 범죄행위의 결과를 바로잡는 일은 쉽지 않다. 그렇다면 유산으로 물려받은 돈은 어느 정도 '피 묻은 돈blood money'이고, 모든 유산은 '더러운 유산tainted inheritance'인가? 왜 사람들은 재물에 대한 욕심이 없어 가난한 '청빈淸貧'은 칭송하면서도 정당하게 창출한 '청부淸富'는 말하지 않는가?

현대사회의 불평등 문제를 해결하려면, 우리는 불평등 원인을 소유에 대한 인간의 물질적 욕망에서 찾는 대신에 인간의 자연스러운 욕망을 나쁘게 변질시키는 사회적 기제에서 찾아야 한다. "낙타가 바늘귀로 들어가는 것이 부자가 하나님의 나라에 들어가는 것보다 쉬우니라."[15]라는 도덕으로는 평등사회를 구현하지 못한다. 우리는 '선한 부'와 '나쁜 부'의 기준을 사회적 분배의 형식에서 찾아야 한다. 부와 빈곤을 도덕적인 관점에서 접근하는 기독교조차 이러한 문제를 지나치지 못한다. 교황 베네딕토 16세는 자신의 회칙에서 이렇게 말한다. "이익이 배타적인 목표가 되어, 이익이 공동선을 궁극적 목적으로 하지 않고 부적절한 수단으로 생산되면, 부를 파괴하고 빈곤을 초래할 위험이 있다."[16] 간단히 말하면 사회적 불평등을 증가시키는 부는 '나쁜 부'이고, 사회의 공동선에 기여하는 부는 '선한 부'라는 것이다.

'선한 부'는 인간의 존엄성을 존중하고 공동선을 촉진하는 방식으로 창출되고 배분되고 사용되는 자산으로 구성된다. 반면, '나쁜 부'는 강제 또는 사기와 같은 부당한 방식으로 축적되고 또 가난한 사람들과 사회적으로 소외된 사람들을 배제하고 오직 기득권에게만 이익이 되는 방식으로 사용되는 재산이다. 부를 창출하고 분배하고 사용하는 방식이 공정해야만 '선한 부'로 정당화될 수 있다. '선한 부'는 현재의 경제적·사회적 불평등이 아무리 심하더라도 부를 이루는 과정이 공정하면 정당화될 수 있다는 관점을 대변한다. 가치의 생산, 분배 및 사용을 통제하는 사회적 제도가 제대로 작동하지 않을 때, 우리는 시장 및 국가와 같은 사회적 제도보다는 개인의 재산 취득 행위로 시선을 돌리는 경향이 있다.

그렇다면 개인은 어떻게 자신의 소유를 정당화하는가? 우리의 시선을 사회적 제도에서 개인으로 돌리면 우리는 자연스럽게 롤스를 떠나 로버트 노직Robert Nozick, 1938~2002의 문을 두드린다. 롤스에게는 정의가 사회적 제도의 '덕virtue'이라면, 노직의 정의는 재산권을 가지고 있는 사람들의 상호 간의 분배 행위에 적용된다. 공동체는 근본적으로 소유를 한 개인들의 집단이다.

각 개인이 갖는 바는 그가 다른 사람과 교환하여 또는 선물로서 그 다른 사람으로부터 얻은 바이다. 자유세계에서는 다양한 사람이 서로 다른 물자를 손에 쥐고 있으며 새로운 소유물은 자발적 교환과 행위로부터 발생한다.[17]

여기서 정의는 근본적으로 개인 소유물의 정의로 파악된다.

만약 무엇이 누구에게 어떻게 분배되어야 하는가를 결정하고 통제하는 어떤 한 사람이나 집단이 존재하지 않는다면, 어떤 분배가 정의로울 수 있는 충분조건은 그 분배를 통해 모든 사람이 자신들이 소유하고 있는 것에 대한 정당한 소유권을 가지는 것이다. 간단히 말하면, 내가 가지고 있는 소유물에 대한 최초의 취득이 정당하고 또 그것을 다른 사람에게 이전하는 과정이 정당하다면, 분배정의가 완전하게 실현된다는 것이다. 사회적 불평등이 일상화되고 보편화된 현대사회에서 개인의 소유가 정당한가를 따지는 것은 결국 그것의 취득과 이전이 정당한가를 묻는 것이다.

'정당한 부'는 불가능한가?

소유는 항상 두 가지 관점에서 논의된다. 하나는 자연권적 권리의 관점에서 개인의 사유재산권을 논의하는 것이며, 다른 하나는 소유가 사회적 불평등의 원인이라는 관점이다. 사유재산과 자유시장의 철학적 기초를 제공한 존 로크는 "자연 상태에는 그것을 지배하는 자연의 법칙이 있다."고 전제하면서 모든 사람에게 의무를 지우는 자연법의 이성에 따르면 "모든 사람은 평등하고 독립적이기 때문에 누구도 다른 사람의 생명과 건강, 자유 또는 소유에 해를 입혀서는 안 된다."[18]고 말한다. 다른 사람의 자유를 침해하지 않는 한, 우리는 소유에 대한 정당한 권리를 갖는다는 것이다.

우리는 어떻게 정당한 부를 가질 수 있는가? 로크의 전통을 따르는 노직은 '권리'의 관점에서 이 문제를 다룬다. 그에 의하면 "개인들은 권리들을 가지고 있으며, 세상에는 어느 인간이나 집단도 이 권리들에 해서는 안 되는 것들이 있다."[19] 국민을 보호하려고 권력을 독점하는 국가조차도 사람들을 보호하는 과정에서 개인의 권리를 침해해서는 안 된다고 주장한다. 노직이 그의 책《아나키, 국가 그리고 유토피아Anarchy, States and Utopia》7장과 8장에서 발전시킨 '소유권 이론Entitlement Theory'에 의하면 취득과 이전에서의 정의는 다음의 세 가지 원칙으로 구성된다. (1) 취득에서의 정의의 원리에 따라 소유물을 취득한 자는 그 소유물에 대한 소유 권리가 있다. (2) 이전에서의 정의의 원리에 따라 한 소유물을, 이 소유물에 대한 소유 권리가 있는 자로부터 취득한 자는 그 소유물에 대한 소유권리가 있다. (3) 어느 누구도 (1)과 (2)의 반복적 적용에 의하지 않고서는 그 소유물에 대한 소유 권리가 없다.[20]

부를 창출하는 과정이 정의롭게 이루어지고 다음 세대에게 그 부를 이전하는 과정 역시 정의롭다면, 그 결과가 설령 불평등하다고 할지라도 이 불평등은 정당화될 수 있다는 것이다. 노직의 소유권 이론은 다음의 간단한 명제로 압축된다. "정의로운 상황으로부터 정의로운 단계를 거쳐 발생하는 것은 무엇이나 그 자체도 정의롭다."[21]

그러나 우리가 경험적으로 알고 있는 것처럼, 어떤 소유물의 원초적 취득이 항상 정당한 것은 아니다. 어떤 사람들은 다른 사람들의 물건을 훔치거나, 강제 또는 거짓으로 속여서 빼앗는다. 어떤 사람들은 다른 사람들을 노예화하거나, 그들의 생산물을 착취하거나, 그들이 살고자 하는 바대로 살지 못하게 하거나, 교환에서 자유로운 경쟁을 방해한다. 이러한 행위는 정의롭지 않기 때문에 우리는 그 취득물에 대한 정당한 소유권을 주장할 수 없다. 나의 현재의 소유가 부당한 취득이 이전된 것이라면, 우리는 이러한 소유물에서의 불의를 교정해야 한다. 불의로 인한 수익자와 피해자가 행위의 직접적인 당사자로 확인될 경우, 이러한 교정은 가능하다. 그러나 만약 시간이 많이 흘러 우리가 소유하고 있는 것의 정당성과 부당성을 판별하기 힘들다면, 사태는 더욱 복잡해진다. 수익자와 피해자가 과거에 이루어진 불의의 당사자들의 후예라면, 세대가 거듭할수록 불의로 인한 피해와 불평등이 더 커졌다면, 우리는 이 불의의 상태를 시정하기 위해 무엇을 해야 하는가?

역사적으로 증폭되는 사회적 불평등의 피해를 막으려면, 원초적 취득의 상황이 정의로워야 한다. 여기서 노직은 로크의 노동가치 이론에 주목한다. 로크는 소유에 대한 정당한 재산권은 오직 자신의 노동을 통해서만 발생하는 것으로 보았다.

이 대지와 모든 열등한 피조물이 모든 사람에게 공유물로 주어진 것이긴 하지만, 사람은 누구나 자기 자신의 인격person에 대한 소유권을 갖고 있다. 이 인격에 대해서는 그 이외의 누구도 권리를 갖지 않는다. 그의 몸의 노동과 그의 손의 작업은 본래의 의미에서 그의 소유라고 말할 수 있다. 그가 자연이 제공하고 남겨놓은 상태로부터 무엇을 이동시키건, 그는 그것에 자신의 노동을 섞고 또 자신의 것을 첨가했다. 이렇게 그는 그것을 자신의 소유로 만든다. …… 이러한 노동은 바로 그 노동하는 사람의 소유임이 의심할 여지가 없으므로, 오직 그만이 자기의 노동이 일단 결합된 것에 대해서 권리를 가질 수 있다.[22]

존 로크는 노동만이 가치를 창조한다는 노동가치설의 창시자이다. 불로소득이 노동소득보다 훨씬 더 많은 가치를 창출하는 것처럼 보이는 후기 자본주의사회에서 로크의 이론은 진부하고 시대착오적인 것으로 평가될 수도 있다. 그러나 노동가치설을 비판적으로 수용한 카를 마르크스의 사상이 말해주는 것처럼, 로크의 이론은 사회적 불평등의 원인을 생산적으로 논의할 수 있는 관점을 제공한다.

로크에 의하면 자연으로부터 사물을 정당하게 소유할 수 있는 유일한 방법은 노동이다. 왜냐하면 노동은 의심할 여지가 없는 우리의 소유이기 때문이다. 우리가 자본을 창출하려면 정당한 노력이 들어가야 한다. 노직의 패러디처럼 내가 소유한 한 깡통의 토마토 주스를 바다에 부어 섞는다고 해서 바다가 나의 소유가 되는 것은 아니다. 자연의 사물에 노동을 가한다는 것은 그것을 가치 있는 것으로 만든다는 것을 의미한다. 지적재산권처럼 우리의 신체적 노동뿐만 아니라 정신적 노동의 산물을 생각한다면, 노동은 가치의 창조이다. 그것은 우리가 무엇인가를 정당하게 소유하려면, 우리는 가치의 창조와 증대에 일정 부분 기여해야 한다. 우리가 현대 자본주의사회에서 노동을 통해 받는 임금은 이에 대한 정당한 보상이다.

물론 우리가 주목하는 것은 정당한 소유에 대한 로크의 단서 조항이다. 우리가 노동을 통해 소유하기 위해서는 "충분한 양의 그리고 똑같이 좋은 것들이 다른 사람들을 위한 공유물로 남겨져 있어야 한다."[23]는 것이다. 노동이 가치 창조의 주요 수단이었던 전통 농경사회에서는 대지와 그 위의 모든 자연 산물이 충분히, 좋은 질로 모든 사람에게 제공되어야 한다는 것이 정의로운 분배의 조건이다.

A가 무엇인가를 사유화하는 상황을 생각해보자. A가 사유화함으로써 B가 사유화할 가능성이 축소되거나 사라진다면, A의 사유화는 정당하지 않다. 사유화할 수 있는 자원이—로크의 단서 조항이 전제하는 것과는 다르게—제한되어 있다면, 사유화 과정이 연쇄적으로 일어나면 마지막 행위자 Z의 상황은 극단적으로 악화된다.

소유의 취득은 오직 공동체의 이익을 훼손하지 않거나 증대할 때만 정당화된다. 우리는 이러한 로크의 단서 조항을 '충분한 양의 규칙'으로 부를 수 있다. 그런데 인간은 역사적으로 노동을 통해 우리가 사용할 수 있는 양을 충분히 확대해왔다. 인간은 자연적으로 주어진 공유물의 양이 충분하지 않을 때 이를 보완할 수 있는 제도를 발전시켰다. 로크는 이것이 화폐의 발명을 통해 비로소 가능해졌다고 본다. 자연이 제공하는 생활필수품은 곧 썩어버리기 쉽지만, 화폐는 사람들이 오랫동안 보존해갈 수 있는 것이다. "화폐의 발명은 사람들에게 소유물의 축적을 지속하고, 그것을 증대시킬 기회"[24]를 제공했다는 것이다. 이것을 '자본 축적의 규칙'으로 부를 수 있다.

로크가 소유권의 전제 조건으로 제시한 '충분한 양의 규칙'과 '자본 축적의 규칙'은 언뜻 모순되는 것처럼 보인다. 소유에 대한 인간의 자연권은 동시에 자신의 제약을 받는다. 사람이 아무리 노력한다고 하더라도 모든 토지를 개간하여 소유할 수 없다. 그리고 그의 욕망이 아무리 무한하다고 할지라도 모든 사물을 소비할 수 없다. 이것이 '충분한 양의 규칙'에 숨겨진 내용이다. 그런데 자본주의가 발전하면서 사람은 모든 것을 소유할 수 있게 되었다. 소비의 한도도 제한되지 않는 것처럼 보인다. 화폐의 발명을 통해 인간의 소유권에서 '자연의 한계'가 제거된 것이다.[25] 자연이 제공하는 것이 충분하게 똑같이 좋은 질로 다른 사람들을 위해 남아 있지 않더라도, 다른 사람들을 위해 '좋은 삶' 또는 '더 나은 삶'이 충분히 남아 있을 수 있다는 것이다. 그것이 바로 자본주의의 이데올로기였다.

한동안 우리는 자본주의가 모든 사람에게 이익이 되는 방향으로 발전한다고 믿었다. 자연의 자원은 한정되어 있지만, 인간이 창조하는 가치는 무한한 것으로 여겨졌다. 문제는 풍요가 오히려 인간다운 삶을 해칠 수 있다는 것이다. 자본이 창출되고 축적되고 이전되는 과정이 공정하지 않다면, 이 과정에서 산출된 사회적 불평등은 인간다운 삶을 불가능하게 만든다. 우리가 로크의 단서 조항을 현대적 시점에서 재구성해야 하는 까닭이 여기에 있다.

자연은 인간 노동의 정도와 삶의 편의를 통해 소유의 한도를 정했다. 어떤 사람의 노동도 모든 것을 예속시키거나 소유할 수 없다. 그의 향유도 단지 일부분만을 소비할 뿐이다. 그러므로 어떤 사람도 이런 방식으로 다른 사람의 권리를 침해하거나 이웃에 해를 끼치면서 소유를 취득하는 것은 불가능하다. 이 이웃에게도 (다른 사람이 그의 것을 가지고 난 뒤에도) 소유되기 이전과 같은 만큼의 상당한 소유의 여지가 남아 있을 것이다. 이 한도가 모든 사람의 소유를 적절한 정도로 제한한다.[26]

내 것은 나의 것이 아니다

우리는 자유시장에서 사람들의 선택을 존중하면서도 어떻게 사회적 불평등을 극복할 수 있을까? 우리가 대체로 다른 사람의 손을 빌리지 않고 자연이 제공해주는 생활필수품에 만족할 때는 재산 취득의 정당성과 부당성을 판별하는 것이 어렵지 않았다. 자연의 산물은 시간이 지나면 부패하기 때문에 무한하게 축적될 수도 없었다. 인간이 노동을 통해 자신의 소유를 증대할 수 있는 데에도 한계가 있었다. 우리가 재산을 무한하게 증식할 수 있는 것은 화폐와 자본 덕택이다. 인구수가 증가하여 우리에게 필요한 재화와 서비스가 사회적 협동을 통해 생산되고 분배되는 현대사회에서 로크의 자연법적 소유권 이론을 적용하는 것에는 문제가 있다.

그런데 현대인들은 여전히 노동이 소득과 재산을 늘릴 수 있는 유일한 수단이라고 생각한다. 노직은 다양한 사람이 자신의 선택에 따라 자신이 필요한 것을 자신의 노력으로부터 얻는 사회를 정의로운 사회로 정의한다. 우리는 오늘날 생산과 분배를 분리하는 경향이 있지만, 노직은 자신이 필요한 것을 자신의 노력으로 얻는다면 생산과 분배가 분리될 필요가 없다고 생각한다. 누가 무엇을 만들고 또 이 만들어진 것을 누가 갖느냐의 문제는 결코 분리된 것이 아니다. 우리는 여기서 언급되는 '누구'가 특정한 개인이 아니라 협동하는 집단이라는 사실에 주목해야 한다.

생산과 분배 및 재분배의 주체가 사회라고 하더라도, 우리는 사회적 협동에 참여하는 개인의 차이를 고려해야 한다. 사람들의 기본적 욕구가 충족되었다고 생각되는 사회에서도 왜 사람들은 초과근무를 하는 것일까? 우리는 각자 기본적 욕구 사항 이외의 다른 것들을 갖고 싶기 때문이다. 이것이 우리가 살고 있는 자본주의사회의 기본적 전제 조건이다. 우리는 자신의 삶을 자율적으로 선택하고, 이를 실현할 수 있는 물질적 수단을 얻으려고 노력한다. 개인 선택과 노력 및 그의 권리를 생각하면 재분배의 문제는 조금 달라진다.

노직이 제시한 예를 근거로 자신의 기본적 욕구 충족에 필요한 것 이상의 수입을 벌려고 초과근무를 하는 사람 A를 생각해보자. A는 자유 시간인 여가보다는 잔업을 선택한다. A는 여가 시간에 수행할 수 있는 활동보다는 가외의 재화와 서비스를 선호한 것이다. 이와는 반대로 B는 자신의 기본적 욕구를 총족시킬 수 있는 정도를 넘어서는 수입과 재화에는 관심이 없다. 그가 많은 연봉의 차이에도 불구하고 지금 다니는 회사를 선택한 것은 출퇴근 시간이 정확하고 근무 환경이 좋기 때문이다. B는 초과근무를 통해 얻을 수 있는 재화나 서비스보다는 여가의 활동을 선호한다.

A와 B의 소득과 장기적으로는 재산의 차이가 있다고 하더라도, 우리는 A와 B 사이의 차이를 부당하다고 할 수 없다. A와 B는 자신의 삶을 스스로 선택한 것이다. 만약 A와 B의 경제적 불평등을 수정하기 위하여 A의 소득 일부를 취하여 B에게 준다면, 이러한 재분배는 부당하다고 노직은 지적한다. 그것은 마치 B처럼 물질적으로 곤궁한 자를 도와주기 위하여 A를 여가 시간에 강제로 노동하게 하

는 것과 다를 바 없다는 것이다. 강제 노동이 부당한 것처럼, 정당하게 취득한 소득을 재분배 목적의 조세를 통해 빼앗는 것도 부당하다는 것이다. 노직은 이렇게 묻는다.

영화를 선호하는 (그래서 입장권을 사기 위해 가외로 일해야 하는) 사람은 곤궁한 자를 돕도록 소집되어야 하고, 노을의 관조를 선호하는 (그래서 가외의 돈을 벌 필요가 없는) 사람은 왜 그렇지 않은가?[27]

노직의 이 질문은 실질적으로는 물질적 부를 추구하면서도 마치 비물질적 가치를 물질적 가치보다 높게 평가하는 것처럼 행동하는 현대인의 위선을 예리하게 꼬집는다. 왜 비물질적 욕망의 소유자는 방해받지 않고 자신이 원하는 바를 취할 수 있으나, 물질적 욕망을 가진 자는 자신이 실현할 수 있는 것에 있어서 제약을 받아야 하는가? 기본적 욕구를 넘어서는 욕망은 근본적으로 나쁜 것인가?

자본주의사회는 욕망의 체제다. 우리는 모두 기본적 욕구를 넘어선 욕망을 가지고 있다. 어떤 사람은 물질적 욕망을 비물질적 욕망보다 선호하고, 어떤 사람은 그 반대일 뿐이다. 기본적 욕구의 내용도 실제로는 욕망의 지배를 받는다. 어느 정도의 수준이 기본적인가는 개인에 따라 다르고, 사회적으로 결정되기 때문이다. 어떤 사람은 인간다운 삶을 영위하려면 적어도 24평 정도의 주거 공간이 확보되어야 한다고 하고, 어떤 사람은 그 외에도 땅을 밟을 수 있는 정원이 포함되어야 한다고 주장한다. 사람들이 이처럼 자신이 선택한 바에 따라 자신의 노동으로 자신이 원하는 것을 얻을 수 있으면, 개인적 차이와 불평등이 있더라도 정의로운 사회라고 할 수 있다.

이런 관점에서 우리는 오늘날의 극단적 불평등을 다시 조망할 필요가 있다. 현대 자본주의사회는 능력주의의 이데올로기를 주입함으로써 우리가 모두 열심히 노력하면 원하는 바를 실현할 수 있다는 꿈을 심어주지만, 이러한 꿈을 실현할 수 있을 때는 오직 우리가 잠들어 있을 때뿐이다. **만약 현대사회가 '선택' 자체를 불가능하게 한다면, 그것은 인간의 기본적 권리가 침해되는 극단적인 불평등사회다. 권력에서 비롯되는 불평등은 개인적 선택뿐만 아니라 사회적 협동을 불가능하게 만든다.**

오늘날의 강자와 부유한 자들은 자신의 소득과 재산이 능력과 노력만으로 일궈낸 정당한 소유라고 주장한다. 이들은 정말 로크와 노직의 후예들인가? 2021년 3월 한국토지주택공사LH 직원들의 땅투기 의혹이 국민적 공분을 사고 있는 가운데 LH 직원으로 추정되는 사람의 글은 많은 것을 말해준다. "이게 우리 회사만의 혜택이자 복지인데 꼬우면 니들도 우리 회사로 이직하든가." 공정과 정의에 관한 상식적인 감각은 차치하고서라도 불법을 저지르면서도 이를 회사의 혜택과 복지로 생각하는 파렴치한 몰상식은 소득과 소유의 도덕적 타락을 적나라하게 보여준다. "털어봐야 차명으로 다 해놨는데 어떻게 찾을 거냐."는 말은 현대사회에서 일어나는 불의가 얼마나 교묘하고 복잡한지를 말해주고 있다. 사회적 비난에는 아랑곳하지 않고 열심히 은밀하게 투기하면서 "정년까지 꿀 빨면서 다니겠다."[28]는 말은 부패의 민낯을 보여준다.

오늘날 능력 있는 사람 모두가 이처럼 불법을 저지르는 것은 아니다. 분명한 것은 현대사회의 여러 제도가 이들이 부를 축적할 수 있는 교묘한 방법을 제공할 뿐만 아니라 불법성과 부당성을 인식조차 하지 못하게 만들고 있다는 점이다. 같은 해 2월에는 KBS 직원으로 추정되는 자가 "KBS의 평균 연봉은 1억 원 이상"이라고 말하면서 "제발 밖에서 우리 직원들 욕하지 마시고 능력되시고 기회되시면 우리 사우님되세요."[29]라는 글을 남겨 공분을 불러일으켰다. 능력은 부를 획득할 기회로 인식된다. 이런 상황에서 대기업에 들어가 고액의 연봉을 받는 사람들은 능력 있는 사람들로 평가받는다. 능력이 있어서 돈을 버는 것이 아니라 돈을 많이 벌기 때문에 능력이 있다고 여겨진다. 이런 인식이 보편화되면 불법적인 방법으로라도 돈을 벌기만 하면 그만이라는 천박한 물질주의가 기승을 부린다.

소득의 격차가 벌어지고 자산의 불평등이 심화하면, 노동과 소득 그리고 자산에 대한 윤리의식은 증발해버린다. "2019년 통합소득(근로소득 + 종합소득) 천분위" 자료를 토대로 0.1퍼센트와 중위 50퍼센트의 소득을 비교해보면 통합소득은 60배, 근로소득은 27배, 종합소득은 무려 236배에 달하는 격차를 보이는 것으로 나타났다.[30] 이것이 과연 정당한 격차일까? 어느 정도의 격차가 정당한지는 사회적 합의에 달려 있다. 사회적 협동으로 인해 생산된 부와 가치에서 각자의 몫을 정확하게 계산하는 것은 어렵기 때문이다.

개인의 선택을 어렵게 할 뿐만 아니라 시장의 경쟁을 불가능하게 만드는 독점과 지배의 메커니즘은 결국 도덕의 타락을 초래한다. 독점은 가치의 창출과 분배를 왜곡한다. 조지프 스티글리츠Joseph Stiglitz, 1943~ 는 마이크로소프트와 같은 기업이 우세한 지위와 방대한 자원을 차지하고 막대한 수익을 올리는 것은 결코 기술혁신을 통한 가치 창조 때문이 아니라고 한다. 널리 사용되었던 워드프로세서나 브라우저나 미디어플레이어나 효율적인 검색엔진을 개발한 것은 마이크로소프트가 아니었다고 한다. 기술혁신이 가치 창출과 자본 축적의 근원이라면, 마이크로소프트의 엄청난 부는 정당하다고 할 수 있다. 그러나 마이크로소프트는 다른 곳에서 이루어진 혁신을 독점적 구조와 연결함으로써 엄청난 수익 구조를 만들었다. "독점자는 탁월한 혁신을 이루지 못한다."라는 말에서 알 수 있듯이, 현대사회의 소득과 부는 시장과 사회의 제도와 연결되어 있다.

현대사회에서 내 것은 결코 나의 것이 아니다. 모든 것은 사회적 협동을 통해 생산되고 분배된다. 물론 토머스 에디슨이나 빌 게이츠, 스티브 잡스와 같이 특별한 재능을 가진 인물들이 많다. 문과라서 죄송하다는 뜻의 자조적인 신조어 '문송'이 말해주는 것처럼, 21세기는 과학과 기술의 시대다. 그러나 과학과 기술의 엘리트들이 사회적으로 성공할 수 있는 것은 이들이 지식을 습득하고 또 그것을 실험해볼 수 있도록 해준 과학 인프라, 이공계 전문연구요원에 대한 병역특례제도, 과학과 기술을 성장 동력으로 인식하고 적극적으로 지원하는 정부의 정책, 과학과 기술을 토대로 새로운 기업을 설립할 수 있도록 도와주는 창업 지원 시스템, 새로운 기술을 보호해주는 특허법과 저작권법 등의 다양한 제도적 지원이다.[32] 이 모든 특혜와 특권은 결국 사회적 주요 자원의 독점으로 이어진다.

그러나 오늘날 특권층은 사회적 지원에 대한 감사한 마음이 없다. 그들은 자신들이 누리는 특권을 당연한 것으로 여긴다. 사회적 협동의 산물을 자기 것으로 생각하는 태도는 지극히 부당한 것이다. 여기서 모든 불공정은 시작된다. 오늘날 많은 사람은 여전히 열심히 일하면 자신이 선택한 삶을 살 수 있다고 생각한다. 그러나 이러한 착각이 서서히 부서지고 있다. 조지프 스타글리츠는 말한다.

> 공정한 게임을 하여 이기는 사람이 열심히 뛰어가는 사람이라면, 자신이 이길 가능성을 증대시키는 방향으로 아예 게임의 규칙을 정하는 사람은 고속철을 탄 사람이고, 심판까지 직접 고르는 사람은 제트기를 탄 사람이다.[33]

부의 대물림을 당연시하는 사람들은 당대의 사회적 조건을 바꿀 생각이 없다. 사회의 변화조차 꿈꿀 수 없는 사회는 철저한 불공정 사회다. 이런 세상에서는 강자는 할 수 있는 일은 무엇이든지 하고, 약자는 아무리 고통스러워도 해야만 하는 일을 하기 때문이다. 생존 자체가 문제가 되는 사람들이 있다면, 그것도 아주 많이 있다면, 그런 사회에서는 아무리 정당하게 번 것이라도 결코 그것에 대해 떳떳할 수 없다.

부는 집중되어야 생산적인가?

자본들의 흐름이 자연스럽게 방임되면,
사적 소유가 지배하는 상황에서
소수의 수중에 자본이 집중되는 결과를 낳게 하는
축적은 필연적 결과다.

카를 마르크스, 《경제학-철학 수고》

'부'가 집중되면, '사람'은 축출된다

사회는 발전하는 것처럼 보이는데 개인의 형편은 좋아지지 않을 때 우리의 정의감은 상처를 받는다. 개인의 노력이 소득으로 이어지지 않는다는 것은 '소득 불평등'이 심하다는 말이고, 소득이 생계 요건을 위해 완전히 소비되어 재산을 모을 수 없다는 것은 '자산 불평등'이 매우 심각하다는 징표이다. 세계은행 자료에 의하면 2019년 기준 세계 12위의 규모를 자랑하는 대한민국의 명목상 국내총생산GDP은 1조 6,467억 달러로 꾸준히 증가하고 있기 때문이다. 파이는 커지는데 나의 몫은 별로 늘어나지 않고 있다. 국민의 협동적인 생산 활동을 통해 창출된 부와 자본이 어딘가에 집중되고 있다.

우리는 소득과 자본이 '어디로' 집중되고 있는지 잘 알고 있다. 앞에서 살펴본 것처럼 상위 10퍼센트 소득 계층의 소득과 자산이 차지하는 비중은 점점 더 늘어나고 있다. 한국의 소득과 자산 집중도는 미국을 닮아갈 정도로 상당히 높다. 무언가가 한곳을 중심으로

하여 모이는 것을 '집중'이라고 하고, 모아서 쌓는 것을 '축적'이라고 한다. 자본이 집중되고 축적되면 투자가 활성화되어 궁극적으로 모든 국민의 삶이 향상될 것이라는 기대는 점점 사라지고 있다. 1인당 국민소득 3만 불 시대가 열렸음에도 불구하고 국민이 기대하는 결과를 내놓지 못하고 있다.

이유는 간단하다. 불평등이 심화되어 상위 계층과 그 밖의 계층 간의 격차가 가위처럼 점점 더 벌어지고 있기 때문이다. 극단적 불평등은 사회적 이동을 불가능하게 함으로써 빈부 격차, 중앙과 지방의 격차, 남성과 여성의 격차를 공고화한다. 이러한 현상이 단지 지배계층과 기득권 세력의 탐욕적인 이기심에서 기인하는 것은 아니다. 현대사회에서 이기적이지 않은 사람이 어디에 있겠는가? 조지프 스티글리츠는 상위 계층이 파이에서 차지하는 몫이 점점 늘어나는 이유를 '지대 추구'에서 발견했지만, 문제는 지대 추구를 가능하게 만드는 자본주의사회의 독특한 구조에 있다. 부의 극단적 편중은 기술, 시장, 경제의 혁신과 정부의 지원을 복합적으로 활용하는 체제의 약탈적 구조에 기인한다.[1]

사회구조가 불공정하면, 불평등으로 야기된 사회의 양극화는 시민들을 사회의 주변부로 축출한다. 빈곤층이나 서민층은 삶의 공간으로부터 퇴출되고, 청년들은 기대할 수 있는 미래의 삶으로부터 축출되고, 부유한 특권층은 자본의 극단적 집중을 통해 쌓아올린 성안에 사회적으로 분리되어 사회적 책임을 벗어던진다. 소득과 자산이 소수의 특권계층에 집중되는 자본주의사회는 미국의 도시사회학자 사스키아 사센Saskia Sassen, 1947~ 이 말하는 '축출Expulsion'[2] 사회가 된다.

물론 자본이 축적되고 집중되는 방식은 복잡하다. 우리는 오늘날 자본이 재래시장에서 상품이 거래되는 방식으로 생산되고 교환되지 않는다는 것을 잘 알고 있다. 노동을 통해 생산된 상품을 시장에서 거래함으로써 생산되는 잉여가치와 자본이 축적되었던 '산업자본주의'사회에서는 이러한 구조가 비교적 단순했다. 노동자의 착취, 식민지를 통한 시장의 장악, 산업 발전 계획을 통한 국가의 지원 등 사회적 불평등의 원인이 간단히 확인될 수 있는 것처럼 보였다. 그러나 자본을 거래하는 금융시장이 상품을 거래하는 실물시장보다 훨씬 더 커진 오늘날 후기 '금융자본주의'의 구조는 훨씬 더 복잡하여 쉽게 파악할 수 없는 것처럼 보인다.

경제가 성장하면서도 가난한 사람과 지방과 여성이 사회로부터 '축출되는' 것은 바로 금융자본주의의 복잡성 때문이다. 사회의 양극화와 불평등에서 야기된 무자비함을 너무 자주 낳는 것은 어쩌면 자본주의사회의 복잡성일지도 모른다.[3] 오늘날 우리가 경험하는 심각한 사회적 불평등은 자본주의에 내재한 심오한 체제적 동력이 표출된 것일 수 있다. 그러나 이러한 복잡성이 초래하는 가장 커다란 위험은 어쩌면 우리의 심리를 단순하게 획일화시키는 것일지도 모른다. 능력과 노력, 노동과 학업만으로 안락한 삶을 얻기 힘든데도 여전히 노력만 하면 성공할 수 있다는 능력주의 이데올로기는 더욱 강화된다. 많은 사람은 현대의 성장이 재산보다는 노동, 능력보다는 노력의 편을 들어준다고 믿는다. 이런 믿음이 널리 퍼진 이유는 무엇일까?

그뿐만이 아니다. 사회적 불평등이 부의 극단적 편중에서 기인한다는 사실을 잘 알고 있으면서도, 사람들은 사회가 성장하려면 부가 집중되어야 한다고 생각한다. 불평등은 사회를 불안정하게 만들고, 불안정은 다시 불평등을 심화시킨다. 불평등이 광범위하게 퍼져 있는 사회는 생산적이지도 않고 효율적이지도 않다.[4] 그럼에도 많은 사람은 자신의 몫을 많이 받기 위해서는 전체 파이가 커져야 하고, 파이를 키우려면 자본이 집중되어야 한다고 굳게 믿는다. 지난 200년 동안 이뤄온 경제성장이 우리의 뇌에 너무나 많은 영향을 줘서 사고의 틀을 변형시킨 것인가? 우리는 경제성장 과정에서 드러난 많은 문제에도 불구하고 여전히 성장의 당위를 믿는다. 성장을 맹신하면서도 우리 사회는 평등사회로 발전할 수 있을까?

경제성장은 분명 우리에게 번영을 가져다준다. 성장growth이 양적인 개념이라면, 번영prosperity은 질적인 개념이다. 소득이 높아지고 자산이 증대하는 것처럼 화폐단위로 표시된 GDP 증가는 경제성장의 중요한 지표이다. 이에 반해 번영은 아무런 문제 없이 '잘 사는 것wellbeing'을 의미한다. 번영은 건강, 교육, 행복과 같은 우리 삶의 질적인 측면을 포함한다. 이제까지는 경제적 성장이 번영의 필수 요건인 것처럼 여겨졌지만, 경제가 성장하면서 몰고 온 여러 문제로 인해 성장이 번영을 위해 반드시 필요한 것이 아니라는 인식이 점차 확산되고 있다. 우리가 '지속 가능한 발전'을 이루려면 번영을 위해서는 성장이 필요하다는 생각에서 벗어나야 한다는 것이다.

자본주의의 폐해와 부작용을 인정하더라도 '성장 없는 번영'[5]이 우리에게는 여전히 낯선 이념으로 다가올 수도 있다. "성장은 사람들을 노동으로 몰아넣지만, 지속 가능한 발전은 성장의 문제 없이 직업을 제공한다."[6] 이러한 대안의 가능성은 물론 진지하게 논의해야 하지만, 여기서 우리가 주목하는 것은 성장과 번영이 탈동조화되고 있다는 사실이다. 성장은 하는데 많은 사람의 처지가 나아지기는커녕 더 나빠진다면, 그것은 '절대적 디커플링decoupling'이라고 할 수 있다. 성장을 통해 사람들의 경제적 상태는 향상되었음에도 사람들 사이의 격차는 오히려 커져서 개인의 번영에 부정적 영향을 미치는 것을 우리는 '상대적 디커플링'이라고 부를 수 있다. 우리는 지금 성장과 번영의 탈동조화로 말미암아 '성장의 딜레마'에 갇혀 있다. 한편으로 성장은 지속 가능하지 않다는 것을 알면서도 탈성장은 불안정과 불안을 야기하기 때문이다.[7]

물론 우리의 과제는 더는 함께 움직이지 않는 성장과 번영의 동조화를 이루는 것이다. 사회적 불평등의 문제를 제대로 다루려면 성장의 마법에서 깨어나야 하는 것은 사실이지만, 그렇다고 진보와 발전을 부정해서는 안 된다. '진보 혐오증progressphobia'[8]이라는 신조어를 만든 스티븐 핑커Steven Pinker, 1954~ 의 기우와 달리 진보와 발전을 증오하는 사람은 많지 않다. 생명이 죽음보다 낫고, 건강이 질병보다 낫고, 풍요가 빈곤보다 낫고, 안전이 위험보다 낫고, 평등한 권리가 편견과 차별보다 낫고, 행복이 고통보다 낫다는 점을 인정하면 이러한 지표로 볼 때 인류의 역사는 진보해왔다는 것이다. 핑커는 한편으로 인류의 진보 역사를 이해하려면 소득 불평등이 행복의 기초적 요소가 아니라는 점을 인정해야 한다고 주장하면서, 다른 한편으로는 기술의 발전과 세계화가 수십억의 인구를 빈곤으로부터 해방했다고 말한다. 간단히 말해 "소득 불평등은 인류의 진보에 대한 반증이 아니라는 것이다."[9]

먹을 것이 없어서 굶어 죽는 것보다는 불량 식품이라도 먹을 것이 풍부하여 폭식과 비만으로 죽는 것이 더 나을 수 있다. "어떤 면에서 세상은 덜 평등해졌지만, 더 많은 면에서 세상 사람들은 더 나아졌다."[10]는 핑커의 말은 타당할 수 있다. 그러나 우리는 여기서 '인류의 진보'라는 거시적 관점에 은폐된 성장의 어두운 그늘을 봐야 한다. 행복을 이루는 데 커다란 역할을 하는 것은 소득의 절대 수준만이 아니다. 주위의 다른 사람들과 비교할 때 많고 적음이라는 상대적 소득수준이 훨씬 더 커다란 역할을 한다.

이러한 **사회적·경제적 지위를 위한 경쟁이 치열할수록 사회적 불평등은 많은 사람을 사회의 주변부로 축출한다.** 이런 사회에서는 "우리 아이들을 위한 더 나은 사회, 좀 더 공평한 세상, 아직은 덜 행복한 사람들도 언젠가는 행복을 누릴 수 있는 환경과 미래"가 가능하다고 믿지 못한다. 우리 세대뿐만 아니라 다음 세대에서도 모든 것이 대체로 더 좋아질 것이라고 희망할 수 없는 사회는 극단적인 불평등사회다. 이러한 자본주의 동력의 한가운데 바로 자본의 집중이 있다면, 우리는 집중이 어떻게 사람들을 사회의 주변부로 축출하는지 주의 깊게 살펴봐야 한다.

불평등은 '집중'의 단순한 부작용인가?

오랫동안 걸려 있었던 마법의 주문에서 깨어나기는 쉽지 않다. 그 마법이 인류의 역사를 발전시킨 '위대한 허구'였을 뿐만 아니라 인류가 스스로 만들어내어 자신에게 주문을 건 것이라면 더욱 그렇다. 인류의 역사는 집중을 통해 발전한다는 현실 법칙을 보여준다면, 집중과 성장의 마법은 현실에서 더욱 강력한 힘을 발휘한다. '집중'과 '성장'이 우리가 부인할 수 없는 현실적 허구라면, 이 허구를 깨는 것보다는 이 허구가 빚어내는 현실의 이중성을 파헤치는 것이 인간과 인간다움을 이해하는 데 더 도움이 될 것이다.

별로 중요하지 않은 동물이었던 사피엔스가 허구와 신화를 만들 수 있는 능력 덕택에 지구를 지배하게 되었다는 매우 흥미로운 관점을 제시한 유발 하라리Yuval Noah Harari, 1976~ 는 집중과 성장의 연관관계를 회화적으로 그려낸다.

기원전 1만 3,000년경, 사람들이 야생식물을 채취하고 야생동물을 사냥하면서 먹고살던 시기에 팔레스타인의 여리고 오아시스 주변 지역이 지탱할 수 있는 인구는 기껏해야 100명 정도의 건강하고 영양 상태가 비교적 좋은 방랑자들이었을 것이다. 기원전 8,500년

야생식물이 밀에게 자리를 내어준 뒤, 이 오아시스에는 1,000명이 사는 마을이 생겼다. 마을은 크지만 집은 다닥다닥 붙어 있었고 과거보다 많은 사람이 질병과 영양실조로 허덕였다.[11]

대략 1만 년 전 일어난 농업혁명 덕택에 사람들이 모여 도시가 만들어지고, 사람들이 협동하여 산출한 생산물이 축적되기 시작했다. 문명화된 도시를 탄생시킨 것은 바로 집중이다.

여기서 우리는 농업혁명 이전의 수렵과 채집 시대가 훨씬 더 평등한 사회였다고 상상할 필요는 없다. 농업혁명이 인구를 증가시키고 도시를 발전시킨 것은 틀림없지만, 발전의 이면에는 동시에 발생하는 부정적 부수 현상이 있다. 밀밭 옆에서 영구히 정착해야 하는 농부는 자신이 길들인 밀에 구속되었고, 식량을 얻으려고 밤낮으로 일해야 했으며, 수렵채집인보다 여유 시간이 없었고, 인구 폭발과 도시의 탄생으로 오만하고 방자한 지배계급이 생겼다. 농업혁명은 분명 인류의 발전을 가져온 획기적인 사건이지만 동시에 사회적 불평등의 원천이기도 한 것이다. "농업혁명의 핵심이 이것이다. 더욱 많은 사람을 더욱 열악한 환경에서 살아 있게 만드는 능력."[12]

물론 이러한 부정적 현상과 사회적 불평등을 역사적 진보의 단순한 부수 현상으로 보려는 경향이 있다. 예컨대 농업혁명이라는 사회적 발전(A)이 도시의 집중이라는 사회적 현상(B)을 야기했다. 도시 집중은 계급의 탄생(C)을 가져왔고, 이는 다시 부의 편중이라는 사회적 불평등(D)을 초래했다. A가 일어나지 않았다면 B는 발생하지 않기 때문에 A는 B의 원인이다. 마찬가지로 C와 D 사이에도 인과관계가 성립한다. A에서 D까지의 연쇄작용이 인과적으로 설명된다면, 우리는 사회적 불평등을 해결하려면 농업혁명 이전의 사회로 돌아가는 수밖에 없다. 문제는 B와 C 사이에 있는 의존관계를 강한 인과관계로 볼 수 있는가이다. A-B의 사건과 C-D의 사건은 오히려 평행으로 일어나지 않는가? C-D는 A-B의 부수 현상이지만 거의 독립적으로 움직인다. 이는 C-D가 어떤 일에 부수적으로 일어나는 단순한 부작용이 아니라는 것을 말해준다. 자유와 평등을 실현하려는 어떤 혁명이 일어나더라도 사회적 불평등이 사라지지 않는다면, 사회적 불평등을 야기하는 독립적인 메커니즘을 파악하는 것이 무엇보다 중요하다.

집중은 엄청난 인구를 먹여 살릴 수 있는 경제력을 키웠다. 상상할 수 없을 정도로 많은 사람이 집중 덕택에 생존할 수 있지만, 사람들 대다수는 '더 나쁜' 열악한 환경에서 살아간다. 여기서 '더 나쁜'의 상대성은 물론 수직적이기보다는 수평적이다. '생존'은 결코 '좋은 삶'이 아니다. 현대의 사회적 불평등이 아무리 심각하더라도 가난한 사람들의 삶이 과거보다 훨씬 더 좋아졌다는 말처럼 정의롭지 않은 말도 없을 것이다. 인류의 진보는 인구 폭발로 표현된다. 지구에서 사는 사람들의 수는 200만 년 동안 천천히 증가하여 1805년에야 10억 명에 도달한 것으로 추정된다. 농업혁명으로 증가하기 시작한 인구는 산업혁명으로 폭발한다. 다시 10억 명이 늘어나는 데는 35년도 걸리지 않았다. 그 뒤 1974년에 40억 명에 이르는 데는 겨우 25년밖에 안 걸렸다. 그리고 겨우 47년이 지난 2021년 지금 세계 인구는 다시 2배로 늘어 78억 명을 넘는다.[13]

엄청난 인구를 먹여 살릴 수 있다는 것은 실로 놀라운 일이다. 다음 세기가 시작될 무렵에는 세계 인구가 120억 명에 도달할 수 있다고 걱정하지만, 사람들은 과학과 기술이 발전하면 이 문제 역시 해결할 수 있을 것이라고 낙관적으로 예측한다. 우리가 여기서 걱정하는 것은 1798년《인구론An Essay on the Principle of Population》에서 제시한 토머스 로버트 맬서스Thomas Robert Malthus, 1766~1834의 재앙이 아니다. 맬서스는 인구의 힘이 식량을 생산하는 땅의 힘보다 훨씬 더 크다고 전제한다. 인구는 지수적으로 증가하는 반면 식량은 대수적으로 증가하기 때문에 결국 인구 크기가 식량 공급량을 앞질러서 대붕괴가 일어난다는 것이다.[14] 우리가 걱정하는 것은 인구의 폭발과 그로 인한 집중이 붕괴를 야기할 수도 있다는 미래의 가능성이 아니라 이러한 사회적 현상에 대한 우리의 반응과 태도이다.[15]

우리가 집중과 그로 인한 사회적 문제를 어떻게 대처하느냐에 따라 사회의 성격이 달라진다. 자유롭고 평등한 시민의 공정한 참여와 협동을 지향하는 민주주의 이념이 탄생한 고대 그리스 시대의 아테네를 상상해보라. 기원전 5세기의 아테네 인구는 25만 명에서 30만 명 사이였을 것으로 추정된다.[16] 자유로운 시민의 가정은 대략 10만 명 정도이고, 아고라의 집회에 참여할 수 있는 성인 남성은 대략 3만 명 정도였다. 민주적 정치에 참여할 수 있는 사람은 전체 인구의 10 내지 20퍼센트에 불과했다. 여성, 어린아이, 노예와 외국인을 포함한 나머지는 정치적 공론 영역에서 배제되었다. 오늘날 삶의 모든 영역을 포괄하는 핵심적 활동인 '경제economy'라는 낱말 이 '가정oikos'이라는 낱말에서 유래한 것처럼, 생산 활동을 담당한 것은 자유롭지 못한 노예들의 몫이었다. 당시 세계에서 가장 집중 된 도시 중 하나였던 아테네에서 가장 여유롭게 정치를 논하는 시 민들은 생산 활동을 담당한 노예 덕택에 자유와 평등을 누릴 수 있 었다. 당시의 사회도 오늘날처럼 '20대 80'의 양극화 사회였다는 점 은 많은 것을 말해준다.

정치는 문명의 위기와 붕괴에 대한 우리의 대응 방식을 결정한다. 경제적 발전으로 인한 사회의 양극화에 어떻게 대처하는가에 따라 사회의 성격이 달라진다. 어떤 방식은 상위 20퍼센트를 오만한 엘 리트로 만들고 나머지 80퍼센트를 굴욕과 분노로 몰고 가고, 어떤 방식은 상위 20퍼센트와 하위 80퍼센트의 경계를 낮춤으로써 상호 의존과 호혜적 관계를 강화할 수도 있다. 오늘날 우리는 아테네와 는 전혀 다른 집중의 사례를 알고 있다. 세계 인구의 5분의 1, 14억 이 사는 중국은 세계에서 인구가 가장 많은 나라이다. 이 무시무시 한 인구가 환경에 미치는 영향은 상상을 초월한다. 경제성장의 이 익을 무효화시킬 정도로 중국의 환경문제는 주요 국가 중 가장 심 각하며, 계속 악화하고 있다.

중국의 경제는 간단하게 '거대한 규모와 빠른 성장'[17)이라는 말 로 표현할 수 있을 정도로 발전하고 있으며, 이에 따라 도시화도 급 속도로 진행되고 있다. 여기서 우리가 주목하는 것은 중국의 엄청난 인구와 경제 규모가 예로부터 이어진 중앙집중적 특성과 맞물려 독특한 형태의 전체주의를 발전시키고 있다는 점이다. 중국은 비민주적 권위주의가 인구의 폭발과 집중을 해결할 수 있는 유일한 방식이라고 생각하는 것처럼 보인다. **이러한 비민주적 태도는 사회적 불평등이 많은 사람을 먹여 살리기 위해 불가피한 집중의 부작용으로 생각하도록 만든다. 사회적 불평등을 집중의 단순한 부작용으로만 생각한다면, 우리는 정의로운 사회에 결코 다가갈 수 없다.** 집중은 생산적일 뿐만 아니라 파괴적일 수도 있다는 것을 깨달아야 하는 까닭이 여기에 있다.

'규모의 경제'와 양극화 성장

정의와 공정을 추구하는 사람들은 부의 분배를 말한다. 이에 반해 성장주의자들은 부의 분배에 앞서 부를 창출해야만 한다고 말한다. 투자를 활성화하고 고용을 창출하려면 우선 자본이 축적되고 집중되어야 한다는 것이다. 현실을 보면 투자를 할 수 있는 여력을 가진 사람들은 두말할 나위 없이 부자들이다. 이러한 관점은 싫건 좋건 우리가 분배할 파이를 키우는 것은 부자들이라는 점을 인정하도록 강요한다. 어떻게 빈부의 격차가 생겼는지는 생각하지 않고 일자리를 만드는 것은 결국 부자와 대기업이라는 인식은 사실을 당위로 만듦으로써 현실 속의 사회적 불평등이 마치 당연한 것처럼 생각하게 만든다.

우리가 집중의 문제를 인류 역사를 통해 우회적으로 접근한 것은 이러한 인식이 너무나 뿌리 깊기 때문이다. 우리의 짧은 역사적 발전의 경험은 이런 인식을 강화한다. 오늘날 한국이 세계 10위권의 선진국으로 발전할 수 있었던 것도 오늘날의 중국과 마찬가지로 '규모의 경제'와 '빠른 성장'이었다. 대기업을 집중적으로 육성함으로써 경제를 발전시키고자 하는 성장 중심의 정부 정책은 대기업과 중소기업의 생태계를 이원화했으며, 이러한 발전은 전통적인 중앙 집중적 문화와 결합하면서 서울과 지방의 양극화를 가져왔다. 여기서 우리는 한국적 집중 양식을 보여주는 재벌의 문제점을 굳이 다룰 필요는 없다.[18] 그보다 중요한 것은 이러한 산업화 과정을 통해 '규모의 경제'를 이룩하기 위한 집중은 필요한 정책 수단이었다는 인식이다.

인구가 증가하고, 기업과 국가의 규모가 커지면 사회는 발전하는가? 베이비부머 세대인 내가 태어난 1955년 한국의 인구는 2,100만 명으로 중위연령은 18.9세에 도시화율은 24.4퍼센트였다. 2020년 한국의 인구는 5,100만 명으로 증가하고, 중위연령은 43.7세로 높아졌으며, 도시화율은 81.8퍼센트에 달한다.[19] 한국이 1955년 국제통화기금과 세계은행에 가입할 당시만 해도 1인당 국민총생산GNP이 65달러에 불과한 최빈국이었다. 이런 한국이 2018년 1인당 국민소득 3만 불과 인구 5,000만 명을 달성한 '30-50클럽'에 가입했다는 것은 엄청난 발전임이 틀림없다. 우리가 인구와 국민소득에서 일정

규모의 강국을 달성한 것은 모두 '규모의 경제' 때문이라는 인식이 확산하는 것은 어쩌면 당연한 일이다. 경제적으로 강국이 되려면 일정한 규모가 되어야 한다는 것이다.

우리는 규모의 경제를 무시할 수 없다. 기업의 재화 및 서비스의 생산량이 증가함에 따라 평균 생산비용이 하락하는 현상을 '규모의 경제Economy of scale'라고 한다. 이러한 생각은 현대적 정치경제학의 창시자인 애덤 스미스Adam Smith, 1723~1790까지 거슬러 올라간다. 애덤 스미스는《국부론The wealth of Nations》을 '분업'에 관한 고찰로 시작하는데, 여기서 분업으로 규모가 커지면 엄청난 효용과 이익을 얻을 수 있다고 강변한다. 예컨대 아무리 숙련된 노동자라고 하더라도 혼자 일하면 기껏 20개의 핀밖에 만들 수 없지만, 핀을 만드는 과정을 18개의 독립된 공정으로 나누면 엄청난 양의 핀을 만들 수 있다고 한다. 18개의 공정을 열 명의 노동자가 나누어 작업하면, 하루에 4만 8,000개 이상을 만들 수 있으니 한 사람이 하루에 약 4,800개의 핀을 만드는 셈이 된다.[20] 이처럼 분업과 규모가 결합하면 생산력과 효율성이 증대한다. 규모가 클수록 단위당 생산비가 낮아지니 수익성이 증대하고, 규모가 클수록 자금 운용이 효율적이니 안정성이 높아지며, 규모가 클수록 자본의 축적이 잘 이루어지니 연구와 개발에 대한 투자가 쉬워진다. 오늘날처럼 글로벌 경쟁이 심한 상황에서 살아남기 위해서도 국제적 경쟁력을 확보하려면 대기업의 규모와 생산력을 증대시켜야 한다는 주장이 힘을 얻는 이유도 이 때문이다.

오늘날 자본주의 체제는 다원성과 복합성이 대규모로 얽혀 있어서 그 동력과 논리를 파악하기가 쉽지 않다. 이런 상황에서 '규모의 경제'가 보여주는 것처럼 규모의 변화에 따른 변동의 근본 법칙은 매우 매력적으로 다가온다. 모든 생명체는 살아가기 위해 에너지가 필요하다. 생물이 살아 있기 위해 1초당 필요로 하는 에너지의 양을 대사율이라고 한다. 생물학자 막스 클라이버Max Kleiber, 1893~1976는 매우 흥미로운 대사율의 스케일링 법칙을 발견했는데, 이에 따르면 대사율은 지수가 4분의 3에 아주 가까운 거듭제곱 법칙에 따라 증가한다고 한다.

예를 들면 코끼리는 쥐보다 약 1만 배 더 무거운데, 대사율은 코끼리가 쥐보다 고작 1,000배 높을 뿐이다. 간단히 요약하면, 크기가 2배로 늘 때마다 대사율이 2배가 아니라 약 75퍼센트만 증가한다고 한다. 에너지가 약 25센트 절약되는 것이다. 도시학자 제프리 웨스트Geoffrey West, 1940~ 는 이런 법칙을 인간의 제도에 적용하여 기업과 도시도 비선형적으로 증가한다는 사실을 밝혀냈다. 어떤 도시가 다른 도시보다 2배 크다면 1인당 필요한 전선, 상수도, 전선과 같은 기반시설이 절약된다는 것이다. 물론 제프리 웨스트는 임금, 부, 특허 건수, 교육기관의 수도 약 0.85의 지수에 따라 비선형적으로 변화하지만, 에이즈 환자 수, 강력범죄 건수 등 부정적 현상도 똑같은 법칙에 따라 증가한다고 지적한다.[21]

스케일링의 법칙에 기반한 규모의 경제는 사실 사회적 불평등에 관해 아무것도 말해주지 않는다. 도시, 기업과 국가를 생명체와 같은 메타볼리즘metabolism의 관점에서 바라본다는 것은 매우 흥미롭고 매력적이지만 규모의 크기와 숫자는 정의와 아무런 관계가 없다. 과거의 수많은 문명이 몰락했다는 사실이나 미국에서 같은 시기에 상장된 기업 중 절반은 10년 이내에 사라진다는 것은 정의의 문제가 아니다. 정의는 규모의 문제가 아니라 구조의 문제. 인구 30만의 고대 아테네가 20대 80의 불평등사회였던 것처럼 14억의 중국도 극단적인 불평등사회다. 규모가 커진다고 불평등이 사라지지 않는다. 아테네와 중국의 예에서 볼 수 있듯이, 규모가 커진다고 불평등이 악화하는 것이 아닐 수도 있다. 불평등의 성격과 불평등을 야기하는 사회적 구조가 다를 뿐이다.

이를 가장 잘 포착한 것은 바로 카를 마르크스이다. 마르크스는 현대자본주의 자체가 장구한 발전 과정의 산물이며 일련의 변혁 결과라는 점을 누누이 강조한다. 자본주의가 발전의 산물이라면, 자본주의 자체가 발전이라고 할 수 있다. 자본주의는 생산수단, 인구 및 자본을 집중시키는 독특한 방법을 발전시켰다. 생산수단을 한곳으로 모으고, 소유를 소수의 손에 집중시키는 자본주의적 생산방식이 나타난 것이다. 그 결과는 전대미문의 집중이다.

그들은 거대한 도시들을 건설했고, 농촌 주민의 수에 비해 도시 주민의 수를 크게 증가시켰으며, 그렇게 하여 인구의 상당 부분을 농촌 생활의 우매함에서 떼어놓았다. 그들이 농촌을 도시에 의존하게 만들었듯이, 야만적이고 반半 야만적인 나라들을 문명국가들에,

농업 민족들을 부르주아 민족들에, 동양을 서양에 의존하게 만들었다.[22]

《공산당선언Manifest der Kommunistischen Partei》에 따르면 집중은 이렇게 부르주아와 프롤레타리아, 도시와 농촌, 중앙과 지방, 서양과 동양, 문명과 야만을 이원화하여 양극화하는 동력이 된다.

마르크스는 규모의 경제가 부와 사유재산의 집중과 관련이 있다는 점을 인정한다. 분업을 통해 산업의 규모가 발전하는 것처럼 토지 소유 역시 분할을 통해 독점되고 궁극적으로는 사유재산제도를 파괴한다.

대토지 소유에 관한 한, 그 옹호자들은 언제나 궤변론적인 방식으로 국민경제적 이익들을 옹호한다. 대토지 소유와 동일시되는 대규모 농업이 이러한 이익을 제공한다.[23]

우리는 자본주의가 발전하면서 사적 소유의 뿌리인 토지가 상품으로 전환되어 화폐를 통해 매매된다는 것을 잘 알고 있다. 대토지를 분할하여 상품화하는 것이 처음에는 토지 소유의 대규모 독점을 부정하는 것처럼 보이지만, 자본 축적과 집중의 논리에 의해 결국 토지(소유)의 독점은 보편화된다. 시장은 마치 우리가 원하기만 하면 구매할 수 있을 것 같은 다양한 형태의 부동산(토지와 주택)을 토지 분할을 통해 공급하는 것처럼 보이지만, 소득과 자산이 극단적으로 소수에게 편중된 자본주의사회에서는 독점은 더욱 강화되고 보편화된다. 간단히 말해 집중은 효용과 생산성 증대라는 이유로 사회적 불평등을 심화한다.

분할과 분업의 목적은 사회적인 관점에서 보면 평등의 증대다. 마르크스는 "토지와 땅에 적용된 연합은 국민경제학적 관점에서 대토지 소유의 이익을 분배하고, 분배의 근원적 지향인 평등을 비로소 실현한다."[24]고 말한다. 분할은 분배를 목적으로 해야 한다. 마르크스는 분업과 분화가 평등을 실현하지 않으면 극단적인 양극화 사회를 초래할 수 있음을 경고한다. 공정하게 이루어지지 않는 분할과 분배가 양극화 사회를 낳은 것이다. 성장은 하지만 빈부의 격차가 벌어지면서 사회가 양극화한다면, 그것 자체로 사회정의와 공정성은 심각하게 의심받는다. 자본이 지배하면, 잉여가치를 창출하는 노동자들의 연합은 의미를 상실하기 때문이다.

한국 사회의 불평등 양태가 급격하게 변하고 있다는 사실은 우리 사회가 이미 양극화 사회라는 점을 잘 말해준다. 가계소득에서 임금이 차지하는 비중이 대체로 매우 높기 때문에 사회 불평등이 빠르게 증대한 1990~2000년대에는 근로소득의 격차가 이런 소득 불평등을 주도했다. 그러나 2010년대 이후에는 소득 불평등 심화의 원인이 근로소득보다는 금융자산에서 나오는 이자 및 배당, 부동산 임대료, 영업이익 등 비근로소득 격차에서 발생한다.[25] 예컨대 상위 10퍼센트의 근로소득 집중도가 미미하게 작아진다고 하더라도 전체 소득 집중도는 2010년 42.35퍼센트에서 2016년 43.2퍼센트로 커지는 것처럼 증대하는 것이다.

양극화 사회에서는 분배가 이루어지기는 하지만 부자들에게 유리한 방식으로 이루어진다. 사회복지 제도가 비교적 잘 되어 있는 서구의 국가들에서도 소득 불평등이 갈수록 심화되고 있다는 사실은 우리 사회의 약탈적 구조를 생각하게 만든다. 양극화 사회에서 약탈과 착취는—이러한 말을 쓰는 것 자체도 진부하게 들리지만—하나의 사회적 현상이다. 사회적 현상이라는 것은 "착취의 실존인 원칙적으로 개별적인 착취자나 피착취자의 실존을 포함할 필요가 없다."[26]는 것을 의미한다. **우리는 누가 착취자인지 모르고 또 착취당하고 있다는 사실도 인지하지 못한 채 착취당하고 있다. 그것이 경제가 아무리 성장해도 낙수효과가 일어나지 않으며, 가난한 사람들을 위한 재분배가 이루어지지 않고 있는 이유일 수도 있다.** "부자를 더 부자로 만든다고 우리 모두 부자가 되는 것은 아니라면",[27] 우리는 이제 분배 방식의 공정성을 진지하게 재검토해야 한다.

잉여가치는 '잉여 존재'를 낳는다

우리는 '착취자가 없는 착취'의 시대를 살고 있다. 정체가 분명하지 않은 상대를 대상으로 싸우는 일은 쉽지 않다. 누구를 공격해야 할지 모르는데 이긴다는 것은 감히 상상할 수조차 없다. 오늘날 혁명이 불가능한 이유이다. 현대 자본주의사회에는 농민을 수탈하는 고약한 지주도 없고, 시가를 뻐끔거리며 노동자들을 착취하는 기업가와 이들과 결탁하여 자신의 이권을 챙기는 부패한 독재자의 모습도 잘 보이지 않는다. 물론 전혀 없다는 것은 아니다. 우리의 노동을 착취하여 자신들의 부를 축적하는 착취자의 모습이 뚜렷하다면, 문제의 해결은 오히려 쉬울지 모른다. "오늘날 부의 집중이 발생하는 곳은 강도 같은 소수 귀족들의 영토가 아닌, 다양한 요인이 한데 결합된 거대하고 복잡한 사회구조 내부다."[28]

우리는 자본주의사회의 병폐와 모순을 생각하면 그러한 부작용을 만든 주체라도 있다는 듯이 자본가를 생각한다. 우리는 자본주의 발전에 공헌한 사람들로 이병철, 정주영, 구인회 같은 대기업을 창업한 자본가들을 꼽지만, 그들은 부의 편중과 관련하여 한국 사회의 문제점을 얘기할 때도 역시 거명된다. 그러나 자본가로 불리는 이들이 사회적 불평등의 원인은 아니다. 오늘날 많은 사람이 인간 존엄을 유지하지 못하게 만드는 것은 자본의 흐름을 관통하는 독특한 사회적 논리와 구조이다. 자본의 흐름은 다양한 사람을 민주주의적 방식으로 포괄하는 대신, 많은 사람을 쓸모없는 '잉여 존재'로 만들어 양극화된 사회의 주변부로 축출한다.

우리가 지금 겪고 있는 자본주의의 위기는 공황, 인플레이션, 디플레이션과 같은 단순한 경제의 위기가 아니다. 자본주의가 인간다움을 실현하려면 어떤 식으로 변하고 혁신해야 하는가에 관한 제도적 위기다. 그러나 이러한 위기는 종종 성장과 빈곤, 풍요와 사회적 불평등의 이중성으로 인해 은폐된다. 한국의 현재 상황이 찰스

디킨스Charles Dickens, 1812~1870가 쓴 《두 도시 이야기A Tale of Two Cities》의 이중성, 즉 우리 앞에는 모든 것이 있었고, 우리 앞에는 아무것도 없었다는 희망과 절망의 교착을 연상시킨다는 어느 철학자의 이야기를 들어보자.

한국은 눈부신 경제성장을 보이고 있지만, 광적이라고 표현할 수 있을 만큼의 업무 강도로 악명이 높다. 그곳은 통제할 수 없는 천국인 동시에 고독함과 절망의 지옥이며, 물질적인 풍요가 넘치지만 황량한 곳이고, 고대의 전통을 간직한 동시에 세계 최고의 자살률을 기록한 나라다. 이 극단적인 모호함은 현대사회 역사상 최고의 성공 신화로 손꼽히는 한국의 이미지를 뒤흔든다. 성공은 맞지만, 과연 어떤 성공일까?[29]

한국의 패러독스는 너무 성공해서 실패할 수도 있다는 것이다. 우리의 지독한 성장 중독증은 성장을 통해 이룩하고자 하는 번영에 관한 질문을 원천적으로 봉쇄한다. 세계에서 가장 대중적이고 가장 위험한 철학자로 불리는 슬라보예 지젝Slavoj Žižek, 1949~ 의 질문, "성공은 맞지만, 과연 어떤 성공일까?"는 번영의 문제를 축출한 성장이라는 마법의 주문을 깨는 외침이다. 우리는 '성장 없는 번영'을 생각해야 비로소 '번영 있는 성장'을 이룰 수 있다. 선진국의 모임인 OECD에 속하는 국가의 2019년도 평균 GDP 성장률은 1.6퍼센트이다. 사회적 약자를 위한 분배가 비교적 잘 이루어지고 있는 나라일수록 성장률이 높지 않다. 2019년 한국의 GDP 성장률은 2.0퍼센트로 OECD에 속하는 국가의 평균보다 높은데도 우리는 여전히 6.1퍼센트의 높은 성장률을 보인 중국을 곁눈질한다.[30] 서구의 선진국들도 높은 성장률을 보일 때는 사회적 불평등이 심했다는 점을 감안하면, 낮은 성장률이 무조건 나쁜 것은 아니다. 성장에 관해 다시 생각할 때다.

성장의 의미를 검토한다는 것은 집중의 문제를 다시 생각해본다는 것이다. 자본의 집중을 전제하지 않는 자본주의를 생각할 수 없다면, 문제는 '어떤 집중인가'이다. 여기서 우리는 자본주의의 논리를 해부함으로써 '자본의 집중은 사람은 축출한다는 것'을 예리하게 밝혀낸 마르크스의 말을 들어본다. 마르크스에 의하면 자본가의 직접적인 목적은 "개별적인 이익이 아니라 수익 생산의 끊임없는 운동이다. 이 절대적인 치부 욕구와 가치를 좇는 열정은 자본가와 구두쇠의 공통적 특징이다. 구두쇠는 단지 얼빠진 자본가이지만, 자본가는 합리적인 구두쇠다. 구두쇠는 돈이 순환되지 않게 함으로써 가치의 끊임없는 증가를 추구하지만, 좀 더 영리한 자본가는 언제나 돈을 끊임없이 순환에 내맡김으로써 이를 성취한다."[31]

부를 획득하고 축적하고자 하는 것은 인간의 기본적 욕망이지만, 이를 성취하는 방식은 근본적으로 다르다. 자본주의에서는 이익 극대화의 지속적인 운동과 자본의 끊임없는 순환이 필수적이다. 여기서 상품이 인간의 기본적 욕구를 충족하는지는 별로 중요하지 않다. 자본주의는 사용가치보다는 교환가치를 중시하기 때문이다. 자본이 사회를 구성하는 다양한 사람으로 분할되고 분배된 상황에서 자본은 오직 순환을 통해서만 생성되고 축적된다.

> 자본 상호 간의 경쟁은 자본 상호 간의 축적을 증가시킨다. 자본들의 흐름이 자연스럽게 방임되면, 사적 소유가 지배하는 상황에서 소수의 수중에 자본이 집중되는 결과를 낳게 하는 축적은 필연적 결과다.[32]

자본주의사회에서 경쟁은 자본을 많은 사람에게 분배하는 것이 아니라 오히려 소수에게 편중시킨다. 자본이 순환될수록 우리의 기본적 욕구를 충족시키는 상품과 서비스의 가치는 중요하지 않게 된다.

현대의 영리한 자본가들은 결코 전통사회의 구두쇠처럼 돈이나 재물을 모으려고 돈을 쓰지 않는 수전노가 아니다. 오늘의 자본가들은 기부도 많이 하고, 사회 공헌 활동에도 돈을 많이 쓴다. 사람들 대부분은 좋은 삶을 위해 물건과 상품을 '사용'하는데, 전통적인 구두쇠는 사용을 거부함으로써 돈과 재물을 모은다. 현대의 자본가는 돈을 끊임없이 돌림으로써, 즉 교환을 위해 순환시킴으로써 사용의 의미를 제거한다. 왜냐하면 돈이 모든 것이고 모든 것을 살 수 있기 때문이다. 돈이 돈을 버는 순간, 돈은 이제 특정한 상품을 대변하지 않는다.

이 세상의 상품으로는 더는 돈을 대체할 수 없다. 상품의 사용가치는 가치를 상실하고, 그것의 실질적 가치는 자신의 고유한 가치 형식 앞에서 사라진다. 부르주아는 번영에 취한 계몽주의적 오만함에서 화폐는 공허한 망상에 지나지 않는다고 천명한다. "오직 상품만이 돈이다."라고 말한다. 하지만 세상의 시장에서는 "단지 돈만이 상품이다!"라는 외침이 지금 울리고 있다. …… 위기 속에서는 상품과 그 가치 형태인 돈의 대립이 절대적 모순의 수준까지 증대된다.[33)]

돈의 위력을 서술하려고 굳이 마르크스의 이론을 끌어들일 필요도 없다. 상품이 돈으로 평가되고 사용가치가 교환가치로 측정되는 순간, 돈은 우리의 모든 삶을 지배한다. 돈은 순환을 통해 축적되고, 축적된 자본은 소수의 수중에 집중되어 우리 사회를 양극화한다. 돈이 도는 세상에는 사람이 축출된다. 마르크스가 소외의 현상으로 서술한 양극화 사회가 오늘의 현실이다.

노동자가 부를 많이 생산하면 할수록, 그의 생산이 더욱 힘을 얻고 규모가 증대될수록 그는 더욱더 가난해진다. 노동자가 상품을 많이 생산하면 할수록, 그는 더욱더 값싼 상품이 된다. 인간세계의 평가절하는 사물 세계의 화폐적 가치평가와 직접적인 관계가 있다. 노동은 상품만을 생산하는 것이 아니다. 노동은 자기 자신과 노동자를 하나의 상품으로 생산한다.[34)]

마르크스의 소외 이론을 한마디로 요약하면 이렇다. 우리가 삶에 필요한 사물을 화폐로 평가하면, 인간세계의 가치는 절하된다.

이러한 비인간적 가치평가가 가장 적나라하게 드러나는 것은 '잉여 존재'의 출현이다. 왜 많은 사람이 자신을 쓸모없이 남아도는 존재로 생각하는가? 왜 능력주의 사회에서 실패한 사람들은 스스로 능력이 없는 사람이라고 수치심과 굴욕감을 느껴야 하는가? 오늘날의 잉여 존재는 과거의 프롤레타리아, 실업자 또는 노동의 산업예비군이라는 개념으로는 제대로 포착되지 않는다. 물론 노동자가 잉여가치를 생산할 일자리를 잃는 '실업'은 자본주의의 핵심 논리인 집중과 축적과 구조적으로 얽혀 있다. 오늘날 실업은 생산력이 발전하지 않아서 발생하는 것도 아니며, 산업의 변동으로 인해 일시적으로 나타나는 것도 아니다. 자본주의가 발달할수록 이 체제는 더 많은 노동자를 쓸모없는 사람으로 만든다. "실업을 생산하는 것은 자본주의의 성공이다."[35]

우리 사회의 노동 현장을 살펴보면 이러한 현상은 금방 드러난다. 2021년 1월 13일 통계청이 발표한 '2020년 12월 및 연간 고용동향'에 따르면 우리나라의 실업률은 4.1퍼센트에 불과하다. 통상 15세 이상 인구를 '경제활동인구'와 '비경제활동인구'로 나누고, 경제활동인구를 다시 '취업자'와 '실업자'로 분류한다. 15세 이상 인구 4,491만 명에서 경제활동인구는 2,766만 명이고, 그중 취업자는 2,652만 명으로 고용률은 59.1퍼센트이다. 실업자는 113만 명으로 4.1퍼센트이다. 이것만으로는 잉여 존재의 실태를 파악할 수 없다.

프레드릭 제임슨Fredric Jameson, 1934~ 은 노동의 의미와 양상을 자본주의의 구조적 관점에서 파악하려면 실업의 카테고리를 확장해야 한다고 제안한다. (1) 노동자들 (2) 일시적 실업자들로 이루어진 산업예비군 (3) 영구적으로 취업 불가능한 사람들 (4) 공식적으로 고용되어 있지만 지금은 취업이 불가능한 사람들.[36] 실업률 계산에서 '제외된' 비경제활동인구는 통상 학교에 다니는 학생, 주로 집안에서 가사를 맡고 있는 가정주부, 일을 할 수 없는 연로자와 심신장애자, 자발적으로 종교 단체나 자선사업 등에 종사하고 있는 사람을 포함한다. 비경제활동인구는 정의상 취업자도 아니고 실업자도 아닌 사람을 일컫는다. 일할 능력은 있으나 일할 '의사'가 없거나 일할 의사는 있으나 일할 '능력'이 없어서 생산 활동에 기여하지 못하는 사람이다.

자본주의가 민주적으로 운영되려면 일할 능력도 있고 의사도 있는 사람들을 노동과 생산 활동에 참여시킬 수 있는 제도가 마련되어야 한다. 그런데 자본주의의 축출 체제는 실업자와 잠재적 실업자를 '능력 없음'과 '의사 없음'으로 낙인찍어 배제하려 한다. **실업과 관련된 다양한 카테고리는 노동 자체도 마치 다양한 것처럼 제시하고 있으나 실제로는 모든 사람을 '쓸모 있는 노동자'와 '쓸모없는 잉여 존재', 또는 가치를 창출하는 '지식노동자'와 언제든지 대체될 수 있는 '서비스 노동자'로 분류하여 획일화한다.**

인간 활동의 가치를 절하하거나 파괴하는 이러한 획일화는 바로 화폐적 가치평가와 함께 시작된다. 현대사회의 노동자들은 시장의 가격에 따라 자신의 평가를 인정받는다. 돈이 모든 것을 결정한다. 중소기업중앙회가 발표한 '2016 중소기업 위상지표'에 의하면 우리나라 중소기업 354만 2,350개(전체 사업체의 99.9퍼센트)에서 종사하는 사람은 1,402만 명으로 전체 고용의 87.9퍼센트를 차지하고 있는 것으로 나타났다. 그러나 중소기업 임금 수준의 경우 대기업 대비 2009년 61.4퍼센트에서 2015년 60.6퍼센트로 줄어 대기업과의 격차가 커졌다.[37] 대기업과 중소기업의 임금 격차가 시간이 갈수록 벌어지는 현상은 지금도 계속되고 있다. 문제는 임금 격차만이 아니다. 사람의 능력을 연봉에 따라 평가하는 경향이 더욱 커다란 문제다.

가격이 책정되는 곳에서는 사람이 하나의 인격으로서 존중받지 못한다. 이것은 노동 자체뿐만 아니라 노동이 이루어지는 장소에도 심각한 영향을 미친다. 자본의 집중은 도시의 집중으로 나타난다. 사람들은 일자리가 있는 도시로 몰려들고, 다양한 사람이 모인 도시에서는 혁신이 일어나고 문화가 발전한다. 인류의 활동이 지구 생태계에 상당한 영향을 미친 최근 시기를 가리켜 '인류세Anthropocene'라고 부르는 것처럼, 도시의 집중이 생태계뿐만 아니라 인류의 삶 자체에 엄청난 영향을 미친다는 점에서 '도시세Urbanocene'라는 이름이 제안되기도 한다.[38]

그러나 우리가 주목하는 것은 장소가 시장에서 가격으로 책정되는 순간 장소의 구체적 특성을 상실하고 사회를 지역적으로 양극화한다는 점이다. 우리나라의 도시 집중도는 인구의 절반이 수도권에서 산다는 사실에서 잘 나타난다. 사람들은 최근 천정부지로 치솟는 집값과 주거 불안정에 대한 불만을 터뜨리지만, 이러한 현상을 야기한 자본집중에 따른 지역의 양극화는 간과한다. 해결책을 찾기 힘든 교통 체증, 일터가 있는 곳에 수백만 명이 모여 사는 메가시티의 탄생으로 인한 부동산 가격의 상승, 집에서 일터까지 장시간을 매일 왕복해야 하는 고역 등도 모두 도시의 집중으로 발생한다. 정치, 경제, 문화의 모든 활동이 서울과 수도권에 집중된다. 서울의 부동산값이 지방의 부동산값보다 비싼 것은 경제학적으로 당연한 일이다. 이렇게 장소마저 시장가격에 의해 평가되면, 우리의 삶과 직접적으로 연관된 장소와 공간의 구체적 특성은 증발한다. 장소는 처음에는 중앙과 지방으로 양극화되고, 중앙의 편중 현상이 심화되면서 궁극적으로는 지방 소멸의 결과를 초래한다.[39]

사람들은 서울로 서울로 몰려들지만 잉여가 된 사람들은 다시 서울의 중심 밖으로 축출된다. 자본으로 축적된 잉여가치는 이렇게 가치 자체를 의미 없게 만든다. 오늘날 부유한 사람들은 더는 출입이 엄격하게 통제된 공동체에서 거주하지 않는다. 안과 밖을 구분하는 성도 존재하지 않는다. 모든 것이 순환되고 분배된다. 그런데 모든 것이 돈으로 평가되는 순간 사람은 개성과 권리를 잃어버리고, 우리가 살아가는 터전은 구체적인 빛깔과 특성을 상실한다. "인간과 인간 사이에 적나라한 이해관계, 무정한 현금 지불 외에 다른 어떤 끈도 남겨두지 않은"[40] 이런 사회에서 공정을 외치는 것은 지극히 공허하다. 공정을 논하려면 우선 잉여 존재를 만들어내지 않는 사회부터 구축해야 하는 것은 아닐까?

경쟁은 효과적인 분배 방식인가?

이웃은 번영을 추구하는 이웃과 경쟁한다.

이 불화의 여신은 인간들에게 선하다.

도공은 도공을 원망하고, 목공은 목공을 원망한다.

거지는 거지를 시기하고, 가수는 가수를 시기한다.

프리드리히 니체, 《유고(1870년~1873년)》

'활기'와 '살기' 사이의 경쟁

경쟁은 어디에나 있는 보편적 현상이다. 어릴 적에는 부모와 자신이 좋아하는 사람의 사랑을 얻으려고 다투고, 커서는 자신이 갖고 싶은 것을 차지하려고 싸운다. 좋은 것을 얻으려고 노력하는 것은 지극히 당연한 인간의 본성이다. 학교에 다닐 때는 좋은 성적을 얻으려고 다른 학생들과 경쟁하고, 직장에 들어가서는 승진을 하려고 경쟁한다. 우리에게 임금을 주는 기업은 시장 점유율을 확대하려고 경쟁하고, 미래 성장 동력인 새로운 기술의 특허권을 확보하려고 분투한다. 글로벌시장에서 살아남으려면 국가경쟁력을 갖춰야 한다는 말을 얼마나 많이 들었는가? 우리는 이처럼 공유될 수 없는 공동의 목표를 얻으려고 노력하는 둘 이상의 행위자 사이에서 일어나는 경쟁을 매우 당연하게 여긴다.

자연의 경쟁이 '호모사피엔스'를 만들어냈다는 진화론적 인식이 보편화된 오늘날, 경쟁이 인간의 자연적 본성이라는 점을 부인할 길은 없는 것처럼 보인다. 서로 재주를 겨루는 운동경기와 같은 시합試合에서처럼, 경쟁은 솔직히 재미있다. 똑같은 운동을 하더라도 내기가 있는 경기가 훨씬 재미있다. 이기겠다는 동기가 유발되기 때문이다. 경기도 재미있지만 이기는 경기가 훨씬 더 재미있다. 경쟁은 실제로 특정한 행동을 하도록 유인하는 '외적인 동기부여'이다. 경쟁은 삶의 활력소가 되어 경쟁이 있는 사회는 '활기活氣'가 넘친다.

문제는 모두가 갖고 싶은 자원은 제한되어 있고 희소하다는 것이다. 우리가 사용할 수 있는 자원이 무한하거나 우리의 욕구가 완전히 충족된다면, 경쟁은 없을 것이다. 마찬가지로 엄밀한 의미에서 경제적 재화도 존재하지 않는다. 경제학에서는 희소성을 이렇게 설명한다.

사람들은 자신이 원하는 모든 것을 가질 수 있기 때문에 그들의 제한된 수입을 늘리는 것을 걱정하지 않을 것이며, 기업들은 인건비나 의료비에 대해 고민할 필요가 없으며, 정부들은 아무도 신경 쓰지 않을 것이기 때문에 세금이나 지출 또는 공해 문제로 고군분투할 필요가 없을 것이다.[1]

'풍요로운 낙원'에는 경쟁도 없고, 따라서 경제도 없다. 인간의 욕망은 무한한 데 비해 이를 충족시켜줄 재화는 유한하다는 희소성의 원칙은 경쟁을 필연적인 것으로 만든다.

그러나 우리의 삶과 사회에 활력을 불어넣는 경쟁은 이중적이다. 경쟁은 우리의 삶을 천박하게 만들고 황폐화하여 궁극적으로는 공동체를 파괴할 수도 있다. 한국을 처음 방문하는 동료 학자들이 우리 사회의 활기찬 모습을 보고 감탄할 때, 나는 종종 이런 농담을 하곤 했다. 그것은 활기가 아니라 살기殺氣라고. 처음 보는 사람에게는 살아 움직이는 활달한 기운으로 보여도 실제로는 남을 해치거나 딛고 일어서려는 독살스러운 기운이 우리 사회에 짙게 드리워 있다. 우리가 종종 우리 사회를 '재미있는 지옥'이라고 부르면서 서구의 '재미없는 천국'보다 낫다고 말하는 것처럼, 무한 경쟁사회에서 비롯한 살기는 매우 당연한 것으로 여겨진다.

경쟁이 모든 사람을 결합시키는 '시합'이 아니라 죽기 살기의 '시험'이 될 때, 그것은 파괴적인 투쟁으로 변한다. 한 사람의 이익이 다른 사람의 손실이 되는 '제로섬게임'에서의 경쟁은 파괴적이다. 경쟁은 이제까지 제한적인 희소자원을 가장 잘 활용할 수 있는 효율적인 방법으로 여겨졌다. 사람들의 다양한 욕구와 욕망을 효율적으로 충족시키는 분배 방식이 바로 경쟁이다. 다른 사람의 상황을 더 궁색하게 만들지 않는 한에서 개인의 경제적 복지를 개선하는 것이 바로 효율성의 기준이다.[2] 희소성이 경쟁의 출발점이라면, 효율성은 경쟁의 목적이다. 경쟁을 통해 자원이 모든 사람에게 이익이 되는 방식으로 효율적으로 분배되는 것이 바로 공정이다. 다시 말해 공익과 공동선을 증대시키는 범위에서 개인의 이익을 증대할 때 경쟁은 생산적이다.

그렇다면 공동체의 활기를 북돋우는 '선한 경쟁'이 언제 공동체를 파괴하는 '사악한 경쟁'으로 변하는가? **자연이 오염되거나 독점이 견제되지 않거나 정부가 부패하면 우리가 필요로 하는 재화는 효율적으로 생산되고 분배되지 않는다. 경쟁은 심해지고 사악해진다.** 일상적인 사회 상황에서부터 시장 거래에 이르기까지 사람들이 다른 사람들에 비해 우위를 차지하기 위한 경쟁이 심해지면 경쟁은 투쟁이 되고, 사회는 약육강식의 정글이 된다. 승자독식으로 인한 사회의 극단적인 양극화는 경쟁의 심리와 사회적 구조를 왜곡하여 많은 사람을 시장으로부터 배제하고, 사회 주변부로 축출한다.

자살, 변형된 사회관계의 징후

사람들이 경쟁과 시장의 이점을 누리지 못하는 처지로 전락하는 사회는 극단적으로 불평등한 사회다. 이런 사회의 병리적 현상은 다양한 형태로 나타나지만, 경쟁과 공동체의 연관관계에서 사회적 병리 현상을 가장 잘 드러내는 것은 '자살률'이다. 프랑스의 사회학자 에밀 뒤르켐Émile Durkheim, 1858~1917은 자살률이 어떤 사회 내에서 사회적 연대의 지표로 해석될 수 있는 사회적 사실이라고 말한다.[3] 자살률이 높은 사회는 간단히 말해서 사회적 통합이 잘 이루어지지 않는 사회다. 개인이 저지르는 어떤 자살도 근본적으로는 사회적이다.

자살은 사회를 반영한다. 사회관계의 구조가 변화하면 자살률도 변화한다. 마찬가지로 자살률의 성격과 변화는 사회관계의 구조 변화를 말해준다. 모든 자살은 사회적 살인이다. 이 말이 극단적으로 들리는 것은 사실이지만, 자살이 사회관계의 변형과 타락을 말해준다는 것도 역시 사실이다.

보건복지부와 중앙자살예방센터가 공개한 '2020 자살예방백서'에 따르면, 2018년 우리나라 자살자 수는 1만 3,670명으로 2017년보다 1,207명(9.7퍼센트) 증가했다.[4] 우리나라 자살률이 OECD 회원국 중 1위를 차지했다. 2019년을 제외하고는, 2003년부터 한 번도 자살률 1위를 놓치지 않았다. 자살률은 대체로 연령이 높아질수록 증가했지만, 2018년도 10대의 전년도 대비 자살 증가율이 22.1퍼센트로 제일 높다는 것은 사회 변동의 성격을 말해준다. 자살은 노인 빈곤, 고용불안, 취업 경쟁, 입시 경쟁 등 복합적인 사회적 문제로 인한 위기가 낳은 최악의 결과이다. 뒤르켐은 이러한 사회의 복합적인 요인들이 '통합'과 '규제'의 디커플링으로 나타난다고 진단한다. 무엇이 개인의 정체성과 사회적 기대, 개인의 통합과 집단적 통합의 관계를 탈구시키는 것인가?

뒤르켐은 사회구조를 '통합integration'과 '규제regulation'라는 두 가지 독립변수의 교차로 이해한다. 여기서 통합은 사람이나 집단이 다른 사람과 집단과 결합하는 사회관계의 정도를 의미한다. 이런 관계는 물론 통합된 사회의 공통적인 규범에 예속된다. 이런 맥락에서 규제는 하나의 집단 또는 공동체의 구성원인 개인에 부과되는

여섯 번째 질문 │ 경쟁은 효과적인 분배 방식인가?

도덕적·규범적 요구를 의미한다. 통합과 규제는 통상적으로 평형 상태를 이루지만, 통합과 규제가 왜곡된 방식으로 교차하면 사회적 구조의 형식은 비정상적인 수 있다. 예를 들면 사회의 통합도는 높은데 도덕적 규제는 낮다면 비정상적 사회 형식이 출현하며, 반대로 사회 통합은 낮은 수준인데 규범적 규제는 지나치게 높으면 마찬가지로 비정상적인 사회 형식이 나타난다.[5]

뒤르켐은 자살의 유형을 사회 통합도에 따라 '이기적 자살'과 '이타적 자살'로 구분했고, 사회적 규제에 따라 '아노미anomie적 자살'과 '숙명적 자살'로 구분했다. '이기적 자살'은 개인이 사회에 결합하는 형식에서 과도한 개인화를 보이면서 개인에게 요구되는 도덕적 요구가 약할 때의 자살이다. '이타적 자살'은 그 반대로 과도하게 집단화된 사회에서 사회적 의무감이 지나치게 강할 때의 자살이다. '아노미적 자살'은 급격한 사회변동으로 사회적 통합은 높지만 도덕적 통제가 약할 때 일어난다. 뒤르켐의 독특한 용어인 아노미anomie란 '행위를 규제하는 사회 공통의 가치나 도덕적 규범이 상실된 혼돈 상태'를 뜻한다. 지금까지 당연하게 여겨지던 전통적 가치관이 붕괴했지만 새로운 가치가 정립되지 않은 전환기에 사회규범이 혼란 상태에 빠졌을 때라고 할 수 있다. '숙명적 자살'은 사회가 개인에게 요구하는 도덕적 요구는 강하지만 사회는 극단적으로 분열된 비정상적인 절망의 상황에서 일어나는 자살이다.

현대사회는 통상 사회적 통합과 규제가 높은 이타주의 사회에서 사회적 통합과 규제가 낮은 이기주의 사회로 변해가는 과정으로 이해된다. 여기서 우리는 뒤르켐이 말하는 '아노미적 자살'과 '숙명적 자살'을 현대사회의 사회병리적 현상으로 이해할 수 있다. 아노미적 자살은 사회적 통합과 규제의 평형상태가 깨진 상황에서 개인이 겪는 고통으로 야기된다. IMF 사태와 금융위기로 파산하거나 실직한 중산층을 생각해보자. 그는 여전히 중산층에 속한다고 생각하지만, 그의 사회적 관계는 근본적으로 변화한다. 그가 일상적으로 만나고 관계를 맺는 사람들은 대부분 실업자일 수 있다. 어떤 집단과 사회도 그에게 일관성 있는 사회적 규범을 제공하지 못한다. 그는 사회적 구조의 탈구와 해체로 야기된 아노미 상태에 빠지게 되는 것이다.

사회구조의 성격을 결정하는 '통합'과 '규제'는 자살을 하는 사람들의 사회적 지위를 말해준다. 숙명적 자살의 경우는 고대의 노예와 19세기 사회의 '아이 없는 여자'의 경우처럼 낮은 통합과 높은 규제가 결합한다. 가족이 결혼한 사람들의 사회관계를 결정하는 핵심적 요소인 경우, 가족을 구성하는 것은 부부관계의 남자와 여자가 아니라 아이를 가진 아빠와 엄마이다. 따라서 아이가 없거나 아이를 잃어버린 엄마는 가족관계로 통합되지 못하는 절망적 상태에 빠진다.[6] 엄마의 역할 이외에는 독립적인 사회적 정체성을 갖지 못하기 때문에 아이 없는 엄마는 엄청난 사회적 압박을 받는 것이다. 뒤르켐의 의미에서 숙명론자는 어떤 개인이 가져야 하는 역할 외에는 어떤 정체성도 없는 것이다.

사람들은 '아노미적 자살'은 현대적 자살로 생각하고 '숙명적 자살'은 전통사회의 자살로 간주하는 경향이 있다. 통합과 규제를 여전히 사회구조의 독립적 변수로 인정한다면, 숙명론 역시 현대사회의 변형된 구조를 말해준다. 통합과 규제의 관계가 어그러지면서 정상적인 사회관계에서 벗어난 개인들은 그들이 모순적이라고 생각하는 집단 관계를 벗어던짐으로써 기존의 관계를 역전시켜 균형을 회복하려 한다. 이런 맥락에서 이기주의와 아노미 상태는 개인이 근본적으로 불안정한 사회적 구조 속에 있다는 것을 의미한다. 이와는 반대로 숙명론자는 자신의 사회적 지위를 바꾸기보다는 재생산하는 성향을 보인다.

오늘날 사회 주변부에 있는 사람들의 상황이 이와 비슷하다. 그들은 집단 또는 공동체 내의 자신의 역할을 확보하기 위한 노력이 실패한 사람들이다. 이러한 통합의 실패에도 불구하고 다른 사람들은 그들이 통합되어 있다고 믿는다. 패거리에 어울리고자 하는 청소년의 행동을 상상해보라. 그들은 한편으로 리더의 행동과 태도를 받아들임으로써 패거리의 중심에 있는 사람들의 인정을 받으려고 노력한다. 하지만 그룹의 리더는 패거리의 일원이 될 수 있는 기준을 재정의할 수 있는 지위를 갖고 있다. 집단의 주변부에 있는 사람이 멤버십의 최근 기준을 받아들이는 바로 그 순간에 그 기준은 새로운 것으로 대체된다. 패거리의 중심과 내부에 있는 사람들은 "누가 안에 있고 누가 바깥에 있는지를 알고 있다. 그리고 바깥에 있는 사람들이 '안'에 있는 것처럼 행동하면, '안'의 정의는 새롭게 규정된다."[7]

어떤 집단의 바깥에 있는 사람들은 '안'과 '바깥'을 구분하는 섬세한 차이를 잘 알지 못한다. 이 집단의 주변부에 있는 사람들이 집단의 중심에 있는 사람들의 가치와 행동을 따라 하려고 노력하기 때문에 그들은 오히려 통합된 것처럼 보인다. 주변부에 있는 사람들은 오직 자신을 중심에 있는 사람들의 규범적 이상理想의 노예로 만들 때만 성공한다. 물론 이 경우에 이러한 이상은 실질적 사회적 관계에 의해 유지되지 않기 때문에 허구적일 수밖에 없다. 극단적으로 양극화된 현대사회에서 실질적으로는 중산층이 아니면서도 자신들을 여전히 중산층이라고 생각하는 주변부 계층이나 경계선에 있는 계층의 지위도 이와 같다. 사회는 그들에게 끊임없이 중산층의 삶이라는 이상을 제공하지만, 그들이 그 기준을 충족한다고 생각하는 순간 중산층으로부터 미끄러져 나간다. 그들은 형식적으로는 중산층의 역할을 담당하지만, 그들 자신은 이런 역할을 확신하지 못한다. 이런 맥락에서 숙명론은 "개인적 통합과 집단의 통합 사이의 비대칭"[8]으로 초래되는 구조적 지위를 표현한다.

자살은 변형된 사회관계의 징후이다. 사회의 집단적 삶은 항상 개인을 보다 큰 관계로 통합하는 사회적 관계의 특성을 표현한다. '통합'과 '규제'의 관계가 탈동조화될 때 사회적 관계는 비정상적 상태로 변형된다. 뒤르켐의 자살론은 이런 점에서 여전히 타당하다. **자살률의 변화와 형태는 사회관계가 비정상적이라는 사실을 말해준다. '아노미적 자살'과 '숙명적 자살'이 보여주는 것처럼, 현대인들은 불안정한 사회관계에서 개인적 정체성과 사회적 관계의 불균형으로 엄청난 고통을 당하고 있다.** 현대사회는 개인에게 사회의 중심에 속하려면 능력을 보여주라고 강요하면서 동시에 중심의 기준을 끊임없이 변경하고 있는 것은 아닌가? 우리는 경쟁을 통해 원하는 사회적 역할을 확보할 수 있다고 믿지만, 경쟁은 왜곡된 사회관계로 인해 이미 부정적으로 작용하고 있는 것은 아닌가? 현대 자본주의사회에서 개인과 사회의 관계를 결정하는 것이 시장이라고 한다면, 왜곡된 경쟁으로 야기된 사회관계의 타락이 자살을 유발하는 것은 아닌가?

경쟁이 없는 시장, 시장이 없는 경쟁

현대 자본주의사회를 규정하는 시장은 경제적 재화가 흘러넘치는 곳이다. 오늘날 물건을 소비함으로써 누군가가 되려는 소비사회에서 사물의 풍부함은 시장의 특징이다. 이국적인 식료품과 의류, 온갖 진귀한 사치품으로 화려하게 꾸며진 백화점과 쇼핑몰은 사물만이 아니라 의미까지 거래되는 삶의 현장이다. 가나안이 우리를 물질적 궁핍으로부터 해방해줄 '젖과 꿀이 흐르는 땅'이라면, 시장은 오늘날 "꿀 대신 케첩과 플라스틱 위에 네온의 불빛이 흐르는 현대의 가나안 계곡"[9]이다. 시장에는 모든 사람을 위한 물건이 너무 많이 있는 것처럼 보인다. 이런 물질적 풍요는 모든 사람이 원하기만 하면 소비하고 사용할 수 있는 물건이 있다는 환상을 만들어낸다. "풍요가 지배하는 곳에는 시장이 존재하지 않는다."라는 경제학의 기본 원리를 생각하면, 시장은 근본적으로 모든 사람의 욕구를 충족시킬 수 있다는 환상을 통해 물건의 희소성을 은폐하는 것이다.

고용시장과 취업시장도 희소성과 효율성의 원리가 작용한다. 사회관계에서 통합과 규제가 구조적 형식을 결정하는 것처럼, 희소성과 효율성은 시장에서 일어나는 경쟁의 형식을 결정한다. 경쟁은 한편으로는 개인의 이익과 사회의 이익이 일치하도록 만들고, 다른 한편으로는 최소의 비용으로 최대의 이익을 얻도록 해준다. 재화와 서비스가 거래되는 시장에서는 생산자와 소비자가 원하는 가격이 존재한다. 생산자는 자신이 재화를 생산하는 데 들어간 비용보다 높은 가격으로 팔려고 하고, 소비자는 자신이 치르고자 하는 것보다 가능한 낮은 가격으로 사려고 한다. 생산자와 소비자가 거래를 통해 얻는 잉여의 합이 가장 커지는 결정이 정의로운 결정이다. 전체적 이익을 최대화하는 방법은 수요와 공급의 양이 일치하는 지점에서 거래가 이루어지도록 하는 것이다. 이 지점에서 생산자와 소비자의 잉여 이익은 가장 커지게 되고, 여기에서 벗어나면 생산자 혹은 소비자 한쪽의 공리가 늘어나는 것보다 다른 쪽의 공리가 줄어드는 양이 더 커지게 된다.[10] 경쟁은 정의로운 분배 방식이라는 환상이 생겨난다.

현실에서는 공정한 경쟁을 방해하는 여러 가지 요소들이 존재한다. 시장에는 시장의 경쟁을 자신에게 유리한 방식으로 움직이게 만들어 자신의 수익을 증대시키는 권력의 메커니즘이 작동한다. 시장경쟁의 투명성과 효율성을 떨어뜨리는 독점과 부패가 대표적이

여섯 번째 질문 | 경쟁은 효과적인 분배 방식인가?

다. 그렇다면 우수한 인재를 확보하기 위한 '고용시장'과 좋은 일자리를 찾고자 하는 '취업시장'은 어떠한가? 고용시장에서 기업은 적은 비용으로 가능한 한 좋은 인력을 확보하려고 하고, 취업시장에서 노동자들은 자신의 노동력을 가능한 한 시장가격보다 높게 팔려고 한다.

시장경쟁은 능력이 좋은 사람에게만 양질의 일자리를 제공하는 불공정한 시스템이라고 생각할 수 있지만, 효율적으로 작동하는 시장은 사실 능력에 따라 일자리를 분배하는 공정한 시스템이다. 왜냐하면 우리는 시장에서 어떤 것을 선택하더라도 기회비용을 생각해야 하기 때문이다. 기회비용은 어떤 선택을 할 때 포기하게 되는 것의 가치를 의미한다. 예를 들면 대학에 들어가는 대신 실업팀에 들어가면 엄청난 돈을 벌 수 있는 운동선수를 생각해보라. 그는 대학 교육이 가져올 기회비용이 상당히 크다는 것을 알면서도 선수 생활을 하기로 선택한 것이다.[11] 모든 사람이 기회비용의 차이로 발생하는 비교우위를 특화하는 것이 자신의 이익을 최대화할 뿐만 아니라 사회에도 이익이 되기 때문에 일자리는 시장경쟁을 통해 공정하게 분배된다. 운동하고 싶은 사람은 운동하고 공부하고 싶은 사람은 공부하면, 시장경쟁은 공정하다.

자유시장이 전제하는 평등은 사회적 협동의 결과물인 번영을 구성원들에게 공정하게 배분하는 것이다. 시장의 효율성은 우리가 나눌 파이가 충분한 정도인가의 문제라면, 평등의 문제는 이 파이를 어떻게 분배할 것인가의 문제다. 고용시장과 취업시장에서 '실업'은 일시적 요인에 의해서 일어나는 것을 제외하면 사람들이 원하는 일자리가 없다는 것을 말한다. 파이가 충분하지 않을 때 시장은 왜곡된다. 왜곡된 시장은 파이를 공정하게 배분할 제도를 망가뜨린다.

과거 사람들이 기피하는 3D 직종 중 하나로 불리던 '환경미화원' 채용시험은 왜곡된 시장의 모델을 제시한다. 골목을 누비며 냄새나는 쓰레기를 치우는 어렵고 힘든 직업이 최근 10년 사이 엄청난 경쟁률을 보이며 주목받고 있다. 고용시장이 마르면서 대학을 졸업하고도 시간제 아르바이트 등을 전전하는 젊은 세대들이 주변의 권유와 평생직장을 꿈꾸며 환경미화원에 응시한다. 응시자 중에는 고학력자도 많다는 것은 시장이 효율적이지 않다는 것을 말해준다.

왜 환경미화원이 되는 게 국가고시만큼 힘들게 되었을까? 뽑는 인원은 적은데 많은 사람이 몰리기 때문이다. 파이가 작고 분배해야 할 대상이 과도하게 많으면, 경쟁은 시장의 특성인 다원성을 심각하게 파괴한다. 과거에는 40대의 사람들이 지원했다면, 지금은 연령 제한을 없애는 경향이 있다. 환경미화원 채용에 중요한 것은 학력이 아니라 체력이다. 환경미화원을 선택한 사람들이 포기해야 할 기회비용이 적다면, 시장의 다양성은 그만큼 줄어든다. 환경미화원 밖에 할 수 있는 일이 없다는 것은 기회비용이 없다는 것을 의미한다. 이런 상황에서의 경쟁은 효율성을 파괴하는 '초경쟁'일 수밖에 없다.

환경미화원 일을 하려면 체력이 제일 먼저 뒷받침돼야 하므로 채용시험은 주로 체력시험으로 이루어진다. 모래주머니(남자 20킬로

그램, 여자 10킬로그램)를 메고 50미터 달리기, 200미터 트랙 달리기, 윗몸일으키기(1분) 등 3종목에 걸쳐 실시되는 경쟁의 척도는 '체력'이다. 환경미화원은 공무원과 동일한 만 60세를 정년으로 하고, 입사 시 연봉도 고정 상여금을 포함하여 5,000만 원을 훨씬 웃돌기 때문에 경쟁이 치열하다. 이처럼 무한 경쟁이 벌어지는 곳에서는 언제나 '공정성' 시비가 일어난다. 환경미화원 채용시험을 준비하는 체력학원에서 "환경미화원 채용시험 달리기 때문에 시험 전 약물을 복용한다."는 소문이 돌면서 도핑테스트를 도입해야 한다는 목소리가 커지고 있다고 한다.[12] 경찰이나 소방관처럼 약물 사용을 통한 부정행위를 막는 것이 공정이라고 인식되는 것이다.

우리 사회에서 공정성 논란이 가장 극심하게 벌어지는 곳은 바로 무한 경쟁이 이루어지는 곳이다. 사람들에게 자원을 평등하고 공정하게 분배할 수 있을 정도의 물건과 일자리가 부족하면 할수록 공정성 논란은 더욱더 커진다. 이런 상황에서는 환경미화원이나 보안요원이 되기 위해 높은 토플 점수가 필요한 것이 아니라는 등 학력과 직업의 미스매치를 말하는 것조차 공정하지 않은 말이 된다.

문제는 이렇게 제한된 자원을 둘러싼 무한 경쟁에 초점을 맞추면 시장의 구조적 문제를 간과할 수 있다는 점이다. **우리가 구매할 수 있는 다양한 재화와 서비스가 없다는 것은 엄밀한 의미에서 시장이 없다는 것이다. 시장에 물건이 없으면 각자도생의 비효율적 '초경쟁'이 이루어지거나 제도권 밖의 암시장이 생긴다. 한국의 취업시장은 이런 의미에서 '시장이 없는 경쟁'이 지배한다고 해도 과언이**

아니다. 시장이 없는 경쟁에서는 편법과 불법 그리고 반칙이 난무한다. 일자리를 쟁취했다는 '결과'가 그것을 획득하는 '과정'을 압도하기 때문이다. 어떻게 이기든 이기기만 하면 된다는 마키아벨리즘의 사고방식이 만연한다.

초경쟁사회: 경쟁을 위한 경쟁

기득권자들은 어떤 상황에서도 시장을 자신에게 유리한 방식으로 활용하는 방법을 알고 있다. 일반 사람들은 정해진 규칙을 준수하면서 자신이 원하는 것을 얻는 공정한 게임을 원하지만, 기득권자는 게임의 규칙을 스스로 정할 뿐만 아니라 규칙 준수 여부를 판단할 심판까지 직접 고른다. 현대사회는 모든 사람이 사용할 수 있는 충분한 재화를 제공한다는 풍요의 이데올로기를 통해 자원의 희소성을 은폐한다. 자원은 충분한데 단지 능력이 없어서 획득하지 못한다는 착각을 불러일으키는 것이다. 현대사회의 부자와 권력자는 이러한 원리를 파악하고, 이를 자신의 이익을 위해 이용하는 사람들이다. 일자리가 부족한데도 불구하고 과학과 기술이 발전하고 경제가 성장하면 모든 사람이 자신이 원하는 사회적 지위를 얻을 수 있다는 허구적 약속이 대표적인 사례다.

전통사회에서는 재화를 많이 가지고 있는 사람이 권력을 가졌다면, 오늘날 현대사회에서는 재화를 획득하는 과정을 통제하는 사람이 진정한 권력자이다. 물론 이들은 원하기만 하면 장부상의 재산을 물품으로 바꿔서 궁전처럼 쌓아놓을 수 있다. 폴란드 출신의 사회학자 지그문트 바우만Zygmunt Bauman, 1925~2017은 유체의 고유한 특성은 흐름인 데 비해 고체는 흐름을 형성하지 않고 본래의 형태로 되돌리는 것이 가능하다는 점에 착안하여 이러한 권력 형식의 변화를 '액체 근대'[13]라는 말로 표현한다. 전통사회에서 권력자는 지주, 귀족, 전제군주처럼 권력을 마치 하나의 물건처럼 손안에 쥐고 있는 사람들이었다. 푸코가 예리하게 분석한 것처럼 현대의 권력은 궁전과 청와대 같은 곳에 있는 것이 아니라 사회의 네트워크를 결정하는 힘이다. 우리 삶의 모든 영역에 스며드는 '침투성'과 어느 곳에나 있는 '편재성'이 현대 권력의 특징이다.

권력자들은 사회가 이미 고체의 형태에서 액체의 형태로 변했다는 사실을 간파하고 있다. 지그문트 바우만은 변화된 현대의 특성을 두 가지로 서술한다. 하나는 역사적 변화의 끝에는 유토피아와 같은 목적이 있다는 환상이 깨졌다는 점이다. "내년이든 지복천년에서든 완벽한 상태, 살기 좋은 어떤 사회, 이루어질 것이라고 가정되던 면면의 전부 혹은 일부가 실현된, 갈등으로부터 자유로운 사회가 올 것이라는 믿음에서 오는 환상"[14]이 깨졌다는 것이다. 권력자들은 내일이 되어도 더 좋아지지 않을 것이라는 사실을 알면서도 더 좋은 미래를 약속한다.

다른 하나는 근대화의 과제와 책임의 규칙이 폐지되고 모든 것이 사적인 것으로 변했다는 점이다. 우리 사회를 성장시키고 발전시켜야 할 과제는 국가와 어떤 집단에 있는 것이 아니라 개인들에게 있다는 것이다. 개인이 사회의 주체가 된다는 것은 동시에 사회의 모든 책임을 떠맡는다는 것을 의미한다.

> 오늘날의 근대는 해방 작업을 중간 계층과 밑바닥 계층에게 넘겨주는 의무 말고는, 그 어떤 '해방'의 의무도 짊어지지 않은, 머리가 가벼워진 근대이다. 그리하여 중간 계층과 밑바닥 계층이 근대화를 계속해야 한다는 부담의 대부분을 떠안게 되었다.[15]

여기서 중요한 것은 개인들이 자신이 겪는 좌절과 고난을 다른 누군가의 탓으로 돌릴 수 없게 되었다는 사실이다.

성공하지 못하면, 그것은 개인의 능력과 노력이 부족한 탓이다. 개인이 가질 수 있는 유토피아의 꿈은 자신의 능력을 믿고 계속 노력하는 것밖에 없다. 이상향을 의미하는 '유토피아Utopia'가 어느 곳에도 없다는 뜻의 그리스어 '우-토포스ou-topos, no-place'에서 유래한 것처럼, 현대인의 유토피아는 어느 곳에도 존재하지 않는 것이다. 끊임없이 움직이고 노력하는 것, 계속 경쟁하는 것이 현대인의 이상이 된 것처럼 보인다. **경쟁을 통해 얻을 수 있는 결과를 예측하고 기대할 수 없다면, 오늘날의 시장은 결국 '경쟁을 위한 경쟁'이 된다.** 현대 자본주의사회의 권력자들은 무한 경쟁을 부추김으로써 자신의 사회적 지위와 특권을 유지한다. 따라서 불안정, 불안, 공포와 같은 불확실성은 해결하고 극복해야 할 대상이 아니라 권력자에게는 좋은 권력 수단이 된다.[16) 경쟁이 심해지고 사회가 불안정할 수록 그들의 위치는 더욱 확고해진다. 이것이 바로 액체사회의 역설이다.

우리가 '경쟁을 위한 경쟁'을 당연한 것으로 여기면 여길수록 경쟁의 불공정 시스템을 개선할 가능성은 더욱 희미해진다. 요람에서부터 무덤까지 경쟁이 지배하는 사회는 결코 정의로운 사회가 아니다. 우리 아이들은 유치원에 들어갈 때부터 대학입시를 방불케 하는 입학 경쟁을 치러야 한다.[17) 현재 국내 보육·교육 시설의 총량은 영유아 수에 비해 부족하지 않은 것으로 나타난다는 점을 고려하면, 유치원 입학 경쟁은 비용 대비 질 좋은 공교육을 원하는 학부모들의 요구와 이를 뒷받침해줄 공급의 부조화로 인해 야기되는 것처럼 보인다. 그러나 여기서 중요한 것은 우리가 어렸을 때부터 경쟁을 당연한 것으로 여기고 경쟁심리를 내면화한다는 점이다. 훗날 대학입시에 중요한 역할을 하는 영어와 수학 능력을 키워주는 '영어 유치원'의 입학 경쟁률이 높다는 것은 이를 말해준다. 좋은 대학에 가기 위해서는 좋은 유치원에 가야 한다면, 우리의 삶은 이미 유치원에서 결정이 나는 것이다.[18)

질 좋은 교육을 받고 싶은 부모의 욕망은 중등교육으로 이어진다. 기회균등을 침해한다는 이유에서 공정성 논란을 불러일으켰던 '특목고' 및 '자사고' 논쟁은 소위 좋은 교육이 이미 희소자원이 되었다는 것을 반증한다. 학생들은 특목고에 입학했다는 이유로 대학입시에서 상대적으로 유리한 위치를 점하게 되고, 실제로도 좋은 교육을 통해 입시 실적 역시 좋다. 한국 사회의 권력 엘리트를 배출하는 SKY대학 입시 실적으로 학교교육의 성패를 결정하는 상황에서 중등교육은 완전히 입시에 맞춰질 수밖에 없다. 입시교육이 단지 시험을 잘 치는 요령만을 가르친다고 말할 수는 없지만, 표준화되고 획일화된 교육은 결국 전국의 모든 학교를 서열화하는 결과를 초래한다. 다른 것을 선택할 수 없는 상황에서 학생들이 할 수 있는 것은 오로지 입시 경쟁에서 성공하는 길뿐이다.

대학에 입학했다고 경쟁이 끝나는 것은 아니다. 부모로부터 경쟁을 체험하고 모든 교육과정을 통해 경쟁을 학습한 학생들은 입학하자마자 취업 경쟁에 뛰어든다. 경쟁의 보편화가 시장의 획일화를 가져온다는 사실은 취업 경쟁에서 잘 드러난다. 불확실성 시대에 가장 희소한 일자리는 정년이 보장되는 안정적인 직장이다. 이런 상황에서 한국이 취준생 10명 중 4명이 '공시족'인 나라라는 사실은 놀랄 일이 아니다. 통계청이 발표한 '2020년 12월 및 연간 고용동향'에 따르면, 연간 전체 실업률은 4.0퍼센트 수준이지만, 청년(15~29세) 실업률은 9.0퍼센트이다. 통계청이 2016년 5월 발표한 '경제활동인구조사 청년층 부가조사 결과'에 따르면 청년층 취업 준비자 65만 2,000명 중에서 일반직 공무원시험 준비자는 25만 7,000여 명으로 약 40퍼센트에 달한다. 2020년도 8·9급 지방직 공무원 공개경쟁 임용시험은 2만 3,211명을 선발하는데 24만 531명이 지원하여 평균 경쟁률이 10.4대 1이었다고 한다.[19)]

공무원시험을 준비하는 '공시족'은 극난적 경쟁으로 인한 시장의 획일화를 잘 보여준다. 한국의 20대가 이제 9급 공무원이 되길 원하는 '9급 공무원 세대'가 된 까닭은 무엇인가? 불안정과 불확실성이 지배하는 현실에서 국가와 사회가 개인을 보호할 울타리가 되지 못할 때 사람들은 믿을 수 있는 것은 결국 자기 자신밖에 없다는 인식을 강화하게 된다.[20] 지그문트 바우만이 말한 것처럼 자신 이외에는 다른 누구에게 책임을 물을 수 없다는 인식이 퍼지면서 사람들은 자신의 경쟁력을 높이기 위한 자기 계발의 고삐를 쥔다. 이렇게 정의로운 결과를 기대할 수 없는 불공정사회는 경쟁을 위한 경쟁을 절대화하는 초경쟁사회가 된다. 경쟁의 패자는 아무런 보호 장치도 없는 육체적 노숙자가 된다면, 경쟁의 승자는 삶의 의미를 상실한 영혼의 노숙자가 된다. 우리가 이제 경쟁의 의미에 관한 질문을 던질 이유이다.

보이지 않는 손: 찰스 다윈인가 애덤 스미스인가?

시장은 오랫동안 자원을 효율적으로 배분할 뿐만 아니라 인간의 탐욕조차 도덕적인 형태로 변형시킬 수 있는 마법과 같은 힘을 가지고 있다고 생각되었다. 수요와 공급의 균형을 깨뜨려 시장의 실패를 야기할 수 있는 많은 제도적 요인에도 불구하고 시장을 '바로 잡으려는' 어떤 시도도 위험한 것으로 간주하려는 경향이 여전히 강하다. 마이클 샌델이 《돈으로 살 수 없는 것들》에서 강조하고 있는 것처럼 "우리는 거의 무엇이든 사고팔 수 있는 시대에 살고 있다."[21] 교도소 감방 업그레이드, 나 홀로 운전자가 카풀차로 이용하기, 인도인 여성의 대리모 서비스, 미국으로 이민하는 권리, 멸종위기에 놓인 검은코뿔소를 사냥할 권리, 의사의 휴대전화 번호, 대기에서 탄소를 배출할 권리, 자녀의 명문대 입학허가 등 샌델의 의도와는 달리 오늘날 돈으로 살 수 없는 것은 거의 없는 것처럼 보인다.

시장에서는 모든 것이 가격, 즉 화폐가치로 평가된다. 우정과 사랑은 돈으로 살 수 없다고 사람들은 말한다.[22] 그렇지만 우정의 징표와 표현은 어느 정도 돈으로 살 수 있다는 점은 인정한다. 사랑하면서도 표현을 하지 않으면 사랑을 알 수 없는 것처럼, 사람들은 선물에 들어간 마음과 노력을 높이 평가한다. 물질적으로 확인할 수 있는 가치만이 가치로 인정되는 자본주의 논리에 물들어가면 사람들은 점점 더 우정도 돈으로 살 수 있다고 믿는다. 시장가치는 이렇게 시장에 속하지 않는 비시장 규범과 가치마저 상품화하여 부패시키고 훼손한다는 것이다.[23]

우리가 상품화하여 시장에서 거래할 수 없는 가장 귀중한 가치는 두말할 나위 없이 '인간 존엄'이다. 인간 존엄은 우리가 다른 사람을 결코 단순한 수단으로 대하지 않고 그 자체 목적으로 대해야 하는 궁극적 이유이다. 칸트는 시장가치와 인간 존엄의 차이를 매우 간단하게 정리한다.

목적의 왕국에서 모든 것은 가격price을 갖거나 존엄성dignity을 갖는다. 가격을 갖는 것은 같은 가격을 갖는 다른 것으로 대치될 수 있다. 이에 반해 모든 가격을 초월하고, 따라서 같은 가격의 등가물을 허용하지 않는 것은 존엄성을 갖는다.[24]

가격이 시장가치라면, 존엄은 내면적 가치다. 칸트의 표현을 빌리자면, 인간은 시장에서 가격으로 평가되는 순간 언제든지 다른 등가물로 대체될 수 있는 물건이 된다. 인적 자원이라는 말이 암시하듯이 인간을 물건 취급하는 시장을 과연 도덕적이라고 할 수 있을까?

시장이 도덕적일 수 있다는 생각은 애덤 스미스에게로 거슬러 올라간다. 시장에서 개인의 행위는 이기적이고 탐욕적일 수 있지만, 경쟁이라는 보이지 않는 손을 통해 공적인 이익으로 전환될 수 있다는 것이다. 애덤 스미스에게도 영향을 준 영국의 사회철학자 버나드 맨더빌Bernard Mandeville, 1670~1733이 쓴 유명한 책《꿀벌의 우화The Fable of the Bees》의 부제 '사적인 악덕, 공적인 이익'이 말해주는 것처럼, 시장의 경쟁은 그 자체로 도덕적이다.[25] 애덤 스미스는《도덕감정론The Theory of Moral Sentiments》에서 공익에 관한 도덕의식만으로 공익을 증진시킬 수 없다고 말한다. 스미스는 많은 토지를 소유하고 있는 부자를 언급하면서 그들은 생산물 중에서 가장 값나가고 가장 기분 좋은 것을 선택하고 소비할 뿐이라고 말하면서, 바로 그들의 이기심과 탐욕이 오히려 공익에 공헌한다고 말한다.

그들의 천성의 이기심과 탐욕에도 불구하고, 비록 그들이 자신만의 편의를 생각한다고 하더라도, 또한 그들이 수천 명의 노동자를 고용해서 추구하는 유일한 목적이 그들 자신의 허영심과 만족될 수 없는 욕망의 충족임에도 불구하고, 그들은 자신들의 모든 개량의 성과를 가난한 사람들과 나누어 가진다. 그들은 보이지 않는 손 invisible hand에 이끌려서 토지가 모든 주민에게 똑같이 나누어졌을 경우에 있을 수 있는 것과 같은 생활필수품의 분배를 하게 된다.[26]

보이지 않는 손은 마치 신의 섭리와 같이 시장을 도덕적인 무대로 바꿔놓는 마법의 논리다. 보이지 않는 손은 행복한 삶에 필요한 수단을 평등하게 분배하는 메커니즘이다. 개인은 자신의 사적인 이익을 최대화하고 자신의 욕망을 충족시키려 하지만, 시장은 이러한 개인의 사적인 악덕을 공익으로 전환시키는 것이다.

그는 공공의 이익을 증진시키려고 의도하지도 않고, 공공의 이익을 그가 얼마나 촉진하는지도 모른다. …… 이 경우 그는 보이지 않는 손에 이끌려서 그가 전혀 의도하지 않았던 목적을 달성하게 된다. 그가 의도하지 않았던 것이라고 해서 반드시 사회에 좋지 않은 것은 아니다. 그가 자기 자신의 이익을 추구함으로써 흔히, 그 자신이 진실로 사회의 이익을 증진시키려고 의도하는 경우보다, 더욱 효과적으로 그것을 증진시킨다.[27]

사적인 이익과 욕망을 추구하는 개인들은 시장의 보이지 않는 손을 통해 비의도적으로 공익에 기여한다. 공익을 최우선으로 생각하지만 도덕적이지 않은 사람도 있고 또 도덕적이지만 공익에 대한 의식은 별로 없는 사람들이 있다는 점을 고려하면, 개인의 의도는 사회제도의 도덕성을 논하는데 중요하지 않은 것처럼 보인다. 문제는 개인뿐만 아니라 기업과 국가도 사회의 행위자일 뿐만 아니라 사회제도 자체가 시장을 왜곡할 수 있다는 것이다. 오늘날 시장의 실패와 그 비인간적 결과가 분명하게 드러난 상황에서 '시장의 섭리'를 믿는 것은 신의 섭리처럼 허망해 보인다.

우리는 이제 시장이 사회에서 어떤 역할을 하고, 시장이 어떻게 작동하는가에 관해 다시 생각해봐야 한다. 마이클 샌델이 말하는 것처럼 "시장이 지닌 도덕적 한계"[28]를 곰곰이 성찰해야 한다. 시장의 역할을 생각한다는 것은 결국 오늘날 최대의 문제인 사회의 심각한 불평등을 창출하는 데서 어떤 역할을 하는가를 묻는 것이다. 샌델은 돈으로 모든 것을 사고팔 수 있는 사회가 걱정되는 이유를 두 가지 제시한다. 하나는 바로 '불평등'이고, 다른 하나는 '부패'다.[29] 오늘날 사회적 불평등은 '상품화'와 '금융화'에서 기인한다. 모든 것에 가격을 매겨 상품화하고 시장가치로 금융화하면, 돈으로 살 수 있는 대상이 많아질수록 우리가 부유한지 가난한지가 더욱 중요해진다는 것이다. 결국 이러한 경향은 인간의 존엄을 시장가격으로 대체함으로써 비시장가치를 밀어낸다. 이것이 바로 시장의 도덕적 부패다. 물질적 가치와 비물질적 가치, 시장가치와 인간의 내면적 가치, 가격과 존엄의 경계가 사라진다는 것은 결국 인간다운 삶의 토대인 다원성이 붕괴한다는 것을 의미한다. 애덤 스미스의 '보이지 않는 손'이 비의도적으로 시장을 타락시키는 것이다.

우리는 여기서 찰스 다윈Charles Darwin, 1809~1882의 '보이지 않는 손'으로 되돌아갈 필요가 있다.[30] 다윈은 진화론적 관점에서 '보이지 않는 손'에 관한 다른 해석을 제시한다. 모든 개인은 일반적으로 자신의 사적인 이익을 추구하지만, 공동체로서의 인류는 보이지 않는 손에 이끌려 우리의 사적인 이익을 공동체의 이익과 맞추도록 조정한다. 이것이 다윈의 보이지 않는 손이다.

다윈의 진화론적 입장은 '생존 투쟁'과 '적자생존'이라는 개념으로 잘 표현된다. 가장 이기적이고 가차 없는 행위자는 생존하고, 공동체를 먼저 생각하는 이타적 행위자는 실패할 가능성이 크다. 개인이 공동체에서 협동하도록 적응할 경우에도 개인은 개인적으로 조정된 방식으로 협동한다. 다시 말해 우리는 자신의 이익과 손해를 계산하고 공동체에 참여한다. 자신의 삶에 유용한 물질적 자원에 대한 접근 가능성이 큰 사람들은 물론 경쟁과 불평등을 허용하는 분배 시스템을 선호한다. 진화론적 관점에서 보면 사람들은 물론 서로 협동하고 공익을 창출하지만, 오직 적합하고 올바른 상황에서만 그렇게 한다.

사회적 협동이 일어나는 '올바른 상황'을 인식하고 창출하는 일은 물론 쉽지 않다. 분명한 것은 협동의 제도와 상황을 적극적으로 만들어내지 않으면 자연처럼 시장 역시 생존 투쟁의 전쟁터가 된다는 점이다. 무한 경쟁사회에는 소위 '경쟁적 배타 원리'[31]가 적용된다. 이 원리에 따르면 유사한 생태계를 가진 두 종은 결코 같은 장소에서 함께 살 수 없다. 간단히 말하면 완전한 경쟁자는 공존할 수 없다. 무한 경쟁사회에서는 처음의 조그만 차이와 불평등이 시간이 지나면서 복리처럼 엄청나게 확대되기 때문에 경쟁자를 배척한다는 것이다. 모든 사람을 시장가격으로 평가하여 하위의 사람들을 주변부로 내몰고, 마치 꼬리 자르기 경쟁처럼 사회로부터 축출하는 현상은 다윈의 자연을 연상시킨다.

그렇다면 우리는 자연의 정글이 되어버린 시장의 힘을 어떻게 넘어설 수 있는가? 프리드리히 니체Friedrich Nietzsche, 1873~1876는 1872년의 유고 〈호메로스의 경쟁〉에서 이 물음에 답할 수 있는 단서를 제공한다. 니체는 "자연적 특성들과 본래 인간적인 것으로 불리는 것들은 떼어놓을 수 없을 정도로 서로 얽혀 하나가 되었다."[32]고 전제한다. 경쟁의 자연적 특성은 전쟁이다. 자연은 이렇게 말한다. "투쟁은 행복이며 구원이다. 승리의 잔혹함은 삶의 환호의 정점이다."[33] 우리는 투쟁과 승리의 쾌락을 인정해야 한다는 것이다. 따라서 경쟁은 자연의 필연적 결과이다. "이웃은 번영을 추구하는 이웃과 경쟁한다. 이 불화의 여신은 인간들에게 선하다. 도공은 도공을 원망하고, 목공은 목공을 원망한다. 거지는 거지를 시기하고, 가수는 가수를 시기한다."[34] 경쟁은 이처럼 인간들로 하여금 행동하도록 자극하는 외적 동기를 부여한다.

그러나 경쟁의 결과가 파괴적이라면 삶을 위한 경쟁은 자기모순이다. 호메로스는 인간들로 하여금 서로 적대적인 파멸의 전쟁을 하게 만드는 경쟁과는 다른 모델을 발전시킨다. 그것은 모든 재능이 싸우면서 만개하도록 만드는 생산적인 경쟁이다. 니체는 여기서 고대 그리스 민주정 시대에 위험인물을 시민에 의한 비밀투표로 국외로 추방하는 '도편추방제陶片追放制'의 의미를 되새긴다.

'우리 가운데서는 어느 누구도 최강자가 되어서는 안 된다. 만약 누군가가 그렇다면 그는 다른 곳에서 다른 사람들에게 그래야 한다.' 왜 아무도 최강자가 되어서는 안 되는가? 그렇게 되면 경쟁이 말라서 고갈되고, 헬레니즘 국가의 영원한 생명 근거가 위험해지기 때문이다.[35]

다양한 힘이 경쟁할 수 있도록 뛰어난 개인을 제거해야 한다는 것이다. 니체는 경쟁이 없는 상태가 우리를 다시 자연의 폭력과 잔혹함으로 되돌려놓을 것이라고 경계한다. 우리의 삶에서 경쟁을 제거하면, 우리는 문명 이전의 야만으로 되돌아간다는 것이다.

문제는 경쟁 자체가 아니라 '어떤 경쟁인가'이다. 무한 경쟁이 심각한 불평등을 초래한다고 해서 차이와 불평등 자체를 제거할 수 있는 것이 아니라면 '어떤 불평등인가'를 진지하게 물어야 한다. 사실 경쟁이 완전히 제거된 사회는 독점과 독재의 사회다. 독점은 언제나 독점을 보장하고 확대하려고 행동하는 권력을 잉태한다. 따라서 권력의 '안'과 '밖'에는 경쟁이 존재하지 않는다. 우리는 어쩌면 이러한 독재와 전체주의의 불평등만을 생각해왔기 때문에 시장에 의한 불평등을 심각하게 생각하지 않았는지도 모른다.

그런데 우리는 지금 무한 경쟁이 초래하는 양극화 사회를 경험하고 있다. 시장에 의한 불평등이 심화되면서 부유한 사람과 가난한 사람의 삶이 분리되고 있는 것이다. **독점과 독재에 의한 불평등이 '대문자로 쓴 불평등'이라면 시장의 불평등은 '투명 글자로 쓴 불평등'이다. 표면적으로는 경쟁이 보장되고, 능력만 있으면 성공할 수 있는 것처럼 보이기 때문이다.** 니체가 이야기하는 호메로스의 경쟁, 즉 건강한 경쟁이 있으려면 시장이 우선 다양해져서 행위자가 늘어나야 한다. 그러기 위해선 양극화 사회가 우선 타파되어야 한다. 우리가 지금 경쟁을 다시 생각해야 한다는 것은 사실상 우리가 어떻게 함께 살아가고 싶은가의 문제다. 무한 경쟁으로 공동체가 붕괴하고 있는 상황에서 시장의 규칙과 공정을 말하는 것은 사실 말이 되지 않는다.

일곱 번째 질문

연대는 언제 연고주의로 변질하는가?

광기는 개인에게서는 드문 일이다.
그러나 집단, 당파, 민족, 시대에서는
일상적인 일이다.

프리드리히 니체, 《선악의 저편》

경쟁은 집단주의를 왜곡한다

무한 경쟁은 사람들을 공동체로부터 분리하여 파편화하는 것처럼 보인다. 공동체에 대한 책임을 강조하는 어설픈 이타주의자는 실패하는 반면 이기적인 행위자가 성공할 가능성이 큰 찰스 다윈의 초경쟁사회는 각자가 제 살길을 도모하는 각자도생을 당연한 것으로 간주한다.[1] 열심히 노력해도 가난해져만 가는 사회는 약자를 보호할 사회적 장치가 없는 사회다. 공동체로부터의 도피가 뉴노멀시대의 새로운 생존 키워드로 제시되고 있는 사회에서 개인은 '우리'라는 집단의 구속에서 벗어나 자기 몫의 행복을 찾아야 하는 과제를 안고 있다.

무한 경쟁의 산물인 극단적 개인주의가 결국은 경쟁을 더욱 심화할 것이라는 불안이 만연할수록 이상한 현상이 나타난다. 전통적 집단주의에서 벗어난 개인들은 무한 경쟁을 통해 새로운 형태의 왜곡된 집단주의를 만들어낸다. 20세기에 우리가 경험했던 전체주의가 고도로 원자화된 대중의 조직을 목표로 했다는 것은 익히 알려진 사실이다. 대중은 보호 장벽이 붕괴한 사회의 개인들이다. 학교를 졸업하고 나면 일자리를 얻고, 취직한 뒤 결혼하고 아이를 낳을 수 있는 환경을 보장하던 보호 장치만 사라진 것이 아니다. 우리의 사회적 지위를 확인시켜주던 계급 체제가 붕괴하고, 국민을 국가에 묶어두었던 보이거나 보이지 않는 끈들이 모두 끊어진 것이다.

경쟁은 "사람들이 불필요할 정도로 남아돈다는 느낌"을 강화하지만, 이는 사실 그들이 정당이나 자치 정부, 전문 조직 또는 노동조합처럼 공동 관심에 기초한 조직으로 통합될 수 없다는 사실을 반영할 뿐이다. 아렌트는 이렇게 말한다.

> 대중이 고도로 원자화된 사회의 분열에서 생겨났다는 것은 사실이다. 이 사회의 경쟁 구조와 그것으로 인한 개인의 고독은 어떤 계급의 구성원이 됨으로써만 해소될 수 있었다. 대중적 인간의 주요 특징은 야만과 퇴보가 아니라 고립과 정상적 사회관계의 결여이다.[2]

가족이나 친구, 동료와 어떤 유대 관계도 형성하지 못하는 원자화된 개인들에게 이 세상에 자기 자리가 있다는 허구적 소속감을 부여하는 것이 바로 전체주의 운동이다.

이러한 역사적 경험은 개인과 집단의 관계에 관한 흥미로운 질문을 제기한다. 개인에게 정체성과 사회적 지위를 부여했던 전통적 관계가 붕괴했다면, 이러한 개인들은 어떤 집단을 형성하는가? 개인주의가 보편화된 현대사회에서 집단주의는 어떻게 변하는가? 집단주의가 여전히 자원의 공정한 분배에 강력한 영향을 미치는 요소라면, 집단주의는 어떻게 작동하는가? 우리가 현대사회의 가장 커다란 문제라고 생각하는 사회적 불평등과 사회의 양극화는 궁극적으로 개인의 문제가 아니라 집단의 문제이기 때문이다. 개인의 능력이 아무리 뛰어나도 개인 간의 경쟁만으로는 슈퍼부자가 될 수 없다. 그를 넘을 수 없는 사차원의 벽, 즉 '넘사벽'으로 만드는 것은 집단을 형성하는 사회적 관계다. 현대자본주의를 광기의 사회로 인식한다면, 프리드리히 니체의 말에 귀를 기울여야 한다. "광기는 개인에게서는 드문 일이다. 그러나 집단, 당파, 민족, 시대에서는 일상적인 일이다."[3]

경쟁이 심해지면 질수록 개인은 파편화되고, 집단은 비정상적으로 타락한다. '개인의 원자화'와 '집단의 부패'는 무한 경쟁이 초래한 사회병리적 현상의 양면이다. 사회적 관계가 '비정상'이면, 개인과 집단 역시 왜곡된 형태로 나타난다. 그렇다면 사회적 관계의 정상과 비정상을 구별하는 기준은 무엇인가? 부패하고 비정상적인 집단주의는 건강하고 정상적인 집단주의와 어떤 점에서 차이가 나는가? 우리에게 익숙한 예를 들어보자.

집단주의 A

A는 미국의 한 주립대학으로 유학을 떠났다. 낯선 곳에서 어떻게 집을 구해야 할지 처음에는 조금 걱정이 되었지만, 친구가 이미 그

곳에서 공부하고 있는 선배를 소개해줘서 쉽게 해결되었다. 이 선배는 유학 생활에 요긴한 정보를 제공해주었고, 이사도 현지의 학생회와 선배가 다니는 교회의 도움을 받아 쉽게 해결했다. A는 선배의 도움으로 현지에 빠르게 적응하여 열심히 공부하고 있다. 그는 이 고마운 마음을 새롭게 유학을 오는 다른 유학생들을 도와주는 것으로 표현한다. 선배가 학위를 마치고 자리를 잡아 떠날 때 적극적으로 도와준 것은 말할 필요도 없다.

집단주의 B

B는 미국 주립대학에서 학위를 마치고 국내 대학에서 학생들을 가르치는 교수이다. 학과에 결원이 생겨 교수를 새로 뽑아야 하는 상황에서 그는 미국에서 학위 과정을 거의 마친 후배가 생각났다. 그는 후배에게 공채 공고 소식을 미리 알려주면서 잘 준비하라고 이런저런 조언도 해주었다. 후배가 지원자 중에서 매우 뛰어나지는 않았지만 다른 경쟁자들이 잘 알려지지 않은 지방대 출신이라서 명문대 출신인 후배가 적임자라는 생각이 들었다. 그는 같은 대학 출신인 동료 교수를 설득하여 후배가 선발되도록 했다. 다른 경쟁자들의 능력을 좀 더 꼼꼼하게 살펴보고 검증해야 한다는 생각이 들지 않았던 것은 아니지만 "같은 값이면 다홍치마"라는 생각이 더 강했다.

집단주의가 무조건 나쁜 것은 아니다. 그것은 어쩌면 서양 중심적 관점에서 동양의 집단주의를 왜곡하는 오리엔탈리즘의 산물일 수 있다. 한국적 집단주의의 원형을 벼농사 체제의 협업 시스템에서 발견한 이철승은 '두레'와 '품앗이' 문화에 기반을 둔 협력의 네트워크가 상당히 효율적이라고 말한다.[4] 물론 이러한 협업의 네트워크가 한국에만 있는 것은 아니다. 내가 도와주는 다른 사람이 언젠가는 나에게도 도움을 준다는 호혜성과 상호성에 기반을 둔 협업 시스템은 인류의 보편적 현상이다. 이렇게 호혜성에 기반한 집단주의는 건강하고 정상적인 관계를 형성한다. 집단주의 A는 호혜성의 강도의 차이가 있을지언정 상호 이익의 관계를 훼손하지는 않는다. 여기서 관계를 맺는 사람들은 비교적 평등하며, 협업에 참여하는 사람들의 수가 많더라도 그 관계의 성격은 변하지 않는다.

우리가 분배해야 할 자원이 희소해지고 경쟁자가 많아지면, 집단의 성격이 변질된다. 호혜성과 유대감에 기반을 둔 단순한 유대 관계가 폐쇄적인 이익집단이 되는 것이다. 여기서는 특정한 대학 출신이라는 '학연'이 다른 경쟁자들을 배척하는 '권력'이 된다. 개인들을 하나의 끈으로 결합하는 '유대紐帶'가 이익으로 맺어지는 '연고緣故'가 된다. 유대나 연대나 연고 모두 어떤 인연으로 맺어지는 두 사람 이상의 관계를 의미하지만, 개인의 이득을 얻기 위해 학연·지연·혈연 따위로 맺어진 관계를 이용하는 태도는 연고주의다. 연고주의의 특징은 세 가지로 압축된다. (1) 협력의 네트워크는 개방적이지만, 연고주의는 폐쇄적 집단주의다. (2) 협력의 네트워크는 공동선을 추구하지만, 연고주의는 개인 이익의 극대화를 추구한다.

(3) 협력의 네트워크는 개인의 권리와 자율성을 중시하지만, 연고주의는 집단과 관계 구조 자체를 중시한다.

여기서 우리는 왜곡된 집단주의의 특징인 하나의 모순을 발견한다. 건강한 집단주의는 개인들의 협력이 집단의 공익에 기여하고, 집단이 개인의 삶을 보장하는 선순환 구조를 이룬다. 반면 왜곡된 집단주의는 공익과 공동선을 전제하지 않기 때문에, 집단을 개인의 사적 이익을 위한 수단으로 사용하면 할수록 오히려 개인의 삶을 부정하는 집단에 예속되는 역설적 결과를 초래한다. 개인화가 진행될수록 건강한 개인주의가 뿌리를 내리는 대신에 오히려 왜곡된 집단주의가 강화되는 것이다. 이것이 우리 사회의 고질병이라고 할 수 있는 연고주의의 문제다.

공정과 분배정의는 분배 문제가 발생하는 제한된 세계, 경계가 있는 집단을 전제한다. 이 세계와 집단의 구성원은 자신들이 소중하게 생각하는 사회적 가치들을 상호 분배하고 교환하고 공유하는 정치적 공동체다. 이런 공동체는 공정한 분배가 무엇인가에 관한 독립적인 기준을 갖고 있으며 동시에 정의로운 결과를 가져올 수 있는 합리적 절차를 발전시킨다. 위에서 본 것처럼 집단주의 B는 공정한 분배의 전제 조건인 기준과 절차를 모두 왜곡시킨다. 그러므로 집단주의는 결국 공정한 분배를 가능하게 할 집단이 어떻게 구성되어야 하는가의 문제다. 한국의 집단주의가 유교 철학에 기반한 유가적 가부장제에서 기인하든, 아니면 벼농사에 기반한 협력 시스템에서 유래하든 그 기원은 별로 중요하지 않다. 이런 집단주의가 개인들의 공정한 협력체계에 기여할 것인지 아니면 방해가 될 것인지가 중요한 것이다.

마이클 왈저가 말하는 것처럼, "이것은 이런 집단이 **과거** 어떻게 구성되었는가의 문제가 아니다. 내가 주목하고자 하는 문제는, 다양한 집단의 역사적 기원이 아니라 이 집단들이 지금 현재 자신들의 현재의 구성원들 그리고 미래의 구성원들에 관해 내리는 결정들이다. 우리가 서로 분배하는 일차적 가치는 어떤 인간 공동체에 대한 성원권membership이다. 그리고 바로 성원권을 어떻게 규정하는가에 따라 우리의 다른 모든 분배적 결정들이 구조화된다."5) 여기서 말하는 성원권은 물론 영토를 갖춘 국가의 구성원이 되는 자격을 말한다. 우리는 대한민국의 국민으로서 우리의 협동을 통해 산출한 사회적 가치의 공정한 분배를 요구할 수 있다. 만약 한국 사회의 독특한 집단주의가 자본주의의 무한 경쟁 논리와 결합하여 80퍼센트의 국민을 정치적 참여로부터 배제한다면, 그것은 성원권을 부정하는 폭력적인 압제다. 따라서 우리는 한국의 연고주의가 많은 사람의 성원권을 부정할 정도로 작용하는 것은 아닌지 꼼꼼하게 따져봐야 한다.

'관료 마피아'를 만드는 집단주의

어떤 '사고'는 오랜 역사를 거쳐 장기가 축적되고 구조화된 네트워크 시스템의 본질을 드러내는 '사건'이 된다. 사고事故는 사전적으로 평시에 일어나지 않는 "뜻밖에 일어난 불행한 일"을 의미하고, 사건事件은 "사회적으로 문제를 일으키거나 주목을 받을 만한 뜻밖의 일"을 가리킨다. 물론 사고를 사건으로 만드는 것은 규모와 사회의 관심이 아니다. 세간의 관심을 오랫동안 끌었던 사고도 시간이 지나면 잊히고, 불행한 사고로 고통을 받는 사람들의 수가 아무리 많더라도 사고의 범주에서 벗어나지 않는다. 사고accident는 우연히 일어나고, 사건event은 필연적으로 일어난다. 오랫동안 어느 집단과 사회의 심층부에 자리 잡고 있어서 웬만한 사회적 표면의 변동에도 쉽게 변하지 않는 구조적 특성이 표면으로 드러나게 만드는 것이 사건이다.

사건사보다는 사회사의 관점에서 개인보다는 집단, 연대보다는 구조, 정치보다는 사회를 역사의 기본 골격으로 삼았던 아날학파의 프랑스 역사학자 페르낭 브로델Fernand Braudel, 1902~1985은 사건의 의미를 이렇게 서술한다.

사건은 역사의 덧없는 현상들이다. 사건들은 반딧불처럼 무대를 가로질러 간다. 그들이 어둠 속으로 다시 정착하기 전에, 그리고 종종 망각에 빠지기 전에 그들을 언뜻 보는 일도 어렵다. 모든 사건은 짧지만 확실해야 한다. 역사의 어떤 어두운 구석이나 심지어 넓은 역사의 풍경을 환하게 밝혀야 한다. 가장 득을 보는 것은 정치적 역사만이 아니다. 왜냐하면 모든 역사적 풍경이—정치적, 경

제적, 사회적, 심지어 지리적 풍경이 ─사건의 간헐적 불꽃에 의해 조명되기 때문이다.[6]

우리는 대체로 역사의 표면에서 다양한 형태로 표출되는 급변하는 '에피소드'에 빠져 이러한 사건의 본질을 놓치는 경향이 있다. 에피소드도 역시 이야기로 소비되는 사건이다. 우리가 말하는 '사건'에는 특정한 지역에 사는 사람들이 넓은 의미에서의 지리와 자연에 대처하기 위한 협동을 통해 형성된 역사적 구조와 같은 것이 있다. 이렇게 잘 변하지 않는 구조를 '장기 지속longue durée'[7]이라고 부른다. 지리적·지정학적 환경만큼이나 쉽게 변하지 않는 구조는 같은 환경에서 살아가는 사람들의 '심성 구조mentalities'로 퇴적된다. 학연·지연·혈연에 바탕을 둔 연고주의는 현대화와 민주화 과정에도 불구하고 천천히 변하는 장기 지속의 구조이다.[8]

2014년 4월 16일 청해진해운이 운영하는 인천항과 제주항을 오가는 정기 여객선 세월호가 진도 인근 해상에서 침몰하면서 승선객 476명 중 304명이 사망하거나 실종된 사고는 바로 이러한 '사건'에 속한다. 이 사건으로 관료주의와 이로 인한 민관 유착이 대형 재난의 한 원인으로 드러났기 때문이다. '세월호 사건'은 우리 사회에 만연한 안전불감증이 부도덕한 관료 카르텔과 같은 적폐와 만날 때 어떤 참사를 가져올 수 있는지를 분명하게 보여준다. 세월호에 대한 안전 검사를 수행한 한국선급은 세월호 선체에 대해 문제없다고 판단했다. 해운사들의 출자금으로 설립된 한국선급은 해운업계의 입김으로부터 완전히 자유로울 수 없으며, 선박 검사에 대한 정부 위탁 업무를 맡기 때문에 역대 대표이사 열 명 중 여덟 명은 해수부 출신으로 오히려 정부의 감독 기능을 막아주는 완충 장치 역할을 한다. 이러한 사실은 "당시 안전 검사가 허술하게 이뤄진 것 아니냐."는 의혹을 불러일으켰다. 이러한 의혹은 결국 '해피아(해양수산부+마피아)'라는 신조어를 만들어낸다.

'세월호 사건'이 폭로한 것은 오랫동안 퇴적된 한국 사회의 구조적 폐단, 즉 적폐. 왜 우리 사회는 '벼슬 관官' 자와 이탈리아의 폭력 조직 '마피아mafia'를 합성한 '관피아'가 당연한 것처럼 여기는가? 5급 이상의 공무원이 퇴직 후에 공기업이나 유관 기관에 재취업하여 요직을 독점하는 현상을 말하는 '관피아'[9]는 공직사회의 뿌리 깊은 연고주의다. 한국의 관료 집단은 왜 그 탁월성과 효율성에도 불구하고 이탈리아 마피아 조직과 비교되는 오명을 뒤집어쓰게 된 것인가? 한 가지 분명한 것은 관료 집단을 부패시키는 것은 관료 개개인의 부도덕성보다는 연고주의라는 점이다.

연고에 따라 밀어주고 끌어주고 눈감아주는 연고주의는 물론 공직사회뿐만 아니라 정치, 경제, 법조, 교육, 체육계 등 사회 전반에 걸쳐 있다. 그렇지만 관피아 연고주의는 독특한 구조의 사회적 네트워킹이 권력과 결합할 때 어떻게 부패하는가를 보여주는 가장 전형적인 모델이다. 관리감독과 인허가는 오늘날 국가가 보유하고 있는 대표적인 규제 권력이다. 노벨경제학상을 수상한 경제학자 조지 스티글러George J. Stigler, 1911~1991는 규제의 문제를 경제학적 관점에서 분석한 논문 〈경제적 규제의 이론〉을 이렇게 시작한다.

국가는—국가의 기구와 권력은—사회의 모든 산업에 대한 잠재
적 자원이거나 위협이다. 금지하거나 강요하는 권력, 돈을 받거나
주는 권력과 함께 국가는 수많은 산업을 선택적으로 돕거나 해를
끼칠 수 있으며 또 그렇게 한다.[10]

국가가 경제에 개입하는 가장 대표적인 방식이 바로 규제다. 규제
로 인해 이익을 보거나 손해를 보는 사람이나 집단이 있는 까닭에
규제의 형식은 자원 분배의 공정성을 결정한다.

국가에 의한 규제의 본래 목적은 시장의 실패를 수정함으로써 공
익을 증진시키는 것이다. 규제 권력은 따라서 공중의 이익을 보호
하고 증대하는 방식으로 제도화된다. 문제는 연고주의가 규제 권력
을 제도화하고 실행하는 과정을 왜곡하고 타락시킬 수 있다는 점이
다. 경쟁에서 이기는 가장 효율적인 방법은 스스로 게임의 규칙을
정하고, 심판까지 직접 고르는 것이다. 예를 들면 관리감독을 담당
하는 규제 기구를 자신의 영향력 밑에 두는 것이다. 이를 '규제 포획
regulatory capture'이라고 부른다.

규제 포획은 대체로 두 방향으로 이루어진다. 규제의 대상이 되
는 부문의 사람들이 규제 기구에서 활동하다가 나중에 다시 원래의
부문으로 복귀하거나, 아니면 규제를 담당하던 사람들이 규제 대상
의 부문에서 활동함으로써 규제의 의미를 약화시키는 것이다. 고위

공직에 있었던 전직 관리에 대한 예우를 뜻하는 '전관예우'가 오늘날 고위공직자가 퇴임 후 기존 업무와 연관된 기업 등에 들어간 뒤 전관의 지위를 이용하여 부당한 이익을 얻는 것을 의미하는 것으로 변질된 것은 대표적인 예다.

그렇다면 관료와 연고주의가 결합한 적폐는 왜 마피아에 비교되는가? 본래 이탈리아의 시칠리아 범죄 조직에만 적용되었던 '마피아'라는 용어는 공갈 협박과 같은 폭력적 수단으로 집단을 보호하고, 범죄자들 사이의 분쟁을 조정하거나 불법적인 계약 및 거래를 중개하거나 집행하는 범죄 연합체를 가리킨다. 한국의 관료 조직을 이탈리아 범죄 조직과 비교하는 것은 너무 지나친 것은 아닌가? 그러나 마피아를 일종의 사회적 네트워크 시스템으로 보면 한국의 연고주의와 유사한 구조적 특성을 보인다. 마피아가 성공하려면 세 가지 주요 네트워크가 효과적으로 연계해야 한다. 조직의 구성원, 지역의 사람들 그리고 정치인. 국가 제도를 훼손하는 마피아 조직이 성공하려면―부패한―국가권력의 지원이 필요하다는 것은 역설적이다.

국가의 규제 권력은 현대사회에서 엄청난 희소자원이다. 국가의 의사 결정 과정과 관리감독권 접근도에 따라 권력의 크기는 결정된다. 우리가 분배해야 할 자원이 희소하면 할수록 사회적 네트워크는 더욱더 폐쇄적으로 변한다. 마피아 조직을 구성하는 방식이 아무리 다양하더라도, 한 가지 공통점이 있다. 신뢰와 비밀로 구성된 폐쇄적 네트워킹 시스템이라는 점이다.[11] "네가 나의 친구라고 말해."라는 표현에서 알 수 있는 것처럼. '신뢰'의 네트워크는 구성원들 사이의 친밀한 유대 관계를 통해 효율적으로 작동한다. 조직의 구성원은 조직 내부에만 통용되는 규칙을 준수함으로써 더욱 긴밀한 네트워크를 구성한다. 그러므로 비밀은 구성원의 자격을 얻을 수 있는 중요한 기준으로 지각된다. 요컨대 마피아는 집단의 사적인 이익을 위해 신뢰와 비밀로 구성된 폐쇄적 네트워크이다. 마피아가 불법적인 폭력 조직이라면, 관피아는 합법적인 네트워킹 시스템이다. 마피아의 예에서 볼 수 있는 것처럼 **네트워킹 시스템이 폐쇄적이면 합법적인 조직도 언제든지 불법과 폭력을 저지를 수 있다.**[12]

권력과 연계된 연고주의는 관료 마피아를 만든다. 학연·지연·혈연으로 얽힌 유대와 연고가 권력과 경제적 이익 창출의 효율적인 수단이기 때문이다. 직업윤리와 공동체에 대한 책임 의식이 결여된 고위공직자는 자연스럽게 지대 추구의 유혹에 빠진다. 독점권을 가지고 있다는 사실로 얻는 소득을 지대라고 한다면, 국가 자원에 대한 접속권과 독점권은 엄청난 정치적·경제적 이익을 가져온다. 동아시아 문화권에서는 일반적으로 "누가 국가 관료가 되고, 누가 국가 관료와 연줄이 닿느냐에 따라 국가에 대한 '통제권'과 '지대 추구권'이 결정되었기"[13] 때문이다.

이런 맥락에서 보면 학연·지연·혈연과 같은 연고는 관료 집단에 접근할 가능성을 결정한다. SKY 출신, 특히 서울대 출신이 고위공직을 독점하고 있는 상황에서 능력주의로 위장한 학벌주의는 그야말로 가장 효율적인 지대 추구의 수단이다. 기획재정부 출신의 경제관료들이 산하 공공기관뿐만 아니라 금융계와 경제계까지도 장악하는 '모피아'에서부터 원피아(원자력발전소), 세피아(세금), 팜피아(보건복지부), 메피아(서울메트로), 철피아(국가철도공단), 환피아(환경단체), 건피아(건설교통부) 등에 이르기까지 '관피아' 네트워크는 국가권력과 사회 전체를 지배하고 있다고 해도 과언이 아니다.

만약 연고주의가 우리 사회 전반에 걸쳐 광범위하게 퍼져 있다면, 그리고 연고주의가 우리 사회의 지배적인 권력 네트워크라면, 소위 관피아 방지법이라고 불리는 '공직자윤리법'이 제 역할을 하지 못하는 것은 당연한 일이다. 우리 사회의 양극화가 자본주의의 구조적 원인과 경제적 요인에 의해 초래된 것은 사실이지만, 자원의 분배를 결정하는 제도가 연고주의에 의해 철저하게 잠식되고 부패했다면 연고주의는 불공정사회의 최대 원인일 수 있다.[14] 우리 사회를 불공정사회라고 판단하는 사람들 대다수가 그 원인을 학연·지연·혈연으로 꼽는 이유를 다시 생각해봐야 한다. 자연적인 유대가 연고주의로 부패할 때, 불공정사회가 시작된다.

끼리끼리 모이면 부패한다

연고주의의 최대 적은 연대와 유대다. 사람들은 여럿이 함께 무슨 일을 하거나 함께 책임을 지는 연대를 자연스럽고 좋은 것으로 생각한다. 플라톤은 《파이드로스Phaidros》에서 끼리끼리 어울리는 것은 우정의 기원이라고 말한다. "옛말에 이르듯, 같은 것은 같은 것을 좋아한다. 그리고 닮음은 우정을 낳는다."[15] 같은 무리끼리 서로 사귄다는 '유유상종類類相從'은 인류의 보편적 특성이다. 동종 선호는 사실 인류의 역사에 걸쳐 거의 모든 사회에서 나타난다.[16]

생존을 위해서 서로 자원을 공유하는 것이 필수적이기 때문에 사람들은 지리적 환경에 따라 독특한 협업 시스템을 발전시켰다. 한국처럼 벼농사 문화권에서는 홍수나 가뭄이 빈번했기 때문에 물의 확보와 관리에 기반한 상부상조의 네트워킹이 발전했다. 같은 동아시아의 쌀 문화권에 속한다고 하더라도 소규모의 논을 경작하는 소농들이 작은 마을에 모여 살면서 발전시킨 집단주의는 중국의 집단주의와 같지 않다. 우리나라에서 제일 큰 호남평야는 3,500제곱킬로미터에 불과한데, 양쯔강 유역의 크기는 20만 제곱킬로미터에 달한다고 한다. 유유상종과 동종 선호는 인류의 보편적 경향이지만 시대와 지역에 따라 전개되는 형식은 다를 수밖에 없다. 따라서 동종 선호가 없는 사회를 찾아보기 힘들다는 것이 집단주의를 정당화하는 이유가 될 수는 없다.

사회적 연대를 통해 공통의 적을 물리치거나 재난을 함께 극복한 경험을 통해 장기적으로 형성된 집단주의적 네트워킹의 이점은 분명하다. 협력은 공동체의 이익뿐만 아니라 개인의 사적인 이익도 보존하고 증대한다는 점이다. 유발 하라리는 인류가 수십만 명이 거주하는 도시, 수억 명을 지배하는 제국을 건설할 수 있었던 것은 성공적 협력을 가능하게 한 '뒷담화' 네트워킹이었다고 주장한다.

세상에 대한 정보를 공유하려고 진화한 우리의 언어가 사람에 대한 정보를 전달하기 시작하면서 공통의 신화를 만들어냈다는 것이다.

> 뒷담화는 악의적인 능력이지만, 많은 숫자가 모여 협동을 하려면 사실상 반드시 필요하다. 현대 사피엔스가 약 7만 년 전 획득한 능력은 이들로 하여금 몇 시간이고 계속해서 수다를 떨 수 있게 해주었다. 누가 신뢰할 만한 사람인지에 대한 믿을 만한 정보가 있으면 작은 무리는 더 큰 무리로 확대될 수 있다.[17]

많은 숫자의 사람들이 모여 유연하게 협력할 수 있는 것은 신뢰할 만한 사람과 그렇지 않은 사람을 구별하는 뒷담화이다. 유대는 형제가 사는 보금자리가 위험에 처했을 때 경고음을 내는 포유동물의 유전자에 쓰여 있는 보편적 경향이다. 이 경향은 형제가 누구인지를 인식하면 그들과 음식을 나누고, 그들을 보호하고 방어하도록 만든다. 유대는 단순히 생존의 효율적 수단만이 아니다. 유대는 공감이나 연민, 동정을 끌어내는 사랑의 토대다. 아이가 우물에 빠지면 앞뒤를 가리지 않고 아이를 구하는 무차별적 이타심은 실제로 관계가 친밀한 인구 집단 내에서 발전되었다.[18] 무리를 지어 나뉘어 사는 인간의 성향에 따라 이타심은 소규모 집단 내로 국한되고, 이기심은 다른 무리와의 경쟁에서 표출된다. 만약 우리가 "연고주의는 반드시 나쁜 것인가?"라고 역으로 질문한다면, 그것은 사적인 관계에서 경험한 연고주의의 이점을 공적인 관계에까지 확대하기 때문일 것이다.

'연대solidarity'라는 낱말이 '진정한' 또는 '견고한'의 뜻을 가진 라틴어 단어 '솔리두스solidus'에서 유래하는 것처럼, 사회적 연대는 무한 경쟁 속에서도 우리에게 확고한 자리를 제공하는 사회적 자원이다. 연대는 대체로 서로 연결되어 있다는 '감정'에 기반하여 다른 사람의 이념·활동·가치에 대한 '지지'를 함축하고, 공동의 가치를 위한 사회적 '참여'를 가능하게 만든다. 이러한 연대는 자본주의의 무한 경쟁으로 인해 시장과 사회로부터 축출된 소외 계층을 위해서도 필요하다.

그런데 연고주의는 이러한 연대를 훼손하고 파괴하는 경향이 있다. **우리의 생존과 바람직한 삶을 위협하는 외부의 위협에 대처할 때는 집단적 연대가 긍정적으로 작용하지만, 집단적 연대 자체가 권력이 될 때는 공정한 협력을 파괴한다.** 우리에게 연대라는 용어를 익숙하게 만든 '참여연대'는 1994년 9월 10일 '참여와 인권이 보장되는 민주사회 건설'을 목표로 하여 '참여민주사회와 인권을 위한 시민연대'라는 명칭으로 창립된 시민단체다. '참여'는 국가권력의 남용과 재벌의 횡포에 맞서 시민의 힘으로 권리와 정의를 찾아나서자는 뜻을 담고 있으며, '연대'는 학연·지연·국경을 넘어 사회적 약자와의 연대를 통해 공익과 정의를 위해 협력한다는 뜻이 있다고 한다.

시민단체로서의 '참여연대'는 시민의 권리를 침해하는 국가권력에 대항하는 정치적 힘이다. 이러한 시민단체가 국가권력을 견제하기는커녕 그 집행 장치가 될 때 사회적 연대는 역시 파괴적 연고주의로 타락한다. 문재인 정부가 출범하면서 장하성(청와대 정책실장), 조국(청와대 민정수석), 김상조(공정거래위원장) 등 '참여연대' 출신이 고위공직에 진출하여 '참여연대 정부'라는 비판이 있었던 것은 이를 잘 말해준다.[19] 정치가 이념과 이념, 정책과 정책의 대결이기는 하지만 이념이 비슷한 사람들끼리 모여 권력의 카르텔을 형성하면, 사회적 연대의 공적 목표는 사라지고 이념에 기대어 권력화한 집단의 사적 이익만 추구하는 '운동권 연고주의'가 발생한다.

개인을 말살하는 집단의 동조화

민주주의를 파괴하는 것은 사회의 경제적 양극화만이 아니다. 조화보다는 불화, 공익보다는 사익을 추구하는 이념의 양극화는 민주주의를 파괴한다. 재난에 대처하고 사회적 협동을 통해 산출된 자원을 분배하는 국가적인 문제를 해결하기 위해서는 긴밀한 협력을 이룬 집단적인 행동이 필요하다. 정부로 대변되는 국가권력의 체제는 이런 문제를 해결하기 위한 집단적인 행동의 공식적인 통로이다. 사람들이 한 사람의 표가 최종 결과를 좌우하는 경우는 없다는 것을 알면서도 투표하는 것은 이 때문이다. 어느 이념적 집단에 속해 있든 모두가 한배에 타고 있다는 믿음이 있다면, 1인 1표의 민주적 선거제도는 서민의 입장을 반영한다고 볼 수도 있다. 사람들은 뚜렷한 선호도를 갖고 자신에게 유리한 쪽에 표를 던짐으로써 강력한 영향력을 발휘하기 때문이다.

그러나 현실은 우리의 예측과 정반대되는 경향을 보인다. 능력주의, 학벌주의와 연고주의로 무장하여 우리 사회의 정치적 자원을 독점하고 있는 특권계층은 나머지 사람들과 결코 한배에 타고 있지 않다는 사실이 너무도 명백하며, 중산층을 포함한 국민 다수의 정치적 영향력은 생각보다 크지 않다. 상위 1퍼센트이든 아니면 상위 20퍼센트이든 그들이 나머지 하위 99퍼센트나 80퍼센트와 한배에 타고 있다는 공동체의식이 있다면 민주적 정치과정은 파괴되지 않는다. 그렇지만 보수적 우파 정권이 국민이 행사한 표에 의해 운동권의 좌파 정권으로 바뀌어도, 상위 1퍼센트나 20퍼센트로 구성된 특권층은 계속 유지되고 확대된다. 국가권력에 접속하거나 접근할 수 있는 통로를 독점하고 있는 이들은 실로 매우 막강한 '국가 계급'이라고 할 수 있다.

왜 다수의 국민은 투표라는 민주적 절차에 의해 특권 계급을 타파하지 못하는가? 하위 99퍼센트나 80퍼센트의 국민은 상위 1퍼센트나 20퍼센트에 이로운 것을 자신에게도 이로운 일이라고 여기는 것은 아닌가? 왜 공정을 국정 지표로 설정한 좌파 정권은 가장 불공정한 정부로 인식되는 것인가? 이 질문에 대한 답도 연고주의에서 찾을 수 있는 것은 아닌가? 규제자의 사고방식이 규제 대상의 사고방식에 포획되는 사회현상을 통상 '인지 포획cognitive capture'[20]이라고 한다. 우리는 연고주의의 온갖 폐해를 경험하면서도 연고주의가 자연스럽고 효율적인 네트워킹 시스템이라고 생각한다. 우리가 기득권 계층의 권력 유지 및 확대의 수단으로 작동하는 연고주의를 보지 못하는 이유가 여기에 있다. 주의를 기울이면 누구나 볼 수 있는 매우 명백한 현상임에도 너무나 기술적인 과제에 몰두하여 보지 못하는 것을 심리학에서는 '무주의 맹시inattentional blindness'[21]라고 한다.

우리의 인지능력은 제한되어 있을 뿐만 아니라 항상 왜곡되어 있다. 미국 일리노이대학교의 심리학 교수 대니얼 사이먼스Daniel Simons, 1969~ 가 진행한 '보이지 않는 고릴라The invisible Gorilla' 테스트를 생각해보자.[22] 흰옷과 검은 옷을 입은 두 팀의 사람들이 공을 패스하는 화면을 보여주면서 흰옷을 입은 사람들이 몇 번 패스하는가를 세도록 한다. 중간쯤 지나서 화면에 고릴라 인형을 뒤집어쓴 사람이 가슴을 치며 지나가지만, 패스한 횟수를 세는 데 정신이 없는 참가자들 대부분은 고릴라가 지나가는 것을 전혀 알아차리지 못한다. 우리의 제한적인 능력을 한 방향으로 쏟아부으면 주변에서 일어나는 자극과 변화에 대해 무감각해진다. 연고주의의 권력 메커니즘은 기득권층의 이데올로기에 포획된 국민에게는 '보이지 않는 고릴라'인 셈이다.

집단에는 우리의 인지능력과 판단력을 왜곡하는 메커니즘이 있다. 집단 속에 있으면 우리는 전혀 다른 사람이 된다. 우리는 이러한 현상을 월드컵 경기 때 광장을 물들인 붉은 악마에게서 보았고, 촛불로 광장을 밝힌 '깨어 있는 시민들'에게서도 보았다. 집단 환경에서는 남들이 하는 말과 행동을 무의식적으로 따라서 한다. 집단의 분위기에 감염되면 위험을 더 잘 감수하는 비이성적 행동도 쉽게 한다. 생각도 달라진다. 남들이 믿는 것을 믿으면서도 자신이 믿고 싶은 것만 믿는 확증편향이 강화된다. 우리는 개인이기를 포기하고 무리에 녹아드는 것이다. 이러한 현상을 '동조화synchronization'라고 한다. 집단주의는 이렇게 무리와 집단을 우선함으로써 개인을 말살한다.

개인이 자신과 공동체의 관계를 스스로 설정하지 못하고 자신의 행동이 공동체와 다른 구성원들에게 끼칠 해악을 먼저 고려하는 것이 집단주의의 특성이다. 우리는 자기 생각보다 다른 사람의 생각이 더 중요한 집단주의 문화에 익숙하다. 타인은 지옥이라고 인식하면서도 타인의 시선을 눈치 본다. 타인의 시선과 평판은 우리의 행동을 사회적 규범에 맞추는 동조화의 기제가 된다. 집단이 지배하는 곳에 개인은 없다. 집단의 영향력이 개인의 판단을 왜곡하기 때문이다. 집단 동조화는 어떤 집단에서 다수의 의견에 반하는 의견을 내지 못하는 사람들의 심리를 지칭하는 심리학 용어이다. 자기 의견을 주장하고 관철하려 하기보다는 본인의 의견과는 상관없이 다수의 집단 의견에 동조하는 경향을 의미한다.

1951년 사회심리학자 솔로몬 애쉬Solomon E. Asch, 1907~1996가 행한 선분 길이 맞추기 실험이 보여주는 것처럼 집단의 다수가 누가 봐도 틀린 선분을 정답이라고 계속 우기면 나머지 사람 역시 틀린 답을 따라간다.[23] 이렇게 틀린 다수의 답을 따라간 실험 참가자들에게 이유를 물어보니 "내가 잘못 본 것 같아서", "다른 사람들이 비웃을 것 같아서"라는 답변이 제일 많이 나왔다고 한다. 집단주의 문화에서는 다수의 정보가 옳은 정보라고 생각하거나 집단에서 이탈되지 않기 위해서는 다수의 의견에 자발적으로 동조하는 경향이 있다. 집단이 폐쇄적이고 동질적일수록 동조화 경향은 강화된다. 이웃집 숟가락 숫자까지 아는 씨족 중심의 마을공동체에서 개인과 사회의 관계를 가족 중심의 관점에서 조율하는 사회적 조율 시스템이 발전할 수밖에 없다. 다원화된 민주사회에서도 여전히 작동하고 있는 이러한 경향을 '정치적 부족중심주의political tribalism'라고 한다.

일상적 생활에서의 연고주의가 정치적 부족중심주의로 발전하여 권력 기제로 작용하면 민주주의는 심각하게 위협받는다. 어느 정치적 부족에 대한 충성이 민주적 가치를 포함한 그 어떤 것보다 더 중요한 곳에서는 언제나 부족중심주의가 있다. '박사모' 또는 '문빠'와 같은 정치적 부족의 구성원들은 사실과 관계없이 잘못과 비판으로부터 부족의 지도자를 방어하려고 온갖 노력을 다한다. 가장과 부족장은 어떤 잘못을 저질러도 무오류의 존재여야만 하는 것이다. **이것은 '우리와 그들'을 적대적으로 구별하는 진영 논리의 기초가 된다. 부족 바깥의 '그들'은 도덕적으로 의심스럽고 위험한 존재로 여겨지며, '우리'는 비교적 도덕적으로 우월하고 신성하다고 생각한다.**

따라서 부족중심주의는 특정한 정치적 부족의 성원으로서의 '정체성'과 관계가 깊다. 이러한 정체성 정치에서는 소속감과 유대감이 결정적 역할을 하는 까닭에 이성적 논의보다는 감정적 표현이 우세하다. 오늘날 정치적 논의와 논쟁이 종종 분노와 혐오의 적대감으로 퇴화하는 이유는 사람들이 자신의 정치가 공격받을 때 자신의 정체성이 공격받는 것으로 느끼기 때문이다. 문빠에게 문재인 대통령이 비판받고 공격당한다는 것은 자신의 정체성을 건드리는 것과 마찬가지다.

부족중심주의는 다양한 사람을 마치 한 사람처럼 움직이게 만든다. 한 사람도 공동체로부터 일탈하지 않도록 질서 정연하게 조직하는 '일사불란'의 집단주의적 논리는 개인을 허용하지 않는다. 1960년대 마오쩌둥毛澤東의 문화혁명을 지지하기 위해 조직된 홍위병을 분석한 로버트 그린Robert Greene, 1959~ 은 부족중심주의의 특징을 이렇게 서술한다.

집단 형태로 활동할 때 사람들은 정교한 사고나 깊은 분석을 하지 않는다. 그런 것은 오직 어느 정도의 차분함과 객관성을 가진 개인만이 할 수 있다. 집단에 속한 사람들은 감정적이 되고 흥분한다. 그들의 가장 큰 욕망은 집단정신에 녹아 들어가는 것이다. 이런 사람들의 사고는 극히 단순해진다. 선이냐 악이냐, 우리 편이냐 적이냐, 이들은 자신이 받아들이기 쉽게 문제를 단순화시키려고 자연스럽게 일종의 권위를 찾게 된다. 마오쩌둥이 한 것처럼 일부러 혼돈을 만들어내면 집단은 더 확실하게 이런 원시적 사고 패턴에 빠져든다. 왜냐하면 너무 많은 혼란과 불확실성을 가지고 살아가는

것은 인간에게 몹시 무서운 일이기 때문이다.[24]

　마오쩌둥의 권위가 떨어졌을 때 이를 회복하기 위한 수단으로 문화혁명이 일어난 것처럼, 정치적 부족중심주의는 강력한 권위로 만들어지는 것이 아니라 오히려 권력의 공백 속에서 발생한다. 집단의 성원들이 자신들을 인도할 새로운 권위자를 인위적으로 만들어냄으로써 자신들의 정체성을 확보하는 것이 집단주의다. 그러므로 이들은 사회가 혼란할수록 집단 내 자신들의 지위에 더욱 집착한다. 사람들은 자신들이 합류하는 이유를 가치와 이념이 달라서라고 말하지만, 실제로 그들이 가장 원하는 것은 소속감과 부족적 정체성이다. 이들은 유대의 목적인 가치와 이념보다는 유대 관계 자체를 우선시하기 때문에 다른 집단과 파벌과의 투쟁을 마다하지 않는다. 이러한 투쟁을 통해 공고한 유대 관계는 더욱 단단해진다. 사회가 적대적인 진영으로 나뉘어 싸울수록 그들은 격렬하게 싸우기만 할 뿐 '무엇을 위해' 싸우는지는 알지 못한다.

　그렇다면 우리는 어떻게 이러한 연고주의와 부족중심주의로부터 해방되어 민주적 사회를 만들 수 있는가? 우리는 어떻게 강자가 자신의 권력과 특권을 강화하는 '연고' 대신에 사회적 약자에 대한 '연대'를 통해 공정한 사회를 구축할 수 있는가? 우리 사회에서 집단주의와 연고주의가 미치는 힘은 우리가 생각하는 것보다 훨씬 더 크다. 집단주의는 매우 분명한 사회적 현상임에도 불구하고 무한경쟁으로 인한 생존 문제에 집착하기 때문에 제대로 보지 못하는

'보이지 않는 고릴라'이다. 사람들은 집단주의가 문제인데도 이기적인 개인이 문제라고 잘못 생각하는 것이다.

우리가 집단으로부터 나를 분리함으로써 자율적이고 독립적인 시민으로 발전하려면, 우리는 우선 집단이 우리에게 강력한 영향력을 미친다는 사실을 인식하고 인정해야 한다. 우리는 어느 집단에 소속되어 있다는 사실만으로 나의 사고가 왜곡된 것은 아닌지 의심해야 한다. 우리는 스스로 '깨어 있는 시민'이라고 생각하면서 사실은 집단의 생각을 따르는 것은 아닌지 알아야 한다.

부족중심주의는 장기적으로 형성된 우리의 심성 구조에 그 뿌리를 두고 있다. 전통사회에서 발전한 부족중심주의가 오늘날 자본주의의 논리와 결합하면서 훨씬 더 위험해졌다. 개인보다는 공동체에 우선성을 부여하는 집단주의가 개인의 이해관계를 합리적으로 계산하는 자본주의와 만나면 어떻게 될까? 집단주의는 여러 사람을 하나로 묶는 집단의 공동 가치는 배제하고 단순히 개인의 이익을 극대화하는 수단으로 전락한다. 반면, 자본주의는 교환과 상호 합의에 근거하여 자원을 분배함으로써 궁극적으로는 공익에 근거한다는 본래의 정신을 상실하고 개인들을 각자도생의 무한 경쟁으로 내몬다.[25] 자본주의는 교환과 합의에 의해 자원을 분배한다는 자유주의 정신을 잃어버리고, 집단주의는 공동체의 가치를 상실한 것이다. 이렇게 경제적 이기주의와 전통적 집단주의의 혼합은 결국 '개인 없는 사회'라는 기형적 결과를 초래한다.[26]

우리의 미래는 우리가 어떻게 집단주의를 극복하고 건강한 개인주의를 정착하는가에 달려 있다. 우리는 사회적 존재인 까닭에 연대와 유대는 앞으로도 필요하다. 그뿐만 아니라 우리를 위협하는 문제들을 해결하려면 훨씬 더 높은 수준의 협업과 연대가 필요하다. 그러나 그것은 오직 폐쇄적 집단과 부족에는 없다. 나의 삶과 운명이 다른 모든 사람과 얽혀 있다는 점을 인정한다면, 우리는 시장과 제도에 의해 배척되는 사회적 약자들과 연대해야 한다. 그러나 "연고주의는 그룹 외부에 있는 다른 사람들은 이용할 수 없는 개인적 인맥으로부터 우리가 친구라고 부르는 사람들이 혜택을 받는 시스템"[27]이다. 안과 밖, 친구와 적, 우리와 그들을 구별할 수밖에 없는 연고주의가 지배하는 한, 우리는 결코 공정사회를 실현할 수 없다. 이런 맥락에서 집단의 사고와 진영 논리에 포획된 정권이 공정을 가장 많이 외친다는 것은 코미디와 같은 역설이다. 공정을 너무 많이 말한다는 것은 우리 사회가 불공정하다는 것을 반증할 뿐이다.

정의는 이념 갈등에 중립적인가?

합당한 종교적, 철학적 및 도덕적 교리들로
심각히 분열되어 있는
자유롭고 평등한 시민들 상호 간에
상당 기간 동안 안정되고 정의로운 사회를
유지시키는 것이 어떻게 가능한가?

존 롤스, 《정치적 자유주의》

관용이 없는 '갈등 사회'

갈등이 없는 사회는 없다. 아리스토텔레스에서 한나 아렌트에 이르기까지 많은 정치 사상가가 다수성과 다원성을 사회와 정치적 삶의 필요조건으로 보는 것처럼, 사회는 다양한 가치와 이해관계를 가진 개인들로 구성되어 있기 때문이다. 개인들의 가치와 이익이 사회적으로 조정되고 통합되기도 하지만 개인이나 집단 사이에 목표나 이해관계가 달라 서로 적대시하거나 충돌하기도 한다. 우리는 사회 속에서 갈등을 토대로 서로 움직이고 관계를 맺는다. 갈등은 사회의 보편적 현상이다. 사회적 차이와 불평등이 완전히 제거할 수 없는 일반 현상이라면 어떤 것이 정당화될 수 있는 차이와 불평등인가를 물어야 하는 것처럼, 우리는 사회적 통합에 해가 되는 갈등은 어떤 종류의 것인가를 물어야 한다.

사람들은 갈등에도 불구하고 다른 가치나 이념, 문화와 역사를 가진 집단의 평화적 공존을 원한다. 현실이 설령 갈등과 충돌, 심지어 전쟁으로 점철되어 있어도 사람들은 평화공존을 언제나 도덕적 선으로 간주한다. 평화적 공존과 이를 통해 실현하고자 하는 자유와 평등의 가치를 지지하지 않으면서 자신의 행위를 정당화할 수 없기 때문이다. 논증과 정당화의 부담은 평화적 공존을 지지하는 사람보다는 오히려 그 가치를 거부하는 사람들에게 있다는 사실이 평화공존이 도덕적 선이라는 사실을 역설한다.[1]

우리가 가치와 이익 및 이념의 차이로 인해 서로 갈등하면서도 평화롭게 공정할 수 있기 위해 가장 많이 요구되는 정치적 덕성이 바로 '관용toleration'이다. 구교도와 신교도, 자유주의자와 사회주의자, 보수와 진보가 같은 정치적 공동체 안에서 평화롭게 공존할 수 있는 것은 관용의 덕택이다. 우리가 사회적으로 협동하려면 기본적인 권리와 의무를 할당하고 사회적 이득을 분배하는 조건이 공정해야 하는 것처럼, 다양한 가치와 이념을 가진 사람들이 안정되고 정의로운 사회를 만들고 유지하기 위해서는 다른 가치를 가진 사람들에 대한 태도가 공정해야 한다. 관용은 다양한 가치를 가진 사람들이 평화롭게 공존할 수 있는 필수조건이다.

오늘날 다양한 가치 사이의 갈등을 조정할 수 있는 절대적 가치는 존재하지 않는다. 현대 자유민주주의는 가치 다원주의를 기본적으로 전제한다. 이런 맥락에서 존 롤스는 정치적 자유주의가 다음의 물음에 답해야 한다고 말한다.

합당한 종교적, 철학적 및 도덕적 교리들로 심각히 분열되어 있는 자유롭고 평등한 시민들 상호 간에 상당 기간 동안 안정되고 정의로운 사회를 유지시키는 것이 어떻게 가능한가?[2]

현대사회는 어떤 포괄적 교리도 인정하지 않기 때문에 가치 갈등은 심각한 사회적 분열로 이어질 수 있다. 사회적 통합은 어떤 특정한 이념과 이데올로기를 강요함으로써 이루어지는 것이 아니다. 사회적 통합은 오직 민주적 방식으로만 가능하다. 따라서 우리는 다음의 질문을 진지하게 받아들여야 한다. '자유롭고 평등하지만 심각한 교리적 갈등으로 분열되어 있는 시민들 상호 간에 사회적 협동을 가능케 하는 공정한 조건들은 무엇인가?'[3] 관용은 이 물음에 대한 답으로 제시된다.

다원성은 근본적으로 자유민주주의와 정치적 자유주의의 전제조건이다. 모든 사람은 자신의 신조와 교리를 진리라고 생각하지만, 그것을 결코 다른 사람에게 강요할 수 없다. 오늘날 모든 사람은 자신의 고유한 신을 가지고 있다. 이런 점에서 막스 베버Max Weber, 1864~1920가 말하는 '가치 다신교polytheism of values'는 현대인의 운명이다. "만일 우리가 순수한 경험에서 출발한다면, 우리는 다신교에 도달할 것이다."[4]

오늘날 가치 갈등은 마치 신들의 영원한 투쟁과 같다. 모든 갈등이 절대적 타당성을 주장하는 가치들의 투쟁으로 발전하면, 사회는 극단적으로 분열된다. 따라서 민주사회는 합당한 다원주의를 전제하면서도 동시에 '화합과 안정성'[5]을 보장해야 한다. 전통사회에서는 모든 사람이 수용할 수 있는 하나의 절대적인 가치가 존재한다고 전제했지만, 현대사회에서는 어떤 포괄적 가치도 평화적 공존과 사회적 화합의 기반을 보장할 수 없다. 다양한 가치의 존재를 인정하면서도 사회적 화합을 실현할 수 있는 관용이 필요한 이유이다.

관용은 물론 반대하는 가치의 용인과 인정만을 추구하는 것은 아니다. 관용은 언제나 '갈등 속의 관용'[6]이다. 해결의 기미가 보이지 않는 갈등들이 공동생활에는 필연적이라는 것을 인정한다는 점에서 관용은 현실주의적이다. 관용은 현실과의 치열한 대결을 요구한다. 대립하는 가치와 당파 사이의 평형을 추구하지만, 관용은 결코 중립적이지는 않다. 무엇을 관용해야 하는지, 비관용적인 사람과 집단조차 관용해야 하는지는 언제나 논란의 대상이 된다. 관용은 항상 역사적으로 형성된 구체적 상황과 관련이 있어서 관용을 이해하는 방식은 다양할 수밖에 없다. **분명한 것은 관용이 없으면 사회가 극단적으로 분열되어 평화공존이 위태로워진다는 점이다. 상호 거부의 근거가 상호 수용의 근거와 대립하는 상황에서 갈등하는 집단과 당파는 평화공존을 위해 관용을 요구하는 것이다. 관용은 언제나 분열 속의 사회적 공존과 협동을 약속한다.**

우리가 논란의 여지가 많은 관용이라는 용어를 에둘러 먼저 꺼낸 까닭은 간단하다. 우리 사회는 극단적으로 분열된 '초갈등 사회'이기 때문이다. 2020년 12월 16일 서울시가 발표한 '서울시민 공공갈등 인식조사'에 따르면 서울시민 86퍼센트는 '국내에 사회 갈등이 있다'고 답했으며, 10명 중 6명(61.4퍼센트)은 갈등이 '매우 심하다'

고 답했다.[7] 사회적 갈등에 대한 체감지수가 점점 높아지고 있는 경향이다. 이스라엘-팔레스타인 분쟁이 보여주고 있는 것처럼 오랫동안 지속적인 갈등 상황에 노출되면 갈등은 독특한 정체성을 형성하고, 이렇게 만들어진 대립 정체성은 계속 갈등을 유발한다. 더욱 위험한 것은 갈등을 오래 겪다 보면 갈등 자체를 당연한 것으로 간주함으로써 갈등으로 인한 심각한 사회 분열을 보지 못하게 된다.

갈등은 오늘날 우리 사회의 모든 영역에서 표출되고 있다. 갈등으로부터 보호된 영역이 없을 정도이다. 진보와 보수의 이념 갈등, 남녀 갈등, 세대 갈등, 빈부격차, 갑과 을, 정규직과 비정규직, 노사갈등 등 갈등 영역이 다양할 뿐만 아니라 갈등에 대한 인식도 집단과 세대에 따라 달라진다. 사회 갈등을 일으키는 원인으로 '편 가르기 정치 문화'를 꼽는 것을 보면, 모든 갈등에서 적대적 대립 관계가 형성되고 있다는 것을 느낄 수 있다.

물론 갈등은 사회발전의 징후와 계기가 될 수 있다. 많은 사람이 사회 갈등을 부정적으로 보지만 젊은 층으로 갈수록 긍정적으로 느끼는 비율이 증가한다는 것이 그 징표이다. 물론 모든 개혁이 완전한 변화를 가져오는 것은 아니다. 문재인 대통령은 2017년 5월 10일 자신의 취임일이 "진정한 국민 통합이 시작되는 날로 역사에 기록될 것"이라고 약속했지만, 한 번도 경험해보지 않은 국민 분열이 오히려 우리의 현실이다. "국민 한 분 한 분도 저의 국민이고, 우리의 국민으로 섬기겠다는" 국민 통합의 약속이 실현되지 않았기 때문이다. 여기서 우리는 어느 한 대통령의 실책과 오류를 지적하려는 것이 아니다. 우리가 강조하고 싶은 것은 모든 변혁이 좋은 방향으로 변하는 것은 아니라는 점이다. 이런 맥락에서 보면 갈등과 문제는 확실히 모든 과정의 특성이지만, 급진적 분열과 실패는 아니라는 말은 타당하다.[8]

우리는 지금 '관용이 없는 갈등 사회'에 살고 있다. 다른 것은 틀린 게 아니라고 관용의 덕성을 널리 계몽하지만, 우리는 진영으로 나뉘어 죽기 살기의 싸움을 하고 있다. 왜 우리 사회가 이렇게 된 것일까? 사람들이 효과적인 갈등 관리 방법으로 '다양한 가치 인정', '소통 문화 정착', '비합리적인 제도 정비' 등의 순서로 필요하다고 대답한 것을 보면 원인은 비교적 간단해 보인다.[9] 우리 사회의 공정한 협력체계가 제대로 작동하지 않음으로써 다양한 가치와 이념을 가진 사람들이 서로 잘 소통하지 못하고 있기 때문이다.

최근 우리 사회의 가장 심각한 갈등은 '이념 갈등', '세대 갈등', '젠더 갈등'이라고 할 수 있다. 이렇게 다양한 가치와 이념을 가진 사람들이 공존할 수 있도록 만드는 일은 정치의 문제다. 모든 갈등이 이제는 '가치 갈등'으로 환원된다면, 롤스가 《정치적 자유주의 Political liberalism》에서 제기한 것처럼 관용의 질문을 진지하게 생각해야 한다.

서로 갈등적이고 심지어 불가공약적인 종교적, 철학적, 도덕적 교리에 의해 심각하게 분열된 자유롭고 평등한 시민들 간에 안정되고 정의로운 사회를 유지하는 것이 어떻게 가능할 수 있을까?[10]

르쌍티망, 원한의 정치

정치가 우리 사회 분열과 갈등의 원인이라는 것만큼 역설적인 말도 없다. 정치는 본래 갈등을 수용할 수 있을 정도로 완화하여 사회적 통합을 추구하는 것인데 오히려 갈등을 초래하고 부추긴다는 것은 정치의 타락이다. 국민은 대결보다는 대화, 대립보다는 타협, 분열보다는 통합을 원하지만, 정치인들이 진영 논리에 매몰되어 사회적 대타협은 언제나 실패로 끝난다는 것이다. 공정을 통해 국민 통합을 실현하겠다는 문재인 정부가 "사회적 갈등이 가장 심한 정부"[11]로 꼽힌다는 것은 슬픈 일이다. 이념 갈등은 국민 통합을 위해 가장 시급하게 해결해야 할 문제로 인식된다.

많은 사람은 한국 사회가 정치 이념으로 분열되었다고 진단하지만, 현실은 오히려 이러한 진단을 비웃는 것처럼 보인다. 자유주의, 사회주의, 공산주의, 무정부주의 등 정치적 이념의 스펙트럼에서 보면 한국의 정치 지형은 그렇게 다채롭지 않기 때문이다. 문재인 정부가 '좌파 정권'으로 불리지만 자신들이 추구하는 정치적 이념에 대한 치열한 논쟁은 보이지 않는다. 좌파 정권에 진보적 이념이 없다. 다른 한편으로 좌파 정치인들이 적대시하는 보수 정당에는 자유주의에 관한 정치적 의식이 없는 것처럼 보인다. 우파 정당은 자유주의 이념이 없다. 자유라는 소중한 가치가 우파 정권에 의해 오염되고, 평등과 연대라는 가치가 좌파 정권에 의해 왜곡되고 오용되는 우스꽝스러운 정치 현실이 이념 갈등으로 불린다는 것 자체가 이상한 노릇이다.

한국 사회에 이념 갈등은 없다. 이념을 빙자한 정치적 파당의 싸움만 있을 뿐이다. 한국 사회발전의 두 축인 '산업화'와 '민주화'의 과정에서 생성된 보수와 진보의 두 정치세력이 타락한 극단적 형태로 싸우고 있는 현실이 이념 갈등처럼 보이는 것이다. 국가 발전을 위해 경제성장을 우선시하더라도 사회적 평등을 부정하지 않고 또 민주화 투쟁 과정에서 약자를 위한 연대를 중시하면서도 개인의 자유를 경시하지 않는 한, 보수와 진보는 바람직한 사회를 위해 경쟁하지만 적대적이지 않은 정치적 집단이었다. 해방 후 현대 정치사에서 갈등과 대립이 없었던 시기를 찾아보기는 힘들지만, 대화와 타협이 완전히 단절된 적은 별로 없었다.

그런데 언제부터인지 정치적 대화를 금기시하는 분위기가 만연하여 관용조차 말하기 힘든 상황이 전개되고 있다. 우리가 자신의 정치적 의견을 자유롭게 말할 수 없다는 것은 정치적 문화와 사회적 분위기가 '억압적'이라는 것을 뜻한다. 우리는 서로 정치적 색깔을 밝히기 전에는 비판은커녕 어떤 대화도 시작하지 않는다. 자신이 듣고 싶은 것만 말해주고 보고 싶은 것만 보여주는 사람들과만 관계를 맺는 곳에서는 정치는 죽는다. 한나 아렌트가 예리하게 지적한 것처럼 "모든 의견이 동일해지는 곳에서는 의견이 형성될 수 없기"[12] 때문이다. 정치적 의견은 언제나 경쟁하는 다른 의견과의 대결을 통해 형성된다. 따라서 진영 논리의 지배는 정치적 의견을 말살하고, 정치적 이념마저 위태롭게 만든다.

문재인 정권은 이념의 갈등을 엄밀한 의미에서 '이념이 없는 파당의 갈등'으로 대체했다. 이념 갈등을 해결하려면, 이러한 과정의 논리를 파악해야 한다. 그 논리는 간단히 말해서 니체가《도덕의 계보Zur Genealogie der Moral》에서 발전시킨 독특한 용어 '르쌍티망ressentiment'[13]으로 서술될 수 있다. 원한은 통상 억울하고 원통한 일을 당하여 응어리진 마음을 뜻하지만, 르쌍티망은 자기 고통의 원인으로 지목된 대상에 대한 적대감을 의미한다. **정치적 맥락에서 르쌍티망은 자신은 정의롭다고 생각하면서 정의롭지 못한 상대에 대해 복수의 형식으로 책임을 묻는 것을 말한다.** 니체는《차라투스트라는 이렇게 말했다Also sprach Zarathustra》에서 르쌍티망의 상황을 매우 인상적으로 묘사한다.

아, 그들의 입에서 '덕'이라는 말이 나오면 얼마나 불쾌한가! 그들이 '나는 정의롭다.'라고 말하면, 그것은 언제나 '나는 복수했다!'라는 말처럼 들린다. 그들은 그들의 덕을 가지고서 적의 눈을 후벼 내려고 한다. 그들이 자신을 높이는 것은 오직 다른 사람을 낮추기 위해서다.[14]

원한 감정은 누구나 가질 수 있다. 부도덕한 사람도 개인적으로는 억울하고 원통한 일을 당한다. 그는 원한 풀이를 하기 위해 치밀하고 집요하게 복수를 하더라도 스스로 도덕적이라고 생각하지는 않는다. 그러나 **르쌍티망은 과거에 고통을 당했음에도 저항할 수 없**

었던 자가 복수를 하면서 스스로 자신을 도덕적으로 우월하다고 여기는 태도이다. 차라투스트라가 '덕이 있는 자들에 대하여' 하는 말은 마치 우리의 정치 현실을 그대로 말해주는 것처럼 들린다. 차라투스트라를 모방하는 데는 커다란 상상력이 필요하지 않다.

"아, 그들이 입을 열 때마다 공정이라는 말을 내뱉는 것을 보면 얼마나 불쾌한가! 그들은 적폐 청산이라는 정의로운 말로 철저하게 복수한다. 그들은 자신만 옳다고 생각하면서 의견이 다른 사람은 모두 적으로 돌린다. 그들이 공정과 정의를 부르짖는 것은 오직 자기 이익을 위해서이다."

니체는 원한의 감정에 사로잡힌 자는 강자가 아니라 약자라고 단언한다. 니체는 물론 기독교적 가치가 지배하는 과정을 노예도덕의 반란으로 파악하지만, 우리가 여기서 주목하는 것은 르쌍티망의 논리다.

> 고귀한 모든 도덕이 자기 자신을 의기양양하게 긍정하는 것에서 생겨나는 것이라면, 노예도덕은 처음부터 '밖에 있는 것', '다른 것', '자기가 아닌 것'을 부정한다. 그리고 이러한 부정이야말로 노예도덕의 창조적인 행위이다.[15]

르쌍티망에 사로잡힌 사람은 다른 사람, 자기 집단 이외의 모든 사람을 오직 적으로 파악한다. 그것도 '사악한 적'으로 파악한다.

사회 분열을 초래하는 이념 갈등은 실제로 이념의 차이에 기인하지 않는다. 이념보다는 오히려 민주화 투쟁 과정에서 형성된 운동권 생리가 자신 이외의 다른 사람들을 적으로 생각하는 진영 논리로 고착화한 탓이 크다고 할 수 있다. 진보가 파국을 맞은 것은 독선으로 인한 도덕적 타락 때문이다. 독재에 맞서 싸우는 민주화 투쟁 자체를 도덕적 선으로 절대화함으로써 오히려 민주적 가치의 실현에는 관심이 없는 역설적 결과를 초래한 것이다. 《뉴욕타임스》에까지 보도된 '내로남불'로 표현되는 도덕적 위신이 자칫 진보의 특징으로 굳어질까 걱정된다.[16]

왜 이런 현상이 나타난 것일까? 도덕성을 제외하곤 내세울 것 없는 무능력한 집단이 권력을 잡으면 독선적으로 될 가능성이 크다. 독선은 독재로 이어질 뿐만 아니라 도덕마저 부패시킨다. 투쟁 자체에 매몰되어 민주화의 궁극적 목적인 민주적 가치는 정작 망각하기 때문이다. 사회심리학에는 '도덕적 허가' 이론이 있다. 자신의 도덕적 이미지 또는 자아 개념에 대한 자신감과 안정감이 증가하면, 개인이 이후의 부도덕한 행동의 결과에 대해 덜 걱정하게 하여 부도덕한 선택을 하고 부도덕하게 행동하는 잠재의식 현상을 '도덕적 자기 허가moral licensing'[17]라고 한다. 운동권 정부의 정치인들은 민주화 투쟁으로 획득한 도덕적 프리미엄이—설령 부도덕하고 부당한 일일지라도—어떤 일을 해도 된다는 허가권으로 인식하는 것처럼 보인다. "이니 마음대로 해."라는 문재인 정권을 무조건 지지하는 파르티잔partisan의 말은 도덕적 타락의 정점이다. 그렇지 않고서는 '조국 사태'로 대변되는 권력자의 파렴치와 몰염치를 도저히 이해할 수 없다.

민주적 가치는 결코 독선적이지 않다. 민주적 가치는 오직 다양한 가치에 대한 관용을 통해서만 실현된다. 자신 이외의 집단을 적대적으로 배척함으로써 실현될 수 있는 가치는 결코 민주적일 수 없다. 니체는 르쌍티망을 통해 이런 도덕적 타락이 어떤 결과를 가져올 수 있는지 강력하게 경고한다. "어떤 자들은 한 줌의 정의를 자랑하면서 그것 때문에 만물에 악행을 저지른다. 그리하여 세계는 그들의 불의에 빠져 익사하고 말 것이다."[18]

친구와 적을 구별하는 것은 정치가 아니다

한국의 정치 현실은 전쟁 심리가 지배하고 있다. 적은 다시 일어서지 못하도록 완전히 짓밟아야 한다는 정서가 널리 퍼져 있다. 오랜 기간에 걸쳐 쌓여온 폐단과 악습을 제거하겠다는 뜻의 적폐 청산은 이 정서를 대변한다. 적폐는 오랜 기간 역사적으로 형성된 집단의 심성 구조처럼 '구조적 문제'다. 다양한 요소가 서로 얽혀 이루어진 구조는 어느 한 부분을 건드리면 전체가 영향을 받거나 무너진다. 구조적인 문제를 청산한다는 것은 집을 허물고 새로 짓는 것과 같다. 그러므로 과거의 부정적 요소를 깨끗이 씻어버린다는 뜻의 '청산'을 구조적인 문제에 적용할 수는 없다.

우리의 현실을 규정하는 역사는 화해의 대상이지 결코 청산의 대상이 될 수 없다. 우리에겐 국민을 수탈하는 양반의 피가 흐를 수 있고, 숨기고 싶은 친일의 흔적이 남아 있을 수 있고, 완전히 지워지지 않은 동족상잔의 기억도 있다. 우리의 과거 역사를 완전히 부정하지 않고서는 역사적 청산은 불가능하다. 역사적으로 물려받은 '유산'은 그것이 아무리 부정적이라 할지라도 '청산'될 수 없다. 적폐라는 부정적 유산을 만들어놓은 구조적 문제를 점진적으로 제거함으로써 더 나은 단계로 발전하는 것만이 올바른 역사적 화해의 방법이다.

적폐 청산은 정치적으로 오염된 용어이다. 정치적으로 마음에 들지 않는 비판적 인물과 반대 세력을 '적폐'로 규정하여 도덕적으로 매도함으로써 사회로부터 배척하려는 정파적 수단이 되었기 때문이다. 개발독재 시대의 반공주의가 이념적으로 다른 반대 세력을 '빨갱이'로 몰아 탄압했다면, 한반도의 평화와 통일을 추구하는 운동권 정부는 자신의 대북정책을 비판하는 사람들을 '친일파'로 사냥하여 낙인을 찍는다. 우파 반공주의나 좌파 민족주의 모두 '그들'과 적대하는 '우리'를 구축한다. 여기서 동질적 집단을 구성하는 우리가 폐쇄적일수록, 그들은 모두 제거되어야 할 '적'이 된다. 좌파 포퓰리즘populism은 이렇게 적폐 세력, 친일파, 반민족주의자 등과 같은 새로운 적을 만들어낸다.

어떤 정치적 파당이 경쟁자를 적으로 여기는 순간 민주주의는 위태로워진다. "정치에는 영원한 친구도, 영원한 적도 없다."라는 명언은 이제 골동품이 된 것처럼 보인다. 국내 정치에서는 공익이 그리고 국제정치에서는 국익만 있을 뿐이라는 말로 읽혔던 이 말은 다양한 경쟁자들 사이에서 이루어진 정치가 근본적으로 대화와 타협을 전제한다는 점을 분명하게 말해준다. 그러나 오직 싸움과 투쟁을 통해 자신의 정치적 정체성을 획득한 이들에게는 대화보다는 대결, 타협보다는 투쟁이 훨씬 더 친근하다.

이들은 흔히 바이마르 시대의 헌법학자 카를 슈미트Carl Schmitt, 1888~1985의 말을 인용한다. "정치는 친구와 적을 구별하는 것이다."[19] 물론 그들은 앞문으로는 카를 슈미트를 독재와 전체주의를 옹호한 나치 법학자라고 배척하면서, 그의 이론을 천박하게 실천함으로써 뒷문으로 그를 다시 들인다. 실제로 카를 슈미트보다는 한나 아렌트가 민주주의 정치 이념을 훨씬 더 잘 포착한다. 다원성을 전제하는 정치의 의미는 자유이다. 그리고 정치의 목적은 다양한 사람을 정치적 공동체의 친구가 되도록 하는 것이다.[20] 정치는 그자체 목적이지 수단이 아니다. 우리가 원하는 자유는 오직 정치적 공동체 속에서만 실현될 수 있는 까닭에 공동체는 정치의 목적이다. 아렌트의 말을 들어보자.

여기서 정치의 의미는 그 목적과는 달리, 자유로운 인간들이 서로에 대한 강요나 강제력 혹은 지배 없이, 서로 평등한 관계 속에서 오직 긴급사태―즉 전쟁―에서만 서로에 대해 명령하고 복종하면서, 그리고 긴급사태가 아닐 때는 모든 공무를 서로 대화하고 서로를 설득하면서, 서로서로 관계를 맺을 수 있다는 것이다.[21]

고대 그리스인들이 정치적 공동체를 공동선에 기반한 확장된 '우애 관계philia'로 파악한 것처럼, 민주주의는 경쟁자들 사이의 우애

관계를 전제한다. 평상시에도 정치적 공동체 안에서 친구와 적을 구별한다는 것은 결국 정치적 상황과 환경을 지속적인 전쟁 상태로 만든다는 것을 의미한다.

그렇다면 카를 슈미트의 말은 완전히 틀린 것인가? 문제는 카를 슈미트가 정치 현실을 훨씬 더 냉철하고 정확하게 파악한다는 것이다. 카를 슈미트가 정쟁의 수단이 되는 것을 막기 위해서는 그의 말을 좀 더 깊이 고찰할 필요가 있다. 친구와 적을 구별한다는 것은 무엇을 의미하는가? 카를 슈미트는 친구와 적의 구별이 정치적 행위의 전형이라고 파악한다. 도덕 영역에서의 선과 악, 미적 영역에서의 아름다움과 추함, 경제적 영역에서의 이익과 손실처럼 친구와 적의 구별은 기본 패턴이라는 것이다. 정치적 행위를 할 때 누가 나와 같은 의견을 갖고 있고 또 누가 나와 다른가를 판단하는 것은 지극히 당연한 일이다.

그러므로 친구와 적의 구별은 둘째로 "결합이나 분리, 연합과 분열의 외적인 강도를 표시하는 의미"[22]를 가진다. 사람들은 다양한 가치를 통해 결합하거나 분리한다. 현대의 대중문화가 보여주는 것처럼 스타는 수많은 사람을 끌어당기는 힘을 갖고 있다. 대중 가수와 배우와 같은 특정한 인물이나 분야를 열정적으로 좋아하는 사람들의 모임을 가리키는 '팬덤'이 대표적이다. '팬덤fandom'이 광신자를 뜻하는 퍼내틱fanatic의 '팬fan'과 영지領地 또는 나라를 뜻하는 접미사 '덤-dom'의 합성어라는 사실에서 알 수 있듯이, 강도 높은 연합은 언제나 정치적 영향력을 발휘한다. 정치적 적은 물론 도덕적으로 악할 필요도 없고, 미적으로 추할 필요도 없으며, 반드시 경제적 경쟁자일 필요도 없다. 어떤 연합과 분리가 극단적인 경우에는 전쟁과 같은 갈등을 초래할 수 있을 정도로 강도가 높을 때, 그것은 정치적인 친구와 적의 구별이 된다.

셋째로 카를 슈미트는 친구와 적의 구별을 실존적인 의미로 이해한다. 친구와 적은 정치의 영역에서 결코 비유도 아니고 상징도 아니다. 내가 정치적 공동체 내에서 어떤 집단에 참여한다는 것은 곧 나의 정치적 정체성을 표현하는 것뿐만이 아니다. 이러한 참여를 통해 비로소 나는 정치적 상황을 올바로 인식하고 이해할 가능성과 권한을 갖기 때문이다. 여기서 실존적이라는 말은 규범적이지 않다는 것을 의미한다. 우리가 정치의 의미와 목적을 어떻게 설정하든, 정치적 현실은 언제나 친구와 적의 구별을 요구한다는 것이다.

끝으로 실존적 맥락에서 구별할 수밖에 없는 적은 결코 '사적인 적'이 아니라 '공적인 적'이다. 사적인 적은 개인과 집단의 이해관계에 기반한 것이라면, 공적인 적은 친구와 적을 포함한 국민 전체의 삶과 관련된 것이다. 예컨대 임대차보호법, 종합부동산세 또는 기본소득과 관련하여 서로를 공산주의자 또는 자본주의자라고 비난할 정도로 입장이 갈리더라도, 그것은 정치적 공동체와 국민 전체의 삶과 관련된 것이기 때문에 공적인 적이라고 할 수 있다. 플라톤은《국가Politiea》에서 불화diaphora의 두 가지 유형인 전쟁polemos과 내분stasis을 엄격하게 구별한다. 그리스인과 야만인 사이의 전쟁처럼 다른 국가나 이민족과의 적대 관계에 적용되는 것은 전쟁이고,

같은 민족인 그리스인들 사이의 적대 관계에 적용되는 불화는 내분이라고 한다.[23] 카를 슈미트는 플라톤을 인용하면서 자신이 말하는 것은 내분이 아니라 전쟁이며, 사적인 적inimicus이 아니라 공적인 적hostis이라고 분명하게 말한다.

카를 슈미트는 정치적 행위의 본질을 친구와 적의 대결인 '전쟁'의 상황에서 끄집어낸다. 우리는 그가 평화보다는 전쟁의 관점에서 정치를 규정했다고 비난할 수 있다. 그러나 그는 완전한 평화는 정치를 필요로 하지 않는다고 단언한다. 아렌트와 마찬가지로 카를 슈미트도 정치의 필연적 전제 조건은 다원성이다. "정치적 세계는 하나의 플루리버스Pluriversum이지, 결코 유니버스Universum가 아니다."[24] 하나의 가치, 하나의 이념, 하나의 집단이 지배하는 곳에는 갈등도 없다. 따라서 정치도 없다. 어떤 갈등도 전쟁도 없는 곳에는 적이 없기 때문이다. 평화를 바라는 마음에서 "무장하지 않은 민족은 오직 친구만 있을 뿐이라고 믿는 것은 어리석은 일"이라는 슈미트의 말은 그의 정치 이론이 현실주의적임을 웅변한다. 친구와 적을 구별하는 정치의 영역에서 견딜 힘과 의지를 갖지 못하면, 약자가 사라지는 것이지 친구와 적을 구별하는 정치가 사라지는 것은 아니다.[25]

친구와 적을 구별하는 카를 슈미트의 정치는 '경쟁'과 '전쟁' 사이를 오간다. 특정한 정치적 공동체 안에서의 친구와 적의 대립이 전쟁의 수준에 이르면 정치적 공동체는 파괴된다. 친구와 적의 구별은 정치적 공동체가 보존되는 범위에서 이루어져야 한다. 그렇지만 우리가 부정할 수 없는 것은 정치를 하는 한 친구와 적의 구별은 불가피하다는 점이다.

정치적 대립은 가장 강도가 높고 가장 극단적인 대립이다. 그리고 친구와 적의 무리 지음이 가장 극단적인 지점에 가까워질수록 모든 구체적인 대립성은 더욱더 정치적인 것이 된다.[26]

친구와 적의 그룹이 극단적인 형태임에도 정치적 공동체가 붕괴하지 않는다면, 그것은 그 사회의 민주적 잠재력이 크다는 것을 의미한다.

우리의 현실은 어떠한가? 운동권 정부는 사회의 모든 영역에서 친구와 적의 극단적 전선을 형성하고 있지는 않은가? 한국 사회의 진영 갈등은 위험수위를 넘어선 것은 아닌가? 카를 슈미트의 철학은 배제한 채 그의 말을 실천하는 집권 세력은 왜 정치를 지속적인 내전 상태로 만드는가? 우리는 이 모든 질문에 대한 답을 과장된 도덕주의에서 찾을 수 있다. **민주화 투쟁 과정에서 습득한 자신만이 옳다는 독선은 관용과 타협을 허용하지 않는다. 운동권 정치인들은 이념을 중시하는 것처럼 보이지만 실제로는 자신이 속한 정치적 부족에 대한 소속감과 패거리의 이익이 절대적 기준이 된다.**[27] 그들은 이렇게 정치적 적이어야 할 경쟁자를 사적인 적으로 만들고, 공동체에 대한 외부의 적보다 공동체 내부에서 청산해야 할 적을 사냥함으로써 내분을 초래한다. 자신의 의견만이 절대적 진리라고 믿는 폐쇄적 부족주의는 결국 정치를 황폐하게 만든다.

가치 갈등을 해결하는 관용

극단적인 정치적 이념 갈등은 모든 갈등을 가치 갈등으로 만든다. 정치 갈등은 자칫 종교 전쟁이 될 수도 있다. 공동체가 유지되려면 통상 도덕적 자본이 필요하다. 인간이 본래 선하여 법 없이도 평화롭게 함께 살아갈 수 있다면, 공동체는 특별히 도덕적 규범이 필요하지 않다. 그러나 본성적으로 이기적인 다양한 사람이 협력하여 공동체를 구성하고, 사회적 협동을 통해 번영하려면 관습·전통·종교·법률·제도·국가와 같은 외부의 틀과 제약이 필요하다. 정치적 공동체를 유지하려면 외면적인 제도만 필요한 것이 아니다. 최근 민주적 절차를 통해 선출된 정치인들이 합법적으로 민주주의를 전복시키는 현상을 보면, 민주주의를 지속 가능하게 하려면 민주적 제도뿐만 아니라 민주적 도덕성이 필요하다는 것이 분명하다.

도덕은 분명 공동체를 지탱해주는 중요한 자원이다. 우리는 오랜 기간에 걸쳐 민주적 제도와 실천을 통해 내면화된 심리 기제를 '민주주의의 도덕 자본'이라고 부를 수 있다. 민주주의가 형식적 민주화를 넘어 삶의 모든 영역에서 실현되는 '문화민주주의'[28]로 발전할 때 비로소 우리는 쉽게 변하지 않는 도덕 자본을 가질 수 있다. '민주주의의 도덕 자본'은 개인의 이기심을 억제하거나 규제하며, 나아가 협동적인 사회가 만들어지게 하기 때문이다.[29]

우리는 도덕적이기 때문에 다른 사람과 연대하지만, 도덕 때문에 공동체가 붕괴하기도 한다. 우리는 도덕적이기에 이타적일 수 있지만, 동시에 우리는 이기적이고 위선적인 존재다. 이러한 이중성을 심리학자 조너선 하이트Jonathan Haidt, 1963~ 는 간단한 명제로 압축하여 표현한다. "도덕은 사람들을 뭉치게도 하고 눈멀게도 한다."[30] 도덕이 목적일 때는 공동체에 유익한 자본이 되지만, 도덕이 정치적 수단으로 오용될 때는 오히려 공동체를 파괴한다. 한때 특정한 집단의 연대를 강화하는 데 공헌했던 부족주의 도덕은 민주주의사회에서는 오히려 해가 된다.

그렇다면 오늘날 민주주의를 유지하고 강화하는 도덕은 어떤 종류의 것인가? 그것은 다양한 가치를 인정하면서도 하나의 민주적 공동체를 형성할 수 있는 '관용'의 도덕이다. 존 롤스는 이를 '중첩적 합의overlapping consensus'라고 부른다. 중첩적 합의는 다양한 가치와 이해관계가 존립한다는 다원주의 자체를 인정하고 자신의 이익의 관점에서 용인할 수밖에 없는 '잠정적 타협modus vivendi'과는 근본적으로 다르다. 집단의 이익에 기초한 잠정적 타협과 사회적 합의는 상황이 변하면 언제든지 파기될 수 있기 때문이다. 이에 반해 중첩적 합의는 자유로운 제도가 오랫동안 지속될 때 개인들이 도덕적인 이유에서 공정한 사회적 협동에 동의하는 것을 말한다.

이런 점에서 공정한 협동은 항상 '합당한 다원주의reasonable pluralism'를 전제하며, 중첩적 합의는 개인들이 자신의 편협한 관점에서 벗어나 보다 넓은 공중에게 자신의 이념과 정책을 정당화하기 위한 공적 담론에 참여하게 만든다. 이것이 입헌 민주주의의 핵심이다. 우리는 헌법 정신에 실제로 합의한 적은 없지만, 공정으로서의 정의를 실제로 합의한 것처럼 타인을 적보다는 경쟁자로 간주하기 때문이다. 물론 합당한 다원주의를 내면화하고 관용을 정치적 덕으로 실천하기 위해서는 자유로운 민주제도가 오랫동안 지속되어야 한다. 이런 맥락에서 롤스는 '정치적 자본'을 말한다.

> 입헌정체를 가능케 하는 정치적 협동의 덕목들이야말로 최고의 덕목이라 할 수 있다. 예를 들면, 관용이나 타인과 타협할 수 있는 덕목, 그리고 합당성과 공정성의 덕목들이 여기에 해당한다. 이런 덕목들이 사회에 널리 확대되고 정치적 정의관을 지탱해주면, 이것들은 사회의 정치적 자본의 일부인 공공선을 형성하게 된다.[31]

개인과 집단이 가진 포괄적 교리들 사이의 중첩적 합의가 존재하지 않는 사회는 획일화된 전체주의 사회다. 관용이 없는 갈등 사회는 민주주의를 무너뜨린다. 조그만 차이도 견뎌내지 못한다면 중첩적 합의는커녕 잠정적 타협도 불가능하다. 적대적인 진영으로 분열된 우리 사회에 그 어느 때보다 필요한 것이 바로 '관용'의 정치적 덕성이다. 오늘날 민주주의가 군인이 아닌 국민이 선출한 지도자의 손에서 죽음을 맞이하고 있다고 진단한 스티븐 레비츠키Steven Levitsky, 1968~ 와 대니얼 지블랫Daniel Ziblatt, 1972~ 은《어떻게 민주주의는 무너지는가How Democracies Die》에서 오랫동안 민주주의를 지켜온 보이지 않는 규범을 상기시킨다. "민주주의 수호에 가장 핵심 역할을 하는 두 가지 규범을 꼽자면 상호 관용과 제도적 자제를 들 수 있다."[32]

성공한 민주주의는 형식적인 민주제도를 넘어서 '비공식적인 규범'에 의존한다. 제도적 민주화에 성공한 우리나라가 지금 가장 필요로 하는 것이 바로 관용이라는 비공식적 규범이다. 도덕성을 상실한 자본주의가 천박한 물질주의와 배금주의로 타락하는 것처럼, 도덕성을 상실한 민주제도는 오히려 민주주의를 파괴한다. 레비츠키와 지블랫은 '상호 관용'에 대해 다음과 같이 말한다.

상호 관용이란 정치 경쟁자가 헌법을 존중하는 한 그들이 존재하고, 권력을 놓고 서로 경쟁을 벌이며, 사회를 통치할 동등한 권리를 갖는다는 사실을 인정한다는 개념이다.[33]

친구와 적을 구별하는 것이 정치의 본성이라고 하더라도, 정치적 경쟁자를 제거해야 할 적으로 보지는 않는다는 것이다. 좌파의 관점에서 우파가 부패하고 또 우파의 관점에서는 좌파가 무능력해 보이고 잘못된 방향으로 나아가고 있는 것으로 보이더라도, 경쟁자가 근본적으로 헌법을 존중하여 민주주의의 경계를 넘어서지 않는다고 생각하는 것이 정치적 관용이다.

그런데 이러한 **상호 관용의 규범이 힘을 잃어버려서 한 진영이 경쟁자를 위협적인 존재로 바라볼 때 민주주의는 위기를 맞이한다. 상대방을 '빨갱이'나 '친일파'라는 꼬리표를 붙여 억압하거나, 민주주의를 파괴한다고 판단되는 정권을 전복하려 할 것이기 때문이다.** 민주주의는 근본적으로 평화적 정권교체다. 이러한 제도가 지속될 때 상대 정당이 적이 아니라 돌아가면서 권력을 차지하는 경쟁자라는 인식이 우리의 정치적 도덕에 뿌리를 내린다. 관용의 덕성이 뿌리를 내리기에는 민주화의 역사가 짧은 것일까? 다른 의견도 인정하는 관용의 덕성이 정치적 부족주의 때문에 파괴되는 것이다.

선거라는 민주적 제도를 통해 선출된 대통령은 엄청난 권력을 가진다. 세도는 권력이다. 따라서 합낭한 다원주의를 유지하려면 제도적 권력을 사용하는 데 신중해야 한다. 롤즈는 이렇게 말한다.

> 정치적 자유주의에 매우 중요한 것은 우리는 아주 일관성 있게 정치적 권력을 사용해서 우리의 포괄적 입장을 강요하는 것은 합당하지 않다고 주장할 수 있다는 점이다.[34]

자신의 도덕적 정당성을 강요하기 위해 제도적 권력을 사용하는 것은 옳지 않다. 아무리 합법적이라고 하더라도 제도적 특권을 함부로 휘두르면 민주주의를 파괴한다. "규칙에 따라 경기에 임하지만, 규칙의 테두리 안에서 최대한 거칠게 밀어붙이고 '영원히 승리를 빼앗기지 않으려는' 태도" 자체는 경쟁자를 다시는 보지 않을 사람처럼 적대시하기 때문에 반민주적이다. 이런 맥락에서 법적 권리를 신중하게 행사하는 태도인 '제도적 자제'는 관용과 더불어 민주주의를 지켜온 보이지 않는 규범이다.

관용과 제도적 자제가 선순환의 관계로 결합할 때 민주주의는 강해진다. 단순한 합법성은 법치를 실현하지 못한다. 관용이라는 덕성과 결합한 합법성만이 성숙한 민주주의를 실현한다.

정치인이 상대를 정당한 경쟁자로 받아들일 때 그들은 자제의 규
범도 기꺼이 실천하려 든다. 또한 경쟁자를 위협적인 존재로 보지
않는 정치인은 상대를 권력 경쟁에서 퇴출시키려는 유혹에 넘어가
지 않는다. 자제 규범의 실천은 스스로 관용적인 집단이라는 이미
지를 줌으로써 선순환을 이뤄낸다.[35]

이 같은 레비츠키와 지블랫의 관점에서 한국의 현실을 바라보면,
우리는 민주주의가 위기에 처해 있다는 신호를 감지한다. 21대 국회
의 절대 과반을 차지한 민주당의 상위위원장 운영 방식은 관용과 제
도적 자제를 무시하고 부정한다. 이제까지의 관행을 무시하고 국회
법대로 상임위원장을 본회의 표결로 처리한 것이다. "절대 과반 민
주당이 상임위원장 전석을 가지고 책임 있게 운영하는 것이 민주주
의의 원리에 맞는 것"[36]이라는 민주당의 입장은 합법적으로 제도적
특권을 제한 없이 사용하겠다는 것과 다를 바 없다.

타협도 없고 협상도 거부하면서 '법대로 하자'는 것은 친구와 적
의 구별을 합법적으로 극단화하는 것이다. 관용이 없는 사회는 이
처럼 정치를 극단적으로 양극화함으로써 정치 자체를 실종시킨다.
사회적 협동의 공정한 조건을 제시하고 만들어가는 일이 정치라고
한다면, 부족주의의 덫에 걸린 진영 논리는 공정을 불가능하게 만
든다. 관용이 없는 사회야말로 불공정사회가 아니고 무엇이겠는가?

신뢰는 더는 사회적 덕성이 아닌가?

만약 강도와 살인자들 사이에서도
어떤 사회가 존재하려면,
적어도 그들 간에 서로 강탈하거나 살해하는 것을
자제해야만 한다.

애덤 스미스, 《도덕감정론》

분열 정치가 만든 저신뢰 사회

우리가 살아가는 사회를 신뢰하지 않고서는 공정한 협동을 말할 수 없다. 사회적 협동의 결과가 공정하게 배분된다는 믿음이 없을 때 사람들은 국가와 제도를 신뢰하지 않으며 궁극적으로 협동을 거부한다. 오늘날 우리 사회를 둘로 나누어 극단적으로 대립시키고 있는 불평등과 경제적 양극화는 시장 원리로부터 자연스럽게 나타난 것이 아니다. 정치적으로 왜곡되지 않은 시장은 결코 감당할 수 없는 수준의 양극화를 초래하지 않는다. 경제적 양극화는 오히려 국가 경제의 파이를 어떻게 배분할 것인가를 둘러싸고 싸움을 벌이는 정치에 의해 형성되고 확대된 것이다. **정치가 상호 적대적인 파당으로 나뉘어 격렬하게 싸우는 내전 상황을 연출하면서 타협과 협동을 기대하는 것은 어불성설이다. 국민을 각자도생의 길로 내모는 것은 시장이 아니라 오히려 정치적 양극화이다.**

공정을 내세우는 정권이 공정의 역습을 당하는 이유는 간단하다.

우리의 정치 시스템이 자본주의적 경제 시스템의 중대한 결함을 바로잡으려는 시도조차 하지 않는다는 의심을 받기 때문이다. 공정이라는 이름의 개혁이 사회적 불평등을 해소하는 대신 오히려 상위 20퍼센트의 이익과 특권을 대변하는 알리바이에 불과하다는 인식이 널리 퍼져 있다. 정권이 우파에서 좌파로 넘어가면 사회가 더 좋아질 줄 알았는데, 실제로는 좌파와 우파의 이익 카르텔만 확인된 셈이다. 공정이라는 말을 하지 않으면서 불공정한 사람보다는 공정이라는 말을 하면서 불공정한 사람이 훨씬 더 가증스럽게 느껴지는 법이다.

정치적 양극화로 좌파와 우파 정당이 표면적으로는 이념과 정책에서 서로 다른 정당으로 보이지만, 대화와 타협이 실종된 정쟁의 조건에서 남아 있는 것은 오직 권력과 이익 투쟁뿐이다. 대립하는 정당들은 서로가 표를 얻으려고 하위 80퍼센트를 대변한다고 주장하지만, 정치적 싸움터에서 승승장구하는 것은 실제로 정치적 엘리트들이 소속된 상위 20퍼센트이다. 정치적 양극화는 이렇게 공정한 정치 시스템의 작동을 방해한다.

정치 시스템이 제 기능을 하지 못할 뿐만 아니라 공정하지 못하다는 믿음이 강해지면, 사람들은 시민적 덕목을 지켜야 한다는 의무감을 벗어던진다. 사회적 약속이 무너지고 정부와 국민 간의 신뢰가 깨지면, 사람들은 정치에 환멸감을 느끼거나, 이탈하거나, 그보다 더 심한 방향으로 움직인다.[1]

조지프 스티글리츠의 이러한 진단은 정확하게 우리 사회에 맞아떨어진다. 정치에 대한 환멸과 불신은 오늘날 수많은 민주주의 국가에서도 발견되지만, 우리 사회에서는 유독 심하고 극단적인 형태로 나타난다. 사회적 불평등이 한국만의 문제가 아니라는 점에서 정치에 대한 불신이 보편적 현상이지만, 부족중심주의에 의한 한국의 정치적 양극화는 불신을 더욱더 확산한다. 우리는 정치와 정부만 불신하는 것이 아니라 동료 시민도 믿지 않는다. 국민과 정부의 수직적 관계에서뿐만 아니라 시민 상호 간의 수평적 관계에서도 불신이 확산하고 있다. 불신은 이처럼 민주주의 제도를 위태롭게 하고, 동시에 시민들의 협동 체계인 사회를 해체할 위험이 있다.

한국인은 자신들의 사회를 신뢰하지 않는다. 매년 정부·기업·NGO·언론 등 주요 4대 분야의 신뢰도를 조사 분석하여 발표하고 있는 2019 '에델만 신뢰도 지표 조사Edelman Trust Barometer'에 따르면, 한국 국민은 전체적으로 제도를 불신하는 것으로 나타났다. 조사 결과에 따르면, 여론 주도층의 신뢰도는 61퍼센트로 전년 대비 12퍼센트나 상승해 주요 국가 평균(64퍼센트)보다는 낮기는 하지만 한국을 비교적 신뢰 국가로 인식하는 반면, 일반 대중의 신뢰도(44퍼센트)는 전년과 비슷한 수준으로 낮아서 한국을 불신 국가로 평가했다. '여론 주도층Informed Public'과 '일반 대중Mass Public'의 비율이 비교적 20대 80이라는 점을 고려하면, 신뢰도 격차가 무려 17퍼센트포인트로 벌어졌다는 것은 의미심장하다. 여론 주도층은 경제를 낙관적으로 전망하는 데 반해, 일반 대중은 미래에 경제적 사정이 더 나아질 것이라고 믿지 않는 것이다. 일반 대중은 경제적 효과로부터 소외된 계층임이 다시 한번 확인된 것이다.[2] 한국의 일반 대중이 여론 주도층에 비해 사회 전반에 대한 신뢰도가 낮다는 것은 계층 간 경제적 불평등이 사회적 신뢰도의 불균형으로 이어지고 있다는 것을 말해준다. 이러한 경향은 2020년과 2021년 '에델만 신뢰도 지표 조사'에서도 계속되고 있다.

정부에 대한 우리 국민의 신뢰도는 그리 높지 않다. OECD가 발표하는 정부 신뢰도 통계에 의하면 한국의 정부 신뢰도는 39퍼센트로 36개 회원국 가운데 역대 최고 성적인 22위를 차지했지만 여전히 평균에 미치지 못한다.[3] 국제투명성기구TI, Transparency International가 2021년 1월 28일 발표한 2020년도 국가별 부패인식지수CPI, Corruption Perceptions Index에서 우리나라는 100점 만점에 61점, 180개국 중 33위이지만 OECD에 속하는 국가와 비교하면 부패 수준이 별로 좋지 않다.

정부에 대한 신뢰도에서 여론 주도층과 일반 대중의 격차가 심하고 동시에 국가의 부패인식지수가 높다는 것은 정치 시스템이 공정하게 작동하지 않고 있다는 것을 말해준다. 이러한 사실은 국가기관 신뢰도에 그대로 반영된다. 우리 국민은 군대, 청와대, 정부 부처, 지방자치단체, 경찰, 검찰, 법원, 국회와 같은 기관들을 별로 또는 전혀 신뢰하지 않는다. 그중에서도 입법부인 국회를 신뢰하지 않는다는 비율은 87퍼센트에 달할 정도로, 정치에 대한 불신은 정치적 환멸감으로 이어지고 있다.[4]

국민이 정부와 정치를 신뢰하지 않으면 어떻게 될까? 정치를 신뢰하지 않는다는 것은 결국 신뢰를 구축하는 힘을 믿지 않는다는 것을 의미한다. '불신 사회'에서 탈출하는 것이 더욱 어려워지는 것이다. 불평등, 기후변화, 테러리즘, 코로나 전염병과 같은 재난에 대처하려면 긴밀하게 협력하는 집단적 행동이 필요하다. 정부와 정치는 사회적 협동과 합리적인 집단적 행동을 끌어낼 수 있는 제도적 장치다. 가치와 이념이 다른 다양한 사람이 사회적 협동을 하려면 대화와 타협이 필수다.

사회적 협동과 집단적 행동은 신뢰를 전제한다. 지향하는 가치와 이념이 다르더라도 궁극적으로는 모두 국민을 위해 일한다는 믿음이 있어야 사람들은 정부와 정치를 신뢰한다. 개인과 집단의 이해관계가 아무리 다르더라도 국가와 국민의 전체적인 이해관계는 비교적 일치해야 한다. 다시 말해 모두가 한배에 타고 있다는 믿음이 흔들려서는 안 된다. 2020년 3월 중국 우한에서 발생하여 지금까지 우리를 괴롭히고 있는 코로나 팬데믹은 신뢰가 사회적 협동을 위해 얼마나 중요한지를 잘 말해준다. 코로나 팬데믹을 통제하고 극복할 수 있는 유일한 길은 국가와 국민, 시민 상호 간의 신뢰뿐이다.[5] 국민에 대한 국가의 통제가 그 답이 아니다. 통제는 일시적으로 효과적일 수는 있지만, 장기적으로는 신뢰를 파괴하여 더 나쁜 결과를 초래한다.

그러나 정치적 양극화로 국가가 극단적으로 분열되면 신뢰는 사라진다. 어느 한쪽이 설령 맞는 말을 하더라도 다른 쪽은 절대 믿지 않는다. 다른 쪽을 건강한 경쟁자나 잠재적 협력자로 생각하지 않으면 결국 한쪽은 자기 지지자만을 바라본다. 분열 정치가 이렇게 생산한 광적인 지지자, 즉 파르티잔은 궁극적으로 서로를 믿지 않고 국가도 신뢰하지 않는다. 오늘 한 집단이 양보하려면 내일은 다른 집단이 양보할 거라는 믿음이 있어야 한다. 가치와 이념이 다르더라도 한배에 타고 있는 사람으로서 모두가 공평한 대우를 받을 거라는 신뢰가 있어야 한다. 이러한 신뢰가 붕괴하는 것이다. 어쩌면 이미 붕괴한 신뢰를 확인하고 있는 건지도 모른다.

분열 정치로 초래된 저신뢰 사회는 사회적 불평등을 해결하기는 커녕 오히려 심화한다. 2020년 '에델만 신뢰도 지표 조사'에 따르면 경제성장보다는 소득 불평등이 신뢰에 훨씬 더 커다란 영향을 준다는 사실을 확인할 수 있다. 사람들은 불확실한 미래에 대해 공포를 느끼며 미래에 삶이 더 나아질 것이라고 믿지 않는다. 사람들은 점차 현재의 자본주의가 이롭기보다는 해를 더 많이 끼칠 거라고 생각한다. 여론 주도층과 일반 대중 사이의 신뢰도 불균형이 더욱 심해지고 고착화되는 경향을 고려하면, 사회적 불평등은 더욱 악화될 것임이 틀림없다. 2021년 '에델만 신뢰도 지표 조사'에 의하면 한국 일반 대중의 신뢰도는 43으로 조사 국가 중 거의 최저 수준이며, 여론 주도층 신뢰도(59)와의 격차가 16으로 벌어진다. 회사와 직원 간의 신뢰도는 최하위를 기록할 정도이다.[6] 합리적인 집단행동과 사회적 협동을 요구하는 코로나 팬데믹을 거치면서 신뢰도는 전반적으로 더욱 나빠진 것이다. 팬데믹 재앙에도 불구하고 신뢰도가 추락했다는 것은 우리 사회의 정치적 불신이 이미 중증임을 말해준다.

신뢰라는 사회적 자본

사회적 삶의 기초적 조건은 경쟁이 아니라 협동이며, 통제가 아니라 신뢰다. 우리는 사회 속에서만 생존할 수 있을 뿐만 아니라 우리 각자가 바람직한 삶이라고 생각하는 것도 오직 사회 속에서만 실현된다. 그러나 우리 삶의 실현과 이익 증대에 필수적인 '사회'는 우리에게 이익이 되기도 하고 해가 되기도 한다. 인간 사회의 모든 구성원은 서로의 도움이 필요한 동시에 서로를 침해하기도 한다. 사회에 내재하고 있는 침해와 훼손 가능성을 가능한 줄이고 협동의 이익을 증대하려면 제도적 장치와 윤리적 문화가 필요하다.

우리의 권리를 훼손하고 우리의 존엄한 삶을 방해하는 잠재적 침해자들 사이에서 어떻게 정의로운 사회를 만들 수 있는가? 칸트는 《영구 평화론Zum ewigen Friedenf》에서 이 물음에 대한 답을 매우 인상적인 명제로 제공한다. "악마의 민중조차도 국가가 필요하다."[7] 사회는 결코 도덕적으로 선한 사람들로 구성된 것이 아니다. 도덕성을 절대화하는 국가는 오히려 시민의 화합을 해친다. 국가 건립의 문제, 즉 사회적 협동의 체제를 구축하는 일이 아무리 어려워 보일지라도 해결할 수 있다는 것이다. 모든 사람이 동의할 수 있는 강제권을 가진 법을 통해 사람들은—그들이 아무리 이기적이고 부도덕할지라도—평화적인 시민사회를 구축할 수 있다고 칸트는 말한다. 물론 여기서도 신뢰가 전제된다. 악마들은 그들이 만든 법을 신뢰할 때 비로소 악마의 국가를 만들 수 있는 것이다. 법에 대한 신뢰가 국가를 만들고, 국가는 악마들 사이의 평화를 보장한다.

우리는 본성적으로 이러한 사회의 이중성에 적응한다. 우리는 다른 사람의 호의와 공감을 전제하지 않고서도 사회적으로 협동할 수 있다. 사회 구성원들 사이의 공감과 애정이 없다면 사회가 덜 유쾌하고 덜 행복하겠지만, 그렇다고 사회가 붕괴하지는 않는다. 그렇지만 우리가 언제나 우리에게 상처를 주고 우리의 권리를 훼손하는 사람들에 둘러싸여 있다면, 사회는 존립할 수 없다. 상호 적대적인 관계에서 증오와 혐오가 나타나는 순간 사회적 연대는 붕괴하기 때문이다. 애덤 스미스에 의하면 "서로에 대한 원한mutual resentment과 적대감이 나타나는 순간, 사회의 모든 끈은 산산조각이 난다."[8] 원한으로 야기된 폭력과 대립은 사회적 연대를 불가능하게 만든다.

악마도 사회적 생존을 위해 국가가 필요한 것처럼, 사회적 협동은 법과 정의를 전제한다. "만약 강도와 살인자들 사이에서도 어떤 사회가 존재하려면, 적어도 그들 간에 서로 강탈하거나 살해하는 것을 자제해야만 한다."[9] 애덤 스미스는 이런 점에서 사회를 위해 필요한 것은 정의이지 선행이 아니라고 단언한다. 정의는 강도들 사이에서조차 신뢰를 구축한다.

애덤 스미스의 이러한 통찰은 두 가지 목적을 가진다. 그것은 한편으로 사회가 실행 가능하고 성공하려면 기본 형태의 협력이 불가피하다는 점을 상기시킨다. 다른 한편으로 그것은 강도들 사이에서의 협력처럼 우리가 개선하기보다는 없애고 싶은 협력의 사례도 존재한다는 점을 지적한다.[10) 우리를 위협하는 사람들 사이에 더 많은 협력이 이루어지기보다는 가능한 한 협력이 적게 일어나기를 원하는 것이다. 적들은 덜 협력하기를 바라고, 친구들 사이에는 더 많은 협력을 원한다. 친구들과는 '협력'을 하고, 적과는 '경쟁'을 한다. 그러나 애덤 스미스의 핵심 논지는 사회가 유지되려면 정의에 의한 신뢰가 필수적이라는 점이다. 불의가 만연하면 사회를 철저하게 파괴하기 때문이다.

신뢰는 사회적 협동의 전제 조건이다. 이러한 인식은 너무나 당연해서 진부하게 여겨지기도 한다. 신뢰는 더는 당연하지 않을 정도로 붕괴해야만 비로소 문제가 된다. 신뢰가 문제가 될 때는 사회가 이미 상당히 훼손되었을 개연성이 크다. 신뢰의 의미는 오히려 부정적 현상에 의해 잘 드러난다. 우리에게 해를 끼칠 수 있는 행위자들과 함께 공존하는 사회에서 신뢰는 동시에 위험을 의미하기 때문이다. 신뢰는 근본적으로 미래와 관련된 상황에서 한 당사자trustor(신뢰자)가 다른 당사자trustee(피신뢰자)를 신뢰하여 그의 행위에 대한 통제를 포기하는 현상이다. 신뢰의 위험은 신뢰자가 피신뢰자의 행위 결과에 대해 확신할 수 없다는 데서 기인한다.[11) 신뢰가 없으면 미래를 함께 도모할 수 없다. 현대사회가 미래지향적인 개방사회라면, 신뢰는 제도적으로 요청되는 사회적 덕성이다. 타인에 대한 의지, 그의 행위에 대한 기대, 다른 사람의 행위에 대한 통제의 포기

및 기대 행위의 불확실성의 리스크라는 네 가지 요소를 함축한 신뢰는 사회적 협동의 기본적인 전제 조건이다.

신뢰는 근본적으로 통제의 포기인 까닭에 사회적 비용을 절약한다. 신뢰는 정보를 수집하고, 추적 관찰하고, 제재하는 데 들어가는 개인의 낮은 투자로 측정할 수 있다. 우리가 신뢰하는 사람은 우리가 기대한 행위를 하지 않을 위험이 있으므로 신뢰는 결과적으로 신뢰하는 사람에게는 높은 비용이 된다. 반대로 신뢰의 결여는 사회적 관계에 필요한 행위와 협력을 주저하거나 거부하는 것으로 측정할 수 있다. 신뢰는 이처럼 위험을 포함하기 때문에 너무 많은 측면에서 너무 많은 사람을 믿는 것은 신뢰 배분의 오류를 일으킬 가능성이 크다. 예컨대 지지자가 어떤 정부와 정치인을 특정한 측면에서 믿을 수는 있지만, 모든 것을 다 잘할 것이라고 믿는다면, 정치적 리스크가 현실화될 가능성이 크다. 어떤 대통령이 너무 착해서 자신의 이익을 위해 부정 축재를 하지 않으리라는 것을 믿을 수 있지만, 자기 지지자들만 믿는 경향 때문에 오히려 민주주의 제도를 무력화할 수도 있다. 개인적 신뢰가 반드시 제도적 신뢰로 이어지는 것은 아니다.

물론 신뢰하는 사람은 이러한 위험을 인지하고 있다. 이러한 위험을 인식하지 못하는 사람은 오히려 순진하게 믿거나 맹목적으로 믿는 사람들뿐이다. 신뢰는 다른 사람에 대한 평가와 판단을 기초로 그의 행위를 사전에 예측하는 것이다. 이러한 예측은 틀릴 수 있다. 신뢰의 주체는 상대방이 자신이 기대한 행위를 실제로 할 것이라는 점을 확실히 알지 못하며 또 확인할 수도 없다. 이러한 위험을 줄이려고 국가는 법으로 강압적으로 제재하고, 경제는 어떤 행동을 유인하기 위한 장려책을 사용하며, 문화는 경험적으로 증명된 진리를 활용한다. 모두 신뢰의 성찰적 제도화이다.

우리는 다른 사람이 선택할 행위를 미리 알 수 없다. 전통적인 사회에서는 다른 사람의 행위를 예측하는 일이 비교적 간단했지만, 극도로 분화된 현대사회에서 다른 사람의 행위를 예측하는 일은 매우 어렵다. 마차를 타고 이동하던 시절에는 길들인 말의 상태와 기껏해야 바퀴의 상태만 확인하면 되었다. 오늘날 우리는 3만여 개의 부품으로 이루어진 자동차를 타고 다니면서도 자동차의 상태를 미리 확인하지 않는다. 내연기관의 작동 원리와 복잡한 전자장치를 몰라도 우리는 자동차를 믿고 몸을 싣는다. 영국의 사회학자 앤서니 기든스Anthony Giddens, 1938~ 는 현대 제도는 이처럼 "추상적 체계에 대한 신뢰, 특히 전문가 시스템에 대한 신뢰의 메커니즘"[12]과 밀접한 관계가 있다고 말한다. 우리는 결코 복잡다단하게 얽힌 현대사회의 메커니즘을 꿰뚫어 볼 수 없다. 이런 맥락에서 신뢰는 사회의 복잡성을 줄이는 기능을 한다. "사회적으로 확대된 복잡성의 토대 위에 인간은 복잡성을 축소하는 더 효과적인 형식들을 발전시킬 수 있고 또 발전시켜야 한다."[13]

신뢰는 사회의 복잡성에도 불구하고 서로 협력하게 하는 '사회적 자본social capital'이다.[14] 사회적 자본은 집단이나 조직의 공동 목적을 위해 함께 일할 수 있는 능력으로 이해되지만, 그것은 경제 영역뿐만 아니라 인간의 사회적 삶 전체와 연관이 있다. 사회적 관계를 맺을 수 있는 능력은 공동체가 공유하는 가치에 의존한다. 타협하고 관용하는 가치를 공유할수록 사람들은 쉽게 협력한다. 공유된 가치로부터 신뢰가 생성되고, 신뢰는 다시 사회적 협동을 강화하는 사회적 자본이 된다. 신뢰는 이처럼 명시적인 규칙과 규제의 토대 위에 생성되는 것이 아니라 구성원들이 내면화한 일련의 윤리적 관습과 도덕적 의무를 통해 형성된다.

프랜시스 후쿠야마는 《트러스트Trust》라는 저서에서 경제적 사회를 만드는 데는 규모뿐만 아니라 사회적 자본이라는 문화적 요인이 중요하다고 강조한다. 경제적으로 성공한 사회의 가장 중요한 덕목은 자유민주주의를 통해 형성된 신뢰다. 그는 서로를 신뢰하는 고신뢰 사회면 경제적으로 번영하고, 서로를 불신하는 저신뢰 사회면 경제적 번영이 힘들다는 점을 예증한다.

후쿠야마는 산업구조는 한 국가의 문화에 대한 흥미로운 이야기를 들려준다. 가족은 매우 긴밀하지만 서로 관계가 없는 사람들 사이의 신뢰 관계는 약한 사회는 가족이 소유하고 관리하는 소규모 기업이 지배하는 경향이 있다. 반면에 학교나 병원, 교회, 자선단체와 같은 활발한 민간 비영리단체가 있는 국가들은 가족을 넘어서는 강력한 민간 경제 제도를 개발할 가능성이 크다.[15] 전자는 저신뢰 사회이고, 후자는 고신뢰 사회다. **사회 구성원들이 서로 믿음을 갖고 배려하고 협력하는 신뢰의 사회적 덕성을 발전시키면 사회적 거래 과정에서 생기는 비용이 감소하고 예상치 못한 손실에 대비해야**

할 필요성이 줄어든다. 따라서 고신뢰 사회는 가족과 친족을 기반으로 하지 않는 새로운 사회적 집단과 제도를 발전시킬 수 있으므로 합리적으로 조직되고 전문적으로 관리되는 대규모의 현대적 기업이 발전한다.

후쿠야마는 한국을 독특한 특성을 가진 저신뢰 사회로 분류한다. 한편으로는 일본, 독일과 미국처럼 고도로 집중된 대규모 기업을 갖고 있지만, 다른 한편으로는 가족 중심적 문화로 인해 합리적인 조직 문화를 발전시키지 못한다는 것이다. 이러한 모순을 해결하기 위한 국가의 개입 아래 한국에서는 가족적인 대규모 기업이라는 기형적 재벌이 발전했다는 것이다. 한국은 규모와 조직 관리에 있어서는 미국과 유사한데 문화에 있어서는 중국과 가깝다는 진단의 핵심은 '가족 가치의 역설'이다. "친족의 바깥에서는 비교적 낮은 정도의 신뢰를 보이는 가족주의적 문화"[16]는 저신뢰 사회의 특징이며, 이는 발전된 형태의 사회적 협동을 저해한다. 가족을 넘어서야 신뢰의 문화를 구축할 수 있다는 것은 무엇을 의미하는가?

신뢰는 통제가 끝나는 곳에서 시작한다

신뢰와 협력은 사회의 어느 분야에서나 중요하다. 신뢰를 하는 사람이나 신뢰를 받는 사람 모두 호혜적인 신뢰 관계에서 이익을 본다. 신뢰는 일종의 묵시적인 사회계약과 같다. 내가 신뢰를 하면 다른 사람도 역시 신뢰할 것이라는 호혜성은 신뢰를 구성하는 중요한 요소이다. 우리의 행위를 규제하는 수많은 법규 때문에 선행을 하는 것 같이 보이지만, 대부분의 선행은 자발적으로 이루어진다. 우리는 처벌받을 것이 두려워서 길거리에 쓰레기를 내버리지 않는 것이 아니다. 자기 집안은 깨끗이 하면서 처벌받을 우려가 없을 때마다 쓰레기를 내버린다면, 거리에 쓰레기가 산더미같이 쌓일 것이다. 불신은 어마어마한 청소 비용뿐만 아니라 사람들의 관계를 불쾌하게 만든다. 신뢰가 없으면 사람들이 쓰레기를 함부로 버리는지 감시해야 하고, 상대방이 언제 어떻게 자신을 배신할지 알아내는 일에 집중해야 한다.

신뢰는 사회적 통제의 자원을 대체하고, 거래비용을 줄인다. 신뢰는 통제가 끝나는 곳에서 시작된다. 신뢰라는 사회적 자본이 잘 발달한 사회에서는 사람들은 공정하게 대우받을 거라는 확신을 가질 수 있고, 다른 사람에게도 자신이 받은 것과 같은 대우를 한다. 그런데 사람들을 결속시키는 유일한 요소가 국가의 강력한 통제권이라고 한다면, 사람들은 국가뿐만 아니라 동료 시민도 믿지 않는다. 사회와 경제의 부패가 심하면 사람들은 자기 가족만 챙긴다. 신뢰가 가족으로 축소되었다는 것은 사회의 신뢰가 사라졌다는 것을 의미한다.

신뢰가 사라진 사회에서는 블라디미르 레닌Vladimir Lenin, 1870~1924의 금언이 통용된다. "신뢰는 좋다, 그러나 통제는 더 좋다." 전체주의를 대변하는 이 명제는 왜 생긴 것일까? 그것은 신뢰가 다양한 이점에도 불구하고 신뢰자를 취약하게 만드는 약점을 가지고 있기 때문이다. 신뢰의 대상자가 기대하는 행위를 하지 않는다면 신뢰자는 실망하거나 상처를 입을 수 있다. 신뢰의 긍정적 효과를 포기하지 않으면서 동시에 이러한 위험을 최소화하려면, 우리는 신뢰를 선택적으로 행사해야 한다. 신뢰가 깨질 경우를 대비해 돈이나 권력, 정보와 같은 다른 대체자원을 준비하고 있어야 한다. 신뢰를 받는 사람이 이런 대체자원으로 전환하는 것이 손쉬울수록 신뢰의 와해에 덜 취약해진다. 결과적으로 부자나 권력자, 정보를 많이 가진 자는 신뢰가 실패하는 우발적 사태에도 편안하게 살아남을 수 있으므로 신뢰의 여유가 있다. 반면에 권력이 없는 사람은 신뢰를 제공하든 아니면 신뢰를 받든 관계없이 신뢰 관계가 깨질 때 심각한 피해를 본다.

물론 신뢰와 다른 자원에 대한 통제는 상호 대체적이기보다는 상호 보완적이다. 사용할 수 있는 자원이 풍요로울수록 사람은 쉽게 신뢰할 수 있고 또 다른 사람의 신뢰에서 이익을 얻을 수 있다. 통제할 수 있는 자원을 많이 가진 사람은 신뢰도 잘하지만, 필요한 경우에는 언제든지 신뢰를 거둬들이고 통제로 전환할 수 있는 것이다. 풍요와 통제는 신뢰를 낳을 뿐만 아니라 신뢰에 함축된 리스크를 감당할 수 있게 만든다. 그렇지만 고도로 위태로운 사회적 관계는 신뢰할 수 있는 공간을 축소한다. 예컨대 혁명적 상황에서 나타날 수 있는 우발적 비상사태에 대비하려면 신뢰보다는 통제가 훨씬 더 효율적이다. 레닌의 말처럼 신뢰는 좋기는 하지만 통제가 더 좋은 것이다. 이러한 논리는 오랫동안 민주화 투쟁을 하여 적대 관계에 익숙한 운동권에 널리 퍼져 있다. 단 한 명의 배신자도 전체 운동과 혁명을 무너뜨릴 수 있기 때문이다.

사람은 부유할수록 더 많이 신뢰할 수 있다는 말에는 신뢰의 역설이 숨겨져 있다. 신뢰할 수 있다는 것은 신뢰의 실패를 감당할 수 있다는 것을 말한다. 신뢰 이외의 자원을 더 많이 가진 자는 신뢰가 실패했을 경우 이를 쉽게 다른 자원으로 대체할 수 있다. 그는 다른 사람을 신뢰하지 않고서도 살아갈 수 있는 능력이 있어서 다른 사람을 신뢰할 필요가 없을 수 있다. 만약 다른 사람이 나의 기대에 순응하지 않을 경향을 보이면, 나는 그에 대한 신뢰를 포기하고 순응하도록 강요한다. 가장 기초적인 신뢰 관계라고 할 수 있는 가족에서도 이런 일이 일어난다. 부모는 자식을 사랑하고 신뢰하지만, 자식이 자신이 원하는 대로 따라오지 않을 때면 종종 순종을 강요한다. 순종할 때만 신뢰한 경우가 얼마나 많은가? 권위주의적 가부장제를 과연 신뢰의 제도라고 할 수 있는가?

타인을 신뢰할 필요가 없는 사람은 자원이 풍부한 사람처럼 보이지만, 여기에도 신뢰의 역설이 도사리고 있다. 믿을 것이 자기밖에 없다는 것은 철저한 불신을 의미한다. 다른 사람의 신뢰에 의존할 필요 없이 나만을 믿고, 나의 자원을 개발하고, 혼자서 살 수 있는 능력을 키운다는 각자도생의 실존은 불신의 산물인 까닭에 우리의 삶을 불편하게 한다. 그리고 어떤 명령, 감시, 통제도 신뢰를 완전히 불필요하게 만들 정도로 단단하고 견고할 수는 없다.

그뿐만 아니라 통제는 자원을 비효율적으로 분배하기 때문에 비용이 많이 든다. 독재자들에게 편집증적 행동 발생률이 높은 것은 강압이 자기파괴적일 수 있다는 점을 암시한다.[17] 독재자는 특정한 행위에서 협력을 강요할 수 있지만, 그것은 동시에 배신의 가능성을 증대시키기 때문이다. 그는 배신과 변절, 언제든지 등 뒤에서 칼을 맞을 수 있다는 두려움에 싸여 더욱 통제를 강화하다 결국은 불신의 대가를 치르게 된다. 신뢰 이외의 다른 자원을 많이 가졌던 사람도 불신이 지속되면 결국 통제 이외의 다른 모든 자원을 잃게 된다. **신뢰에 기반한 관계를 가장 많이 필요로 하는 사람들이 신뢰와 관련된 리스크를 감당할 수 없는 반면, 상호 신뢰가 필요한 사람들은 오히려 신뢰의 리스크를 즐긴다는 것은 명백한 역설이다. 신뢰의 리스크를 감당할 수 있는 자만이 신뢰할 수 있는 것이다.**[18]

가족주의의 부활과 민주주의의 쇠퇴는 신뢰의 리스크가 너무 커서 불신이 매우 거세게 일어나고 있다는 징표이다. 가족밖에 믿을 사람이 없다는 것은 낯선 다른 사람과 협력할 의향이 없음을 말해준다. 가족은 불안한 사회로부터 우리를 지켜주는 안식처로 인식된다. 가족은 오랫동안 지속된 친밀성을 통해 형성된 상호 신뢰의 감정에 기반한 관계다. 가족 구성원은 믿을 만한, 신뢰의 가치가 있는 사람들이다. 여기서 우리는 가족이 신뢰 관계로 파악되는 두 가지 요소에 주목할 필요가 있다. 하나는 '유대감solidarity'이고, 다른 하나는 '소속belonging'이다. 가족의 유대는 본질적으로 상호 신뢰에 기반한다. 내가 어려움을 겪으면 가족이 나를 위해 있을 것이라는 믿음은 신뢰로 이어진다. 내가 다른 사람을 위해 희생하면 다른 사람도 역시 나를 위해 희생한다는 호혜성의 원칙은 가족공동체에서 독특한 세대 간 정의를 실현한다.

호혜성이 가족 유대의 기저에서 작동하는 원리라면, 가족의 표면적 유대는 소속에서 기인한다. 가족은 '우리는 하나'라는 감정에 기반한 강력한 친밀성의 집단이다. 따라서 가족의 일원이라는 사실만으로도 신뢰가 생긴다. 소속은 '믿을 만함trustworthy'을 평가하는 강력한 척도이다. 우리는 낯선 다른 사람과 관계를 맺어야 하는 사회에서도 이러한 경향을 보인다. 가족관계가 가족 바깥의 사회적 관계로 확대되는 것이다.

우리가 소속되고 또 자신과 동일시하는 집단에 소속되어 있다고 생각하면, 우리는 이 집단에 가족과 같은 신뢰를 보낸다. 이렇게 가족은 지연, 학연, 종교적 그룹, 군대, 동아리, 운동단체, 팬덤 등으로 확대된다. 우리는 낯선 사람이라도 가깝다고 느끼면 '오빠' 또는 '형'으로 부르고, 심지어 식당에서 주문할 때도 '이모'를 부른다. 개인화와 개인주의가 보편적인 사회적 경향인 지금도 수많은 가족의 표식을 통해 소속감을 인위적으로 생산함으로써 상실된 신뢰를 회복하려 한다.

정치적 공동체는 가족이 아니다. 정치는 가족의 울타리를 넘어설 때 비로소 시작한다는 아리스토텔레스의 인식은 여전히 타당하다. 오늘날 왜곡된 형태로 부활하고 있는 가족주의와 정치적 부족중심주의는 연대는 배제하고 소속만 강조하는 사이비 신뢰 관계다. 우리가 식당에서 주인을 '이모'라고 부르면 더 좋은 서비스를 받는가? 나만 그런 것이 아니라 거의 모든 사람이 이모라고 한다면 이기적이고 합리적인 고객과 주인의 관계를 허위적인 가족관계로 대체하는 것이다. 식당 주인이 이타적이어서가 아니라 자신의 이익을 위해서 최선의 서비스를 제공한다는 믿음 아래 합리적인 대가를 치르는 것이 오히려 시장에서 요구하는 진정한 신뢰 관계다.

정치는 낯선 사람들 사이의 공정한 협력이다. 민주주의는 낯선 사람들 사이에 공정한 협력이 이루어질 수 있도록 하는 제도이다. 민주주의는 신뢰에 기반한다. 시민들 사이에 최소한의 신뢰가 없다면 민주주의는 붕괴한다. 이러한 신뢰는 공정한 호혜성의 원리에 기반한다.[19] 자유롭고 평등한 개인들이 자발적으로 연합하는 것이 민주주의다. 이러한 정치적 행위의 자발성은 물론 이러한 연합이 호혜적인 이익을 산출한다는 인식에서 나온다. 물론 우리는 소속감을 느끼는 집단에 자발적으로 가입한다. 그러나 집단에 소속되는 순간 자신의 의견보다는 집단의 의견을 중시하고 집단의 명령에 순응한다면, 소속의 자발성은 허위적이라고 할 수 있다.

이처럼 신뢰가 집단의 소속과 집단의 정체성에 더 많이 기반을 두면 둘수록, 집단의 바깥에 있는 사람들의 신뢰는 더욱더 줄어들 가능성이 크다. 그 결과는 '우리'와 '그들'과의 구별이며, '우리'에 속하지 않는 사람들에 대한 적대적이고 공격적인 차별이다. 왜곡된 가족주의는 이렇게 불신 사회를 초래하고, 불신 사회는 허구적 소속을 통해 집단주의를 가져온다. 사회 내에서 '사이비 가족주의'를 통해 만들어지는 '사이비 공동체'는 결국 신뢰를 구축하기는커녕 오히려 통제를 불러온다.[20] 신뢰가 끝나는 곳에서 통제는 시작된다.

민주주의는 제도에 대한 신뢰

우리는 사람을 믿을 수 없을 때 제도를 믿으려는 경향이 있다. 제도는 합리적으로 조직되고 규칙과 법률로 운영되기 때문에 신뢰할 만한 대상이 된다. 토머스 홉스가 《리바이어던Leviathan》에서 말한 것처럼 자기보존의 권리를 가진 상호 간의 관계가 '만인에 대한 만인의 투쟁bellum omnium contra omnes'에서 서로를 믿을 수 있는 유일한 길은 국가에 자신의 자연권을 위임하고 이 국가가 중립적인 권력으로서 갈등을 공정하게 해결해줄 것이라고 신뢰하는 것이다. 홉스는 물론 갈등을 해결하기에 충분한 권리와 힘을 가진 공통의 권력인 국가는 "상호 신뢰를 바탕으로 한 계약"[21]을 통해 생성된다고 강조한다. 이렇게 형성된 국가에 대한 신뢰가 없으면 우리는 다시 만인에 대한 만인의 투쟁 상태에 빠지게 된다.

국가를 신뢰하려면, 국가가 시민들의 상호 신뢰를 구축할 수 있도록 공정한 규칙에 따라 운영되어야 한다. 우리는 실제로 국가를 건립하는 계약에 서명한 적이 없지만, 국가가 공정하면 우리는 신뢰와 협력의 체계에 스스로 동의했다고 생각한다. 제도적 규칙들은 공정하게 집행되고 준수되는 한 자기 강제적인 성격을 지닌다. 제도는 상호 신뢰를 구축하고, 상호 신뢰는 제도를 강화하기 때문이다. 제도가 공정하고 공평하다면 누구도 이 제도를 훼손하려 하지 않을 것이다. 예를 들면 어떤 사회가 강제적으로 민주주의로 편입되거나 쿠데타를 통해 정권을 잡은 세력이 자신의 정권을 유지하려고 민주주의 제도를 수용했다고 하더라도, 민주주의 제도가 정착되고 공고해지면 정권의 폭력적 찬탈은 불가능해진다. 우리나라가 여러 가지 문제점에도 불구하고 평화적 정권교체가 안정화되었다는 것은 민주화가 공고화 단계에 접어들었음을 말해준다.

민주주의 제도는 이처럼 지도자에 대한 신뢰를 제도에 대한 신뢰로 대체한다. 설령 우리가 어떤 정치인이 도덕적으로 선해 보여 선택했지만 실제로는 너무 무능하다 하더라도, 민주주의 제도가 굳건하다면 시스템은 특정 정치인에 대한 신뢰의 실패를 감당할 수 있게 해준다. 우리가 특정 자동차를 선호하는 것은 마케팅과 브랜드 가치 때문이기도 하지만 실제로는 시장의 메커니즘, 경쟁의 압박, 좋은 제품을 만들어내는 회사의 전통이 어우러져 그 자동차를 믿을 수 있기 때문이다. 지속적인 제도는 이처럼 신뢰를 생산한다.

존 롤스가 《정의론》에서 그리고 있는 질서 정연한 사회는 신뢰를 구축하는 '좋은 제도'에 기반한다. 민주적 제도는 일단 시행되고 공고화하면 개인적 관계보다 훨씬 더 지속적이다. 제도의 지속성은 제도의 자기 수정 능력에서 기인한다. 이러한 제도는 개인적 관계를 불필요한 것으로 만든다. 우리가 다른 사람을 잘 알지 못하고 또 그와 친밀한 관계를 맺지 않아도 상호 협력할 수 있게 되는 것은 좋은 제도 덕택이라고 할 수 있다. 물론 제도가 아무리 좋더라도 신뢰의 딜레마로부터 완전히 벗어나는 것은 아니다.

제도도 두 가지 이유에서 개인들 상호 간의 신뢰가 필요하다. 첫째, 제도는 불완전하다. 제도를 구성하는 규칙들은 영원히 지속하지 않는다. 법률은 시대적 상황과 사회적 환경에 맞춰 끊임없이 변화하며, 공동체의 기본적인 규칙을 정한 헌법 역시 수정되고 개정된다. 세상에는 규칙을 위반할 기회들이 흘러넘치며, 기존의 규칙을 다른 규칙으로 대체하려는 시도들도 역시 많다. 우리는 규칙을 바꾸려고 종종 의도적으로 위반하기도 한다. 규칙은 그것을 준수하려는 의지가 존재할 때 비로소 신뢰를 받는다. 요즘 첨단기술로 각광받는 자율주행 자동차를 보자. 자율주행 기능이 운전을 맡더라도 비상사태의 경우 운전자가 직접 개입할 수 있을 때 우리는 자율주행 자동차를 더 신뢰한다. 운전자가 개입하지 않고 시스템에 완전히 맡기는 경우 치명적인 사고가 발생할 수 있는 것처럼, 제도를 신뢰하려면 제도를 운영하는 사람을 믿을 수 있어야 한다. 이런 점에서 "제도를 방어하고, 해석하고, 개혁하고, 충실하게 지지하는 일에 관여된 사람들을 신뢰하는 바로 그 정도만큼만 제도는 신뢰할 만한 가치가 있는 것이다."[22]

우리 국회에는 고위공직자의 국정 수행 능력과 자질을 검증하기 위한 장치로서 인사청문회 제도가 있다. 대통령의 인사권 전횡을 견제하려고 2000년 도입된 이 제도는 권력에 대한 중요한 견제 수단이다. 그런데 문재인 대통령이 2021년 5월 14일 김부겸 국무총리와 임혜숙 과학기술정보통신부 장관, 노형욱 국토교통부 장관을 임명함으로써 야당의 동의 없이 임명한 장관급 인사만 31명으로 늘었다. 거대 여당이 다수의 힘으로 인사청문 보고서 채택을 밀어붙이는 일이 반복됨으로써 국회 인사청문회는 사실상 무용지물이 되어버렸다. 여야가 인사청문회를 정략적으로 악용하면서 정쟁만 유발하는 제도로 전락했다. 우리가 개인의 도덕성과 정책 능력을 검증하기는커녕 야당의 '흠집 내기'와 여당의 '감싸기'의 인사청문회 제도를 믿지 못하는 것은 결국 이를 운영하는 정치인을 믿지 못하기 때문이다.

우리가 제도를 완전히 믿을 수 없는 두 번째 이유는 제도를 통해 이루어지는 협력이 언제나 위태롭다는 점이다. 제도는 다른 제도들과 경쟁한다. 검찰이 문제가 많아 개혁해야 한다고 생각하면 고위공직자범죄수사처가 만들어진다. 학생부종합전형의 문제점이 드러나면 수능 중심의 입시제도로 되돌아간다. 오랜 시기에 걸쳐 관습으로 굳어진 규칙들은 쉽게 변하지 않지만, 제도들은 변화에 취약하다. 우리의 행위를 규제하는 제도의 메커니즘은 익명이기 때문이다. 구체적인 사람이 아닌 익명의 제도에 대한 신뢰는 제도의 규칙을 관리하고 감독하는 사람들에 대한 신뢰에 의해서만 정당화된다. 국민의 주거 안정과 밀접한 관련이 있는 한국토지주택공사 직원들이 직무와 관련된 정보를 이용한 투기로 부당한 이득을 얻는다면 누가 정부의 부동산 정책을 신뢰하겠는가?

제도가 지속되려면 제도를 운영하는 사람들이 제도의 규칙을 자발적으로 준수해야 한다. 제도의 도덕성은 공정한 규칙에 토대를 두고 있지만, 규칙과 절차의 공정성과 공평성은 이를 운영하는 사람들에 의해 결정된다. 제왕적 권력을 가진 대통령제가 문제일 수 있지만, 대통령직을 수행하는 정치인이 더 문제. 오늘날 복잡한 사회에서 의사 결정 과정에 참여하는 정치적 엘리트들이 도덕적이면, 제도 역시 도덕적으로 운영될 가능성이 크다. 부정부패가 만연한 시절에는 국민을 직접 마주하는 하위공직자의 부패가 심각했다. 동사무소에서 증명서 하나 발급받으려고 해도 급행료라는 것을 지급해야 하는 시절이 있었다. 지금은 이런 현상이 거의 없다. 문제는 복잡한 사회시스템 때문에 겉으로 잘 드러나지 않는 고위공직자의 부패다. 옛 속담에 "윗물이 맑아야 아랫물도 맑다"라는 말이 있지만, 지금은 아랫물은 맑은데 윗물은 시궁창과 같다고 해도 과언이 아니다. 정부와 정치인의 불신은 이를 극명하게 보여준다. 썩은 정치적 엘리트들이 가증스럽게도 도덕성을 거론하니 제도가 도덕적일 수 없는 것이다.

잘 설계된 제도는 우리가 한 번도 접촉한 적 없는 사람도 믿게 만든다. 그가 어떤 의도와 도덕관을 갖고 있다 하더라도 직무를 충실히 수행하는 한 제도에 의해 영향을 받기 때문이다. 우리가 제도를 신뢰하고 동시에 제도와 관련된 사람들을 믿기 위해서는 제도의 도덕적 개연성이 높아야 한다. 국회의 제도가 탄탄하다면, 여당과 야당의 정치적 의견 차이가 아무리 심하더라도 그 갈등과 싸움이 결코 적대적인 대립으로까지 발전하지는 않는다. 그러나 국회의원들이 당파적 이익에 따라 이제까지의 관행도 무시하거나 폐지한다면, 국회는 결코 바람직한 제도를 발전시킬 수 없다. 클라우스 오페Claus Offe, 1940~ 는 제도와 정치적 행위자의 관계에서 신뢰의 조건을 세 가지로 압축한다. 첫째, 규칙을 맡은 입법자들은 입법의 책임을 등한시하지 않는다. 둘째, 규칙을 집행하는 행정가들은 기회주의적으로 행동하지 않는다. 셋째, 동료 시민들은 제재를 피할 수 있는 경우에도 규칙을 위반하지 않는다.[23]

사실 제도를 운영하는 관료 및 정치인들에게 요구하는 덕성은 포괄적이지 않다. 우리는 그들이 성인군자이기를 바라지 않는다. 타인에게 모범이 될 수 있는 도덕성을 갖기를 원하지도 않는다. 시민들 상호 간의 신뢰와 정부에 대한 국민의 신뢰를 구축하기 위해 요구되는 정치적 덕성은 간단하다. 하나는 '진실truth'이고, 다른 하나는 '정의justice'다.

여기서 진실은 결코 절대적으로 타당한 진리를 의미하지 않는다. 자기만 옳다고 생각하는 독선은 정치에 가장 해로운 독이다. 진실은 국민에 대한 태도이다. 이는 소극적인 의미에서는 거짓을 말하지 않고 진실을 말하는 것을 의미하고, 적극적인 의미에서는 국민에 대한 약속을 지키는 것을 말한다. 말만 잘하고 겉과 속이 다른 정치인이라는 인식이 퍼지면, 정치인의 약속은 결코 신뢰를 낳지 못한다.

반면에 **정의는 제도의 덕성이다. 낯선 사람들이 다른 사람들과 협력하고 규칙을 자발적으로 준수하려면, 제도가 모든 사람에 대해**

아홉 번째 질문 | 신뢰는 더는 사회적 덕성이 아닌가?

공평해야 한다는 인식이 있어야 한다. 정의를 실현하는 최소의 소극적인 방법은 공정이다. 여기서 공정은 이념, 성, 세대, 지역과 관계없이 모든 사람에게 균등한 기회를 제공하는 것이다. 이러한 공정만 최소한 이루어져도 제도는 신뢰를 얻는다. 그러나 국민의 신뢰를 적극적으로 얻는 방법은 사회적으로 불리한 위치에 있는 사람들과의 연대. 시장의 실패에 적극적으로 개입하여 시장의 혜택을 받지 못하는 사람들의 권리와 이익을 개선하는 연대의 덕성은 민주주의 제도를 지속하게 만드는 윤리적 토대를 강화한다. 한국 사회가 서로를 믿지 못하는 저신뢰 사회라면, 그것은 민주적 에토스가 아직 형성되지 않았기 때문이다. 민주화 과정에 적극적으로 참여했던 운동권 정치인과 정부가 당파적 이익에 눈이 멀어 한편으로는 민주주의 제도를 위협하고, 다른 한편으로는 민주주의 에토스를 타락시키고 있다는 것은 정말 아이러니다. 그렇다면 우리는 어떻게 민주주의 제도에 대한 신뢰를 회복할 수 있는가? 공정에 관한 논란은 바로 이 물음을 제기한다.

'제도화된 불신'이 구축하는 신뢰

우리가 경험할 수 있는 신뢰의 범위는 사실 매우 좁다. 우리는 가족을 신뢰하고, 친구를 신뢰하고, 친구의 친구를 신뢰할 수 있다. 낯선 사람들이기는 하지만 오랫동안 한 지역, 한 직장, 한 그룹에서 활동하면 동료들을 믿게 된다. 그들은 서로의 신뢰를 확인할 수 있는 가지각색의 상징과 징표를 만들어내어 상호 신뢰를 강화한다. 제복처럼 같은 옷을 입거나, 같은 경험을 공유하거나, 같은 색깔의 깃발을 들면 신뢰감이 강화된다. 그러나 사회는 낯선 다양한 사람이 서로 협력하는 곳이다. 서로가 협력하면 모두에게 이익이 된다는 믿음 아래 모일 수 있는 곳이 사회. 따라서 우리에게 필요한 정치적 신뢰는 엄밀한 의미에서 '낯선 사람들 사이의 신뢰'다.

우리는 이제까지 유교적 가치에 기반한 가족주의의 강력한 영향을 받았다. 국가는 확대된 가족이라는 인식이 우리의 심성 구조에 뿌리 깊이 박혀 있다. 이렇게 내가 속한 정당은 가족주의의 영향 아래 파당이 된다. 경륜이 많은 노회한 정치인은 장유유서長幼有序의 가치를 내세워 젊은 신진 정치인의 등장을 방해하고, 갖가지 이유로 계파를 만들어 위계를 구축한다. 우리는 낯선 사람을 보면 어색해하고, 관계가 서먹서먹하다. 그러면 출신 지역과 출신 학교를 묻는다. 출신 학교가 같다는 사실을 알게 되면 금방 '형님 아우'의 친밀한 관계가 시작한다. 이처럼 우리는 낯선 사람과의 수평적 관계를 사이비 가족의 수직적 관계로 전환하려는 지독하게 강렬한 가족주의를 갖고 있다. 나이로라도 서열이 수직적으로 정리되지 않으면 함께 협력할 수 없는 것처럼 보인다. 이런 사회에서 민주적 제도를 정착시키는 일은 정말 어려운 일이다.

우리는 이러한 신뢰의 범위를 확장해야 한다. 가족의 확대가 아무리 크더라도 국가와 정치적 공동체가 될 수 없다면, 우리는 신뢰의 범위를 제도적으로 확장할 수 있는 법을 찾아야 한다.[24] 가족과 같은 원초적 집단에 속하지 않고서도 낯선 사람들 사이의 신뢰를 구축하는 방법은 바로 민주주의다. 신뢰의 관점에서 보면, 민주주의는 제도화된 불신을 통해 신뢰를 구축하는 것이다.

낯선 사람들은 서로 관계를 맺을 때 아직 신뢰하거나 신뢰를 받을 어떤 이유도 없다. 그들은 서로에 대해 알지 못하며, 따라서 서로 관계를 맺을 때 매우 조심한다. 이런 상황에서 어떤 사람이 가장 신뢰할 만하다고 평가될까? 자기주장만 하는 사람이 신뢰할 만할까? 아니면 다른 사람의 의견에 경청할 뿐만 아니라 다른 사람의 비판에 대해 열려 있는 사람이 신뢰를 받을까? 이제까지의 경험과 다양한 이론에 따르면 신뢰할 만한 사람은 다른 사람의 지속적이고 세심한 검토와 검증에 개방적인 사람이다.

신뢰는 근본적으로 검토와 검증의 산물이다. 오랫동안 불신의 근거를 찾았지만 확인되지 않을 때 신뢰는 자연스럽게 형성된다. 방법론적 회의는 근원적(근본적) 회의와 다르다. 일찍이 철학자 데카르트는 진리에 도달하는 방법으로 '방법론적 회의methodological skepticism'를 발전시켰다. 근원적 회의는 순수한 지식의 존재 가능성 자체를 의문시하지만, 방법론적 회의는 의문의 여지가 없는 참된 지식의 존재를 상정하며 그것을 찾아내기 위해서 이제까지 참으로 생각한 의견이 허위가 아닌지를 의심하고 검토한다. 이와 마찬가지로 우리는 다른 사람을 신뢰할 수 있다고 믿지만 그를 믿으려면 불신의 근거를 하나씩 검증하는 방법을 취해야 한다. 이런 맥락에서

민주주의는 신뢰를 구축하기 위해 방법론적으로 '제도화된 불신'의 장치다.

제도화된 불신은 어떤 진리도 정치적으로는 절대적이지 않다는 전제에서 출발한다. 그뿐만 아니라 권력은 부패하며 절대적 권력은 절대적으로 부패한다는 인식이 제도화된 불신의 출발선이다. 민주적 제도를 통해 선출된 지도자도 언제든지 독재자로 변할 수 있다는 것이 민주주의의 전제 조건이다. 이런 맥락에서 민주주의의 제도적 특성으로 알려진 '견제와 균형'은 제도화된 불신을 대변한다. 우리는 견제와 균형을 통해 "불신의 근거를 제거하고 무효화"25)할 수 있기 때문이다. 이것이 민주주의에서 정치적 신뢰의 토대다.

견제와 균형이 정상적으로 작동하면, 우리는 정치인을 굳이 경험적으로 검증할 필요가 없다. 우리가 특정한 사람을 신뢰하는 까닭은 그가 우리를 결코 실망시키지 않았기 때문이다. 이러한 경험적 신뢰를 정치적 영역으로 확대할 수 없다. 예컨대 인권 변호사로서는 탁월하여 신뢰를 받았던 사람이라도 대통령직을 잘 수행한다는 보장은 없다. 우리는 그를 대통령으로서 미리 경험할 수 없기 때문이다. 좋은 학자라고 해서 정치도 잘할 것이라는 법은 없다. 그 반대를 증명한 예가 훨씬 더 많다. 이러한 신뢰의 리스크를 줄이기 위해 필요한 것이 바로 견제와 균형을 통한 제도화된 불신이다. 우리가 정부와 정치인을 믿지 못하는 것은 정치적 불신이 제도화되지 않았기 때문일지로 모른다. 우리 사회가 저신뢰 사회라는 것은 견제와 균형의 제도가 아직 공고하지 못하다는 것을 반증한다.

왜 우리 사회에는 공정의 논란이 유독 많은가? 공정이 제도화되어 당연한 것으로 여겨진다면, 공정에 대한 목소리는 크지 않을 것이다. 공정에 대한 목소리가 높다는 것은 우리 사회가 그만큼 공정하지 않다는 것이다. 왜 우리 사회는 이토록 불공정한가? 이 물음에 대한 답은 불공정사회의 원인일 것이다. 그것을 하나씩 하나씩 지워나갈 때 우리는 비로소 공정사회로 나아간다.

정치는 낯선 다른 사람들과 협력할 수 있는 공간을 만드는 일이다. 동료 시민을 신뢰하도록 만들고, 공동의 목적을 설정하도록 만들고, 모든 사람에게 이익이 되는 공동의 일을 수행하도록 만드는 것이 정치의 중요한 목적이다. 인간에게 중요한 것은 언제나 신뢰의 분위기에서 번성한다. 우리가 여기서 제기한 아홉 가지의 질문은 이러한 신뢰의 문화를 구축하기 위하여 우리의 삶과 제도 속에 스며 있는 불신의 요소를 하나씩 제거하기 위한 것이다. 불공정사회에서 공정사회로 나아가는 길은 이렇게 의심하고 질문하는 능력에서 시작된다.

첫 번째 질문 합법적인 것은 반드시 정당한가?

1) "윤석열 '헌법정신과 법치주의, 상식지킬 것' … 성탄절 출근,"《한겨레》, 2020년 12월 24일, http://www.hani.co.kr/arti/society/society_general/975870.html.

2) 코로나 팬데믹과 관련한 정보와 소식, 공포와 결합한 추측과 루머 및 가짜뉴스가 전염병처럼 빠르게 널리 퍼지는 현상을 '인포데믹Infodemic'이라고 부른다. '정보information'와 '팬데믹pandemic'를 섞어 만든 이 용어는 2003년 당시의 사스SARS 전염병과 관련하여 데이비드 로스코프에 의해 최초로 사용되었다. David J. Rothkopf, "When the Buzz Bites Back", *The Washington Post*, May 11, 2003. 이런 맥락에서 우리는 코로나 전염병에도 불구하고 강하게 퍼지는 반목 전염병을 '퓨데믹'이라고 명명할 수 있다. '적foe'이라는 낱말에서 기원한 feud는 '반목', '불화', '적대'를 의미한다. 이 낱말과 연관은 없지만 철자가 같은 feud는 봉건시대의 영지와 봉토를 의미하기도 한다.

3) "문 대통령 윤석열 총장에게 '살아있는 권력 눈치도 보지말라'",《한겨레》, 2019년 7월 25일, http://www.hani.co.kr/arti/politics/bluehouse/903298.html#csidxa442f7b7ed4b9b8aa7538c12404acaf.

4) Francis Fukuyama, "The End of History?" *National Interest*, no. 16(Summer 1989), 3-18. Francis Fukuyama, *The End of History and the Last Man*(New York: Free Press, 1993), p.4를 볼 것.

5) "auctoritas non veritas facit legem"(authority, not truth, makes law). 독일 바이마르 헌법학자인 카를 슈미트의 '법 결정론'을 압축적으로 표현하는 이 명제는 홉스의《리바이어던Leviathan》제26장 '시민법에 대하여'에서 유래한다. 토머스 홉스,《리바이어던: 교회국가 및 시민국가의 재료와 형태 및 권력》1, 진석용 옮김, 나남출판, 2008, 360~361쪽. Thomas Hobbes Malmesburiensis: *Opera Philosophica Quae latine scripsit in unum corpus nunc primum collecta*. Studio et labere Gulielmi Molesworth, (Aalen, 1961) (Reprint of the Edition 1839~45), Bd. III, p. 202. 0

283

Carl Schmitt, *Der Leviathan in der Staatslehre des Thomas Hobbes. Sinn und Fehlschlag eines politischen Symbols*(Köln: Hohenheim Verlag, 1982), p. 82.

6) 토머스 홉스,《리바이어던》1, 앞의 책, 354쪽.

7) Immanuel Kant, "Metaphysische Anfangsgründe der Rechtslehre", *Metaphysik der Sitten*, Erster Teil, § 47 (Hamburg: Felix Meiner, 1986), p.130.

8) Carl Schmitt, *Legalität und Legitimität*(Berlin: Duncker & Humblot, 1980), p.8.

9) 김비환,《민주주의와 법의 지배: 현대 입헌민주주의의 스펙트럼》, 박영사, 2016, 43쪽을 참조할 것.

10) Carl Schmitt, *Legalität und Legitimität*, 앞의 책, 33쪽.

11) 이에 관해서는 이진우,《탈이데올로기 시대의 정치철학》, 문예출판사, 1993, 54~60쪽을 볼 것.

12) "윤석열 인터뷰 전문: 검 수사권 박탈은 법치 말살, 민주주의 퇴보",《국민일보》, 2021년 3월 2일. http://news.kmib.co.kr/article/view.asp?arcid=0015586400&co de=61121111.

13) Dennis E. Curtis and Judith Resnik, "Images of Justice", *The Yale Law Journal*, Vol. 96, 1987, 1727-72를 참조할 것.

14) 조지 레이코프, 로크리지 연구소,《프레임 전쟁Thinking points》, 나익주 옮김, 창비, 2007. 이 책에서 레이코프는 유권자들이 현실을 있는 그대로 지각하고 인식하는 것이 아니라 자신의 기존 생각과 이념에 맞춰 받아들이기 때문에 정치적 담론의 프레임에서 벗어나는 것이 어렵다고 말한다.

15) Erving Goffman, *Frame analysis: An essay on the organization of experience*(Cambridge, MA: Harvard University Press, 1974).

16) 조지 레이코프,《코끼리는 생각하지 마Don't think of an elephant!》, 유나영 옮김, 와이즈베리, 2018.

17) George Lakoff, "Simple framing: an introduction to framing and its uses in politics", *Cognitive Policy Works*, Rockridge Institute, 2006. http://www.cognitivepolicyworks. com:80/resource-center/frame-analysis-framing-tutorials/simple-framing/

18) George Lakoff, "Simple framing: an introduction to framing and its uses in politics", 같은 곳.

19) 이범준의 저스티스, "윤석열의 법치주의",《경향신문》, 2021년 3월 22일. http://

news.khan.co.kr/kh_news/khan_art_view.html?art_id=202103221230001.

20) 스티븐 스미스, 《정치철학Political Philosophy》, 오숙은 옮김, 문학동네, 2018, 360쪽 이하를 볼 것.

21) 위르겐 하버마스, 《사실성과 타당성: 담론적 법이론과 민주적 법치국가 이론 Faktizität und Geltung: Beiträge zur Diskurstheorie des Rechts und des demokratischen Rechtsstaats》, 한상진 옮김, 나남출판, 2018, '7. 토의정치: 절차적 민주주의 개념', 387~439쪽을 볼 것.

22) "국민 입 막은 與입법독재 그 순간, 이낙연은 주먹을 불끈", 《조선일보》, 2020년 12월 15일. https://www.chosun.com/politics/assembly/2020/12/15/6LJ6CBPITBEN ZGZTC2BWSKZXSY/

23) "최장집 '일방적 다수결, 다수의 독재와 다를 바 없다'", 《중앙일보》, 2020년 8월 7일. https://news.joins.com/article/23843096.

24) "진중권 '민주당, 지금 하는 게 입법독재 아니면 뭐냐'", 《한국경제》, 202년 8월 1일. https://www.hankyung.com/politics/article/2020080119757.

25) "박주민 '좌파독재? 법과 절차지키는 독재도 있나…이해안돼'", 《노컷뉴스》, 2019년 5월 9일. https://www.nocutnews.co.kr/news/5147693.

26) Norberto Bobbio, *The Future of Democracy*(Cambridge, 1987), p. 56. 위르겐 하버마스, 《사실성과 타당성》, 앞의 책, 407쪽에서 재인용.

27) 그리스어 표현은 다음과 같다. En gar to pollo eni ta panta. 이에 관해서는 Christian Meier, *Die Entstehung des Politischen bei den Griechen*(Frankfurt am Main, 1980), p.287.

28) John Locke, *Two Treatises of Government and A Letter Concerning Toleration*(New Haven and London: Yale University Press, 2003), The Second Treatise, Chapter VIII, §96, p.143.

29) 아리스토텔레스, 《정치학Politika》, 4권 4장 1292a7, 천병희 옮김, 도서출판 숲, 2013, 212쪽.

두 번째 질문 능력은 불평등을 정당화하는가?

1) "법원 "정경심, 단 한번도 반성 안해…공정경쟁 국민에 허탈감 안겨"", 《동

아일보》, 2020년 12월 24일. https://www.donga.com/news/Society/article/all/20201224/104618218/1.

2) "조국 사태", 나무위키. https://namu.wiki/w/%EC%A1%B0%EA%B5%AD%20%EC%82%AC%ED%83%9C.

3) "정경심 사건 1심 판결문 전문", 나무위키. https://www.scribd.com/document/489060128/%EC%A1%B0%EA%B5%AD%EB%B6%80%EC%9D%B8-%EC%A0%95%EA%B2%BD%EC%8B%AC%ED%8C%90%EA%B2%B0%EB%AC%B8-20201223.

4) 이진우, "이진우의 의심: 운동권이 '기득권'이 될 때", 《경향신문》, 2019년 9월 8일. http://news.khan.co.kr/kh_news/khan_art_view.html?artid=201909082045025.

5) 플라톤, 《국가Politiea》, 4권 442d, 박종현 역주, 서광사, 2015, 306쪽.

6) 플라톤, 《국가》, 1권 347a, 앞의 책, 101쪽.

7) 아리스토텔레스, 《정치학》, 4권 8장 1294a9, 천병희 옮김, 도서출판 숲, 2013, 222쪽.

8) 대니얼 마코비츠, 《엘리트 세습The Meritocracy Trap》, 서정아 옮김, 세종서적, 2020, 18쪽.

9) Michael Young, *The Rise of the Meritocracy*(London and New York: Routledge, 1994). 한국어판: 마이클 영, 《능력주의》, 유강은 옮김, 이매진, 2020. 마치 자신이 2033년에 사는 역사가로서 과거를 돌이켜보는 형식으로 쓴 1958년의 이 책에서 마이클 영은 전통사회의 귀족주의를 대체하는 능력주의의 어두운 면을 예리하게 전망하고 분석한다.

10) "니네 부모를 원망해…돈도 실력이야", 《조선일보》, 2016년 10월 20일. https://www.chosun.com/site/data/html_dir/2016/10/20/2016102000315.html.

11) "박성민의 정치 인사이드: 권력을 쥐고 돈까지 갖고 싶었던 '586'의 시대는 종말로 향하고 있다", 《경향신문》, 2021년 4월 3일. http://news.khan.co.kr/kh_news/khan_art_view.html?artid=202104030600045&code=910100

12) 스티븐 J. 맥나미, 로버트 K. 밀러 주니어, 《능력주의는 허구다The Meritocracy Myth》, 김현정 옮김, 사이, 2016, 17~20쪽.

13) 이에 관해서는 대니얼 마코비츠, 앞의 책, 60~62쪽을 참조할 것.

14) 이에 관해서는 장하성, 《한국 자본주의》, 헤이북스, 2014, 24~26쪽.

15) "中企 연봉, 대기업 절반도 안되는데… 올해는 더 벌어진다", 《파이낸셜뉴스》, 2021

년 4월 1일. https://www.fnnews.com/news/202104011833592215.

16) 마이클 샌델, 《공정하다는 착각The Tyranny of Merit》, 함규진 옮김, 와이즈베리, 2020, 51쪽.

17) 마이클 샌델, 앞의 책, 259~261쪽.

18) 마이클 샌델, 앞의 책, 52쪽.

19) 마이클 샌델, 앞의 책, 52쪽.

20) 이택광 외, 《우파의 불만》, 글항아리, 2012, 180쪽.

21) 《황해문화》, 2020년 겨울호, Vol. 109, "특집: 공정성을 넘어서는 새로운 정의". 이 특집을 마련한 백원담 편집위원은 한국의 공정성 담론이 불합리한 문제를 해결하기보다는 오히려 문제의 본질을 흐리고 있다고 말한다. 고용 여건이 악화된 현실에서 오직 능력주의를 강변하는 것은 신자유주의적 착취에 대응하는 사회적 공생의 정의와 진정한 분배의 정의 실현과는 거리가 멀다고 주장한다.

22) "장하성 칼럼: 국민 73%가 '공정하지 않다'는 한국 사회", 《조선일보》, 2011년 10월 13일. https://www.chosun.com/site/data/html_dir/2011/10/13/2011101302366.html.

23) "문재인 대통령 취임사 전문", 《중앙일보》, 2017년 5월 10일. https://news.joins.com/article/21558717.

24) 김승연·최광은·박민진, 〈장벽사회, 청년 불평등의 특성과 과제〉, 서울연구원, 2020, 160쪽. "'사회 공정하다'는 서울 청년 14%뿐…'자산 격차가 계층이동에 장벽", KBS NEWS, 2021년 4월 7일. https://news.kbs.co.kr/news/view.do?ncd=5157256.

25) "'제1회 청년의 날' 문재인 대통령 기념사". YTN, 현장 영상, 2020년 9월 19일. https://www.ytn.co.kr/_ln/0101_202009191027032186.

26) John Rawls, *A Theory of Justice*(Cambridge, Masschusetts: Harvard University Press, 1971), pp.3~53: "Chapter I: Justice as Fairness". 한국어판: 존 롤스, 《정의론》, 황경식 옮김, 이학사, 2003, 35~96쪽.

27) John Rawls, *Justice as Fairness. A Restatement*, ed. by Erin Kelly(Cambidge and London: Harvard University Press, 2001), p.6. 한국어판: 존 롤스, 《공정으로서의 정의: 재서술》, 김주휘 옮김, 이학사, 2016, 29~30쪽.

28) 존 롤스, 《정의론》, 50쪽.

29) 김승연·최광은·박민진, 앞의 연구보고서, 39쪽.

30) 박원익·조윤호, 《공정하지 않다: 90년대생들이 정말 원하는 것》, 지와인, 2019. "인국공 사태 청년들의 질문 '무엇이 공정이고 진보인가'", 《연합뉴스》, 2020년 7월 5일. https://www.yna.co.kr/view/AKR20200704053500004.

31) 존 롤스, 《정의론》, 155쪽.

32) 이에 관해서는 존 롤스, 《공정으로서의 정의: 재서술》, 109쪽.

33) 존 롤스, 《정의론》, 153쪽.

34) 존 롤스, 앞의 책, 153쪽.

35) "인국공 논란이 '공정에 민감한 세대의 분노'라고요?", 《오마이뉴스》, 2020년 7월 6일. http://www.ohmynews.com/NWS_Web/View/at_pg.aspx?CNTN_CD=A0002655904.

36) 마이클 샌델, 앞의 책, 210쪽.

37) Barry Switzer, "Some people are born on third base and go through life thinking they hit a triple. 김승연·최광은·박민진, 앞의 연구보고서, 19쪽에서 재인용.

세 번째 질문 뛰어난 사람은 모든 분야에서 뛰어난가?

1) 아리스토텔레스, 《정치학》, 3권 12장, 천병희 옮김, 도서출판 숲, 2013, 167쪽.

2) 아리스토텔레스, 앞의 책, 168쪽.

3) 아리스토텔레스, 《니코마코스 윤리학Ethica Nicomacheia》, 5권 3장 1131a25-29, 김재홍·강상진·이창우 옮김, 도서출판 길, 2013, 169쪽.

4) 마이클 샌델, 《돈으로 살 수 없는 것들What money can't buy》, 안기순 옮김, 와이즈베리, 2012.

5) 이에 관해서는 김상봉, 《학벌사회》, 한길사, 2013, 101쪽 참조. "지배계급이 권력과 부를 독점하는 만큼 또한 정신적, 윤리적인 가치를 압도적으로 독점하고 있다는 것을 보여주는 것을 통해" 학벌은 더욱더 공고화한다고 볼 수 있다.

6) "21대 국회의원 'SKY' 출신 37%…'인서울 대학'은 79%", 《연합뉴스》, 2020년 4월 27일. https://www.yna.co.kr/view/AKR20200427039900004.

7) "SKY출신 임용법관 80% 고위공무원 48% '독식'", 《한국대학신문》, 2014년 11월 20일. http://news.unn.net/news/articleView.html?idxno=141363.

8) "못 말리는 '자본사회'…'학벌'마저 손들었다", 《한겨레》, 2016년 4월 28일. http://www.hani.co.kr/arti/society/society_general/741676.html.

9) Robert H. Frank and Philip J. Cook, *The Winner-Take-All Society. Why the Few at the Top Get So Much More Than the Rest of Us*(New York: The Free Press, 1995).

10) William Shakespeare, *All's Well That Ends Well*(London/New York: The Arden Shakespeare, 2018). 한국어판: 윌리엄 셰익스피어, 《끝이 좋으면 다 좋아》, 신정옥 옮김, 전예원, 1999.

11) "스터디코드 조남호 대표, '성적상승이 아니다 성적역전이다'", 《세계일보》, 2015년 10월 15일. https://www.segye.com/newsView/20151015002752?OutUrl=naver.

12) "'대학은 당연하지 않다'…투명가방끈, 수능날 '대학입시 거부선언'", 《아시아경제》, 2018년 11월 15일. http://www.asiae.co.kr/news/view.htm?idxno=2018111512112424582. "투명가방끈 소개", https://hiddenbag.campaignus.me/about.

13) Michael Walzer, *Spheres of Justice: A Defense of Pluralism and Equality*(Basic Books, 1983), p.3. 한국어판: 마이클 왈저, 《정의와 다원적 평등-정의의 영역들》, 정원섭 외 옮김, 철학과현실사, 1999, 29쪽.

14) 마이클 왈저, 앞의 책, 30~31쪽.

15) "But Suppose the Child Inherited My Beuty and Your Brains?", *Quote Investigator*. https://quoteinvestigator.com/2013/04/19/brains-beauty/

16) 마이클 왈저, 앞의 책, 42쪽.

17) 마이클 왈저, 앞의 책, 42쪽.

18) 마이클 왈저, 앞의 책, 234쪽.

19) "'정시확대'가 가져올 딜레마", 《시사 IN》, 2019년 11월 11일. https://www.sisain.co.kr/news/articleView.html?idxno=40593.

20) Blaise Pascal, *The Pensées*, trans. J. M. Cohen(Harmondsworth, England, 1961), p.96(no. 244). 마이클 왈저, 앞의 책, 53~54쪽에서 재인용.

21) 마이클 왈저, 앞의 책, 57쪽

1) 존 롤스,《정의론》, 황경식 옮김, 이학사, 2003, 105쪽.

2) 조지프 스티글리츠,《불평등의 대가: 분열된 사회는 왜 위험한가The price of inequality: how today's divided society endangers our future》, 이순희 옮김, 열린책들, 2013, 121쪽.

3) "장래희망이 건물주? '연예인 건물주' 기사가 부적절한 이유",《오마이뉴스》, 2018년 8월 26일. http://star.ohmynews.com/NWS_Web/OhmyStar/at_pg.aspx?CNTN_CD=A0002466504.

4) 문재인 정부는 부동산 가격 상승 요인으로 다주택자의 투기 욕망을 꼽으면서 줄곧 이를 도덕적으로 비난했지만, 이 정부의 기득권 세력과 당국자들은 오히려 자기 모순적인 부도덕한 행태로 정책에 대한 신뢰를 잃었다. 부동산 문제는 일자리 문제, 교육 문제, 수도권 집중 문제, 소유에 대한 한국인의 특별한 인식과 자산가치 상승에 대한 욕망 등 복잡한 문제가 얽혀 있지만, 문재인 정부가 이를 도덕적으로 풀려고만 했기 때문에 문제가 더욱 꼬인 측면이 있다. "'내 집' 열망은 오직 불로소득 욕망에서 비롯됐을까",《경향신문》, 2021년 4월 10일. http://news.khan.co.kr/kh_news/khan_art_view.html?artid=202104101115001&code=940100.

5) Thomas Piketty, *Capital in the Twenty-First Century*(Cambridge and London: Belknap, 2014), p.421. 한국어판: 토마 피케티,《21세기 자본》, 장경덕 옮김, 글항아리, 2014, 502쪽.

6) 김낙년,〈한국에서의 부와 상속, 1970-2014〉,《경제사학》64권 0호, 2017, 127~160쪽을 참조할 것.

7) 김승연·최광은·박민진,〈장벽사회, 청년 불평등의 특성과 과제〉, 서울연구원, 2020, 25쪽 참조.

8) "불평등 원인 1위는 '부모세대로부터 상속·증여' 꼽아",《중앙SUNDAY》, 2018년 1월 7일. https://news.joins.com/article/22263857.

9) 토마 피케티, 앞의 책, 490~494쪽: '고전적 세습사회: 발자크와 오스틴의 세계'.

10) John Rawls, *Justice as Fairness*(Cambridge, MA: Belknap, 2003), p.161.

11) 존 롤스,《공정으로서의 정의: 재서술》, 김주휘 옮김, 이학사, 2016, 282쪽.

12) John Rawls, *Political Liberalism*(New York: Columbia University Press, 1993), p.266.

13) Stuart White, "Moral Objection to Inheritance Tax", in *Taxation: Philosophical*

Perspectives, ed. Martin O'Neill and Shepley Orr(Oxford: Oxford University Press, 2018), p.170.

14) Alan Cole, *Estate and Inheritance Taxes around the World*, Tax Foundation Fiscal Fact, Mar. 2015, No, 458. Aanon, "Death of the Death Tax: Taxing Inheritances is Falling Out of Favour", *The Economist*, 23 November 2017. https://www.economist.com/briefing/2017/11/23/taxing-inheritances-is-falling-out-of-favour. "이건희 18조에 상속세만 10조…상속세율 논란 급증",《시사저널》, 1644호, 2020년 10월 26일. http://www.sisajournal.com/news/articleView.html?idxno=206962

15) 〈누가복음〉 18장 25절.

16) Benedict XVI, *Caritas in Veritate(Charity in Truth)*, 29, 2009. Charles M. A. Clark, *Promoting Good Wealth: CST and the link between Wealth, Well-Being and Poverty Alleviation*(A Background Paper), p.1에서 재인용. https://www.shu.edu/micah-business-ethics/upload/Promoting-Good-Wealth.pdf.

17) Robert Nozick, *Anarchy, State, and Utopia*(New York: Basic Books, 1974), p.150. 한국어판: 로버트 노직,《아나키에서 유토피아로》, 남경희 옮김, 문학과지성사, 1983, 193쪽. 본문에서는 이 책을 원제대로《아나키, 국가 그리고 유토피아》로 표기했음.

18) John Locke, *The Second Treatise: An Essay Concerning the True Original, Extent, and End of Civil Government*, §6, in *Two Treatises of Government and A Letter Concerning Toleration*, ed. Ian Shapiro(New Haven and London: Yale University Press, 2003), p.102.

19) Robert Nozick, *Anarchy, State, and Utopia*, 앞의 책, 11쪽.

20) 로버트 노직, 앞의 책, 193쪽.

21) 로버트 노직, 앞의 책, 193쪽.

22) John Locke, *The Second Treatise*, §27, 앞의 책, 111~112쪽.

23) John Locke, *The Second Treatise*, §27, 앞의 책, 112쪽: "at least where there is enough, and as good, left in common for others."

24) John Locke, *The Second Treatise*, §48, 앞의 책, 120쪽.

25) 이에 관해서는 Crawford Brough Macpherson, *The Political Theory of Possessive Individualism: From Hobbes to Locke*(Oxford and New York: Oxford University Press, 1962), p.199를 참조할 것.

26) John Locke, *The Second Treatise*, §36, 앞의 책, 115쪽.

27) 로버트 노직, 앞의 책, 215~216쪽.

28) "'우리 회사만의 혜택, 꼬우면 이직해'…LH직원 또 막말", 《동아닷컴》, 2021년 3월 10일. https://www.donga.com/news/article/all/20210310/105805683/2.

29) "'억대연봉 부러우면 입사하든지' 익명글 파문…고개숙인 KBS", 《중앙일보》, 2021년 2월 1일. https://n.news.naver.com/article/025/0003074368.

30) "상위 0.1% 연 수익은 36.6조…평균 소득 15.1억", 《파이낸셜뉴스》, 2021년 2월 4일. https://www.fnnews.com/news/202102040925491780.

31) 조지프 스티글리츠, 앞의 책, 137~139쪽.

32) 이에 대해서는 장하준, 《그들이 말하지 않는 23가지》, 부키, 2010, 220쪽을 참조할 것.

33) 조지프 스티글리츠, 앞의 책, 140쪽.

다섯 번째 질문 부는 집중되어야 생산적인가?

1) Saskia Sassen, *Expulsions: Brutality and Complexity in the Global Economy*(Cambridge, MA: Belknap Press, 2014). 한국어판: 사스키아 사센, 《축출 자본주의: 복잡한 세계경제가 낳은 잔혹한 현실》, 박슬라 옮김, 글항아리, 2016, 32~33쪽.

2) 사스키아 사센, 앞의 책, 34쪽.

3) 사스키아 사센, 앞의 책, 19쪽. 사스키아 사센은 '잔혹한 단순성brutal simplicity'이라는 야코프 부르크하르트의 개념을 변형하여 현대사회의 복잡성이 '단순한 잔혹함 simple brutality'을 초래한다고 말한다.

4) 이에 관해서는 조지프 스티글리츠, 《불평등의 대가: 분열된 사회는 왜 위험한가》, 이순희 옮김, 열린책들, 2013, 191쪽 이하를 볼 것.

5) Tim Jackson, *Prosperity Without Growth: Foundations For The Economy of Tomorrow*, Second edition(London and New York: Loutledge, 2017). 한국어판: 팀 잭슨, 《성장 없는 번영》, 전광철 옮김, 착한책가게, 2013.

6) Michael J. Kinsley and L. Hunter Lovins, "Paying for Growth, Prospering from Deveopment", Rocky Mountain Institute. Archived from the original on 4 March 2016.

7) 팀 잭슨, 앞의 책, 73~92쪽: '4장: 성장의 딜레마'.

8) Steven Pinker, *Enlightenment Now: The Case For Reason, Science, Humanism, And Progress*(New York: Viking, 2018), p.39.

9) Steven Pinker, *Enlightenment Now*, 앞의 책, 119쪽 이하.

10) Steven Pinker, *Enlightenment Now*, 앞의 책, 120쪽.

11) 유발 하라리, 《사피엔스Sapiens》, 조현욱 옮김, 김영사, 2015, 128~129쪽.

12) 유발 하라리, 앞의 책, 129쪽.

13) 이에 관해서는 제프리 웨스트, 《스케일Scale》, 이한음 옮김, 김영사, 2018, 292쪽 이하를 볼 것.

14) 토머스 로버트 맬서스, 《인구론An Essay on the Principle of Population》, 이서행 옮김, 동서문화사, 2018, 17~22쪽.

15) 재레드 다이아몬드는 "과거의 위대했던 문명은 왜 몰락했는가?"라는 질문에 다섯 가지 요인을 제시한다. "환경적 요인, 기후변화, 적대적 이웃, 우호적 무역 상대, 사회 구성원의 반응"에 따라 사회가 붕괴할 수 있다는 것이다. 재레드 다이아몬드, 《문명의 붕괴: 과거의 위대했던 문명은 왜 몰락했는가Collapse: how societies choose to fail or succeed》, 강주헌 옮김, 김영사, 2005, 24~30쪽.

16) John Thorley, *Athenian Democracy*, Lancaster Pamphlets in Ancient History(London and New York: Routledge, 1996), p.74.

17) 재레드 다이아몬드, 앞의 책, 497쪽.

18) 이에 관해서는 장하성, 《한국 자본주의》(헤이북스, 2014)와 박형준, 《재벌, 한국을 지배하는 초국적 자본》(책세상, 2013)을 볼 것.

19) https://www.worldometers.info/world-population/south-korea-population/

20) 이에 관해서는 애덤 스미스, 《국부론The wealth of Nations》, 김수행 옮김, 비봉출판사, 2013, 7~9쪽을 참조할 것.

21) 제프리 웨스트, 앞의 책, 50쪽 이하.

22) 카를 마르크스·프리드리히 엥겔스, 《공산당선언Manifest der Kommunistischen Partei》, 이진우 옮김, 책세상, 2002, 21쪽.

23) Karl Marx, *Ökonomisch-philosophishe Manuskripte*(1844), MEW 40, (Berlin: Dietz Verlag, 1985), p.508.

24) Karl Marx, *Ökonomisch-philosophishe Manuskripte*(1844), 앞의 책, 같은 곳.

25) 김낙년, 〈한국의 소득집중도 추이와 국제비교, 1976-2010: 소득세 자료에 의한 접근〉, 《한국은행 경제연구원 경제분석》 제18권 제3호, 2012. 9, 75~114쪽. "소득불평등 양태, 근로소득보다 비근로소득 격차로 심화", 《한겨레》, 2018년 1월 18일. http://www.hani.co.kr/arti/economy/economy_general/828415.html.

26) Jon Elster, *Making Sense of Marx*(London and New York: Cambridge University Press, 1985), p.176.

27) 장하준, 《그들이 말하지 않는 23가지》, 부키, 2010, 184~197쪽.

28) 사스키아 사센, 앞의 책, 33쪽.

29) 슬라보예 지젝, 《자본주의에 희망은 있는가Trouble in Paradise》, 박준형 옮김, 문학사상, 2017, 33쪽.

30) OECD.Stat, "GDP, volume-annual growth rates in percentage". https://stats.oecd.org/index.aspx?queryid=60703.

31) Karl Marx, *Das Kapital: Kritik der politischen Ökonomie*. 1. Band, MEW 23 (Berlin: Dietz Verlag, 1986), p.168.

32) Karl Marx, *Ökonomisch-philosophishe Manuskripte*(1844), 앞의 책, 488쪽.

33) Karl Marx, *Das Kapital*, 1. Band, 앞의 책, 152쪽.

34) Karl Marx, *Ökonomisch-philosophishe Manuskripte*(1844), 앞의 책, 511쪽. 마르크스가 여기서 강조하고 있는 '평가절하Entwertung'와 '화폐적 가치평가Verwertung'는 모두 '가치' 또는 '가치평가'를 뜻하는 단어에서 유래한다.

35) 슬라보예 지젝, 앞의 책, 39쪽.

36) Fredric Jameson, *Valences of the Dialectic*(London: Verso Books, 2009), pp.580-581. 슬라보예 지젝, 앞의 책, 40~41쪽에서 재인용.

37) "중소기업, '일자리 창출' 89% 기여…대기업과 양극화 심화", 《노컷뉴스》, 2016년 5월 25일. https://www.nocutnews.co.kr/news/4598234.

38) 이에 관해서는 제프리 웨스트, 앞의 책, 298쪽을 볼 것.

39) "지방소멸 공포, 수도권까지 덮쳤다…'여주시도 사라질 위기'", 《중앙일보》, 2019년 11월 14일. https://news.joins.com/article/23632806. 이에 관해서는 마스다 히로야, 《지방소멸》, 김정환 옮김, 와이즈베리, 2015를 참조할 것.

40) 카를 마르크스·프리드리히 엥겔스, 앞의 책, 18쪽.

여섯 번째 질문 경쟁은 효과적인 분배 방식인가?

1) Paul A. Samuelson, William D. Nordhaus, *Economics*, 19th Edition(New York: McGrow-Hill, 2010). p.4.

2) Paul A. Samuelson, William D. Nordhaus, *Economics*, 앞의 책, 4~5쪽.

3) Émile Durkheim, *Suicide: A Study in Sociology*(1897)(New York: Free Press, 1951), p.49.

4) "대한민국 자살률 OECD 1위 '오명'…인구 10만 명당 26.6명",《뉴데일리경제》, 2020년 6월 1일. http://biz.newdaily.co.kr/site/data/html/2020/06/01/2020060100129.html.

5) 이에 관해서는 뒤르켐의《자살론Suicide: A Study in Sociology》과《사회분업론The Division of Labor in Society》을 참조할 것. Émile Durkheim, *The Division of Labor in Society*(1893)(New York: Free Press, 1984), pp.291-340.

6) Émile Durkheim, *Suicide: A Study in Sociology*, 앞의 책, 188쪽.

7) Peter S. Bearman, "The Social Structure of Suicide", *Sociological Forum*, Vol. 6, No. 3, 1991, pp.501-524 중에서 521쪽.

8) Peter S. Bearman, "The Social Structure of Suicide", 앞의 책, 521쪽.

9) 장 보드리야르,《소비의 사회La societe de consommation》, 이상률 옮김, 문예출판사, 2018, 17쪽.

10) N. Gregory Mankiw, *Principles of Economics*, 8th Edition(Boston: Cengage Learning, 2018), p.145.

11) N. Gregory Mankiw, *Principles of Economics*, 앞의 책, 6쪽.

12) "초봉 5천만원 환경미화원 채용시험엔 도핑테스트 왜 없나요",《매일경제》, 2020년 11월 2일. https://www.mk.co.kr/news/society/view/2020/11/1121663/

13) 지그문트 바우만,《액체근대Liquid modernity》, 이일수 옮김, 도서출판 강, 2009.

14) 지그문트 바우만, 앞의 책, 49쪽.

15) 지그문트 바우만, 앞의 책, 50쪽.

16) Zygmunt Bauman and Mark Haugaard, "Liquid modernity and power: A dialogue with Zygmunt Bauman", *Journal of Power*, Vol. 1, No. 2, August 2008, pp.111-130 중에서 112쪽을 참조할 것.

17) "대입 못지않은 유치원 입학경쟁 생기는 이유는…", 《한겨레》, 2014년 12월 23일. https://www.hani.co.kr/arti/society/schooling/670239.html.

18) "3살짜리도 레벨테스트…이제는 하다하다 '유치원 캐슬'?", 《조선일보》, 2020년 11월 14일. https://www.chosun.com/national/weekend/2020/11/14/2EQAPUST X5DOPCWMVOEC6SRRJM/?utm_source=naver&utm_medium=original&utm_ campaign=news.

19) "'24만명 응시' 2020 8·9급 지방직 공무원 시험 시작…평균 경쟁률 10.4대 1", 《동아일보》, 2020년 6월 13일. https://www.donga.com/news/article/all/ 20200613/101491141/1.

20) 이에 관해서는 임홍택, 《90년생이 온다》, 웨일북, 2018, 26쪽 이하.

21) 마이클 샌델, 《돈으로 살 수 없는 것들》, 안기순 옮김, 와이즈베리, 2012, 22쪽.

22) 마이클 샌델, 앞의 책, 152쪽.

23) 마이클 샌델, 앞의 책, 159쪽 이하. 마이클 샌델은 이러한 현상을 "비시장 규범 밀어내기"라고 표현한다.

24) Immanuel Kant, *Grundlegung zur Metaphysik der Sitten, Werke in zehn Bänden*, Bd. 6 (Darmstadt: Wissenschaftliche Buchgesellschaft, 1983), p.68. 한국어판: 임마누엘 칸트, 《윤리형이상학 정초》, 백종현 옮김, 아카넷, 2005, 158쪽.

25) Bernard Mandeville, *The Fable of the Bees: Or, Private Vices, Public Benefits* (New York: Penguin Classics, 1989). 한국어판: 버나드 맨더빌, 《꿀벌의 우화: 개인의 악덕, 사회의 이익》, 최윤재 옮김, 문예출판사, 2010. 여기서는 사적인 것과 공적인 것을 대비시킨다는 점에서 부제를 원문 그대로 옮겼다.

26) 애덤 스미스, 《도덕감정론The Theory of Moral Sentiments》, 박세일·민경국 옮김, 비봉출판사, 2012, 345~346쪽.

27) 애덤 스미스, 《국부론》(상), 김수행 옮김, 비봉출판사, 2013, 552~553쪽.

28) 마이클 샌델, 앞의 책, 24쪽.

29) 마이클 샌델, 앞의 책, 26쪽.

30) Dominic D. P. Johnson, Michael E. Price, Mark Van Vugt, "Darwin's invisible

hand: Market competition, evolution and the firm". *Journal of Economic Behavior & Organization*(2013), http://dx.doi.org/10.1016/j.jebo.2012.12.016.

31) Garrett Hardin, "The Competitive Exclusion Principle", *Science*, New Sieries, Vol. 131, No. 3409(Apr. 29, 1960), pp.1292-1297.

32) 프리드리히 니체, 〈호메로스의 경쟁〉, 《유고(1870년~1873년)》, 니체전집 3, 이진우 옮김, 책세상, 2013, 330~341쪽.

33) 프리드리히 니체, 〈호메로스의 경쟁〉, 앞의 책, 332쪽.

34) 프리드리히 니체, 〈호메로스의 경쟁〉, 앞의 책, 334쪽.

35) 프리드리히 니체, 〈호메로스의 경쟁〉, 앞의 책, 336~337쪽.

일곱 번째 질문 연대는 언제 연고주의로 변질하는가?

1) 전영수, 《각자도생 사회》, 블랙피쉬, 2020.

2) 한나 아렌트, 《전체주의의 기원The Origins of totalitarianism》 2, 이진우·박미애 옮김, 한길사, 2006, 33쪽.

3) 프리드리히 니체, 《선악의 저편Jenseits von Gut und Böse》 IV, 156, 니체전집 14, 김정현 옮김, 2002, 127쪽.

4) 이철승, 《쌀, 재난, 국가: 한국인은 어떻게 불평등해졌는가》, 문학과지성사, 2021, 19~22쪽.

5) 마이클 왈저, 《정의와 다원적 평등-정의의 영역들》, 정원섭 외 옮김, 철학과현실사, 1999, 74쪽. 왈저는 이 책의 2장 '성원권'에서 시민과 외국인을 구별하는 국가의 성원권이라는 정치적 지위가 보장될 때만 정의에 관해 논할 수 있다고 주장한다. 정치적 공동체의 구성원이라는 사실은 그들이 협력을 통해 산출한 사회적 가치를 분배해야 한다는 점을 함축하고 있기 때문이다.

6) Fernand Braudel, *The Mediterranean and the Mediterranean World in the Age of Philip II*, 2 Vols.(Berkeley: University of California Press, 1995), vol.II, p.901.

7) Fernand Braudel, *History and the Social Sciences: The Longue Durée*, Immanuel Wallerstein, trans. Review, vol.XXXII, n.2, p.179-180.

8) 이철승, 앞의 책, 31쪽. 이철승은 연고주의 외에도 유교의 삼강오륜 윤리, 교육과 시

험에 대한 투자와 학벌주의, 나이에 기반해 조직 내 위계를 정하는 연공제 등이 한국 사회 장기 지속의 구조에 속한다고 본다.

9) "관피아", 나무위키. https://namu.wiki/w/%EA%B4%80%ED%94%BC%EC%95%84.

10) George J. Stigler, "The Theory of economic regulation", *The Bell Journal of Economics and Managemnt Science*, Vol.2, No.1(Spring 1971), pp.3-21 중에서 3쪽.

11) Bariş Çayli, "Social networks of the Italian mafia: the strong and weak parts", *CEU Political Science Journal*(CEU Political Science Journal), issue: 03/2010, pp.382-412 중에서 391쪽.

12) Ross L. Matsueda, "Differential Social Organization, Collective Action and Crime," *Crime, Law, and Social Change*, 46(2006), p.14.

13) 이철승, 앞의 책, 228쪽.

14) "청년 10명 중 9명 '대한민국은 불공정'",《세계일보》, 2014년 5월 2일. https://www.segye.com/newsView/20140501003578.

15) 플라톤,《파이드로스Phaidros》, 조대호 역해, 문예출판사, 2011, 44쪽: "옛말에도 있듯이, 또래끼리 어울리는 법이거든. 내 생각에 그 이유는 같은 나이는 같은 즐거움으로 이끌고, 같음에 의해서 친분을 낳기 때문이지." 여기서 친분으로 번역된 '우정philia'은 '사랑eros'과 함께 이 책의 핵심 주제다. 이 문장을 우정의 맥락이 드러나도록 풀어서 새로 옮겼다.

16) 매슈 O. 잭슨,《휴먼 네트워크: 무리 짓고 분열하는 인간관계의 모든 것The Human Network: How Your Social Position Determines Your Power, Beliefs, and Behatiors》, 박선진 옮김, 바다출판사, 2021, 147~181쪽: '5: 끼리끼리 무리 짓고 남과 구별 짓기'.

17) 유발 하라리,《사피엔스》, 조현욱 옮김, 김영사, 2015, 47쪽.

18) 로버트 라이트,《도덕적 동물Moral Animal》, 박영준 옮김, 사이언스북스, 2014, 243~244쪽.

19) "청와대·내각 등에 62명 진출…'참여연대 정부' 비판도.",《중앙SUNDAY》, 2018년 4월 21일. https://news.joins.com/article/22556063.

20) 조지프 스티글리츠,《불평등의 대가: 분열된 사회는 왜 위험한가》, 이순희 옮김, 열린책들, 2013, 140쪽.

21) Arien Mack and Irvin Rock, *Inattentional Blindness*(Cambridge, Mass.: MIT Press, 2000).

22) Daniel J. Simons and Christopher F. Chabris, "Gorillas in our midst: sustained inattentional blindness for dynamic events", *Perception*, 28(9), 1999, pp.1059-1074.

23) Solomon E. Asch, "Effects of group pressure on the modification and distortion of judgments", In H. Guetzkow (Ed.), *Groups, leadership and men*(Pittsburgh, PA: Carnegie Press, 1951), pp.177-190.

24) 로버트 그린, 《인간 본성의 법칙 The Laws of Human Nature》, 이지연 옮김, 위즈덤하우스, 2019, 633~634쪽.

25) Randall G. Holcombe and Andrea M. Castillo, *Liberalism and Cronyism. Two Rival Political and Economic Systems*(Arlington, Virginia: Mercatus Center George Mason University, 2013). 랜들 홀콤과 안드레아 카스티요는 《자유주의와 연고주의: 대항하는 두 정치 경제 체제Liberalism and Cronyism: Two Rival Political and Economic Systems》라는 책에서, 자본주의, 사회주의, 공산주의, 파시즘, 조합주의, 전제정치, 진보주의, 과반수의결주의, 환경보호주의, 사회적 정의, 연고자본주의, 민주주의 등을 비교 검토한 후, 다양한 정치·경제 체제들은 결국 '자유주의'와 '연고주의'로 환원된다고 말한다. 그는 자유주의에 기반한 자본주의, 즉 자유주의적 자본주의 이외의 다른 모든 정치·경제 체제들은 연고주의라고 주장한다.

26) 이에 관해서는 이진우, 〈우리는 어떻게 시민이 되는가?-성숙한 시민사회의 실천철학〉, 《촛불 너머의 시민사회와 민주주의》, 박태준미래전략연구총서 9, 아시아, 2018, 60~111쪽 중에서 82쪽을 참조할 것.

27) Randall G. Holcombe and Andrea M. Castillo, *Liberalism and Cronyism*. 앞의 책, 3쪽.

여덟 번째 질문 정의는 이념 갈등에 중립적인가?

1) Michael Walzer, *On Toleration*(New Haven and London: Yale University Press, 1997), 2쪽.

2) John Rawls, *Political Liberalism*(New York: Columbia University Press, 1996), p.xxvii. 한국어판: 존 롤스, 《정치적 자유주의》, 증보판, 장동진 옮김, 동명사, 2020, 32쪽.

3) 존 롤스, 앞의 책, 246쪽.

4) 막스 베버, 《직업으로서의 학문Wissenschaft als Beruf》, 전성우 옮김, 나남출판, 2011, 66쪽.

5) 존 롤스, 앞의 책, 246쪽.

6) Rainer Forst, *Toleranz im Konflikt. Geschichte, Gehalt und Gegenwart eines umstrittenen Begriffs*(Frankfurt am Main: Suhrkamp, 2003), p.12.

7) "서울시민 86% '사회 갈등 있다', 정부 불신이 주요 원인",《파이낸셜뉴스》, 2020년 12월 16일. https://news.naver.com/main/read.nhn?oid=014&aid=0004548115.

8) Michael Walzer, *On Toleration*, 앞의 책, 4쪽.

9) "세대별로 느끼는 서울시민의 사회갈등", 서울인포그래픽스, 2021년 3월 23일. https://www.si.re.kr/node/64533. 조권중,《서울시 사회갈등 이슈 진단과 정책 시사점》, 서울연구원, 2020.

10) 존 롤스, 앞의 책, 246쪽.

11) "정치이념으로 갈라진 한국…'대통령이 나서서 풀어라' 80%",《매일경제》, 2020년 12월 31일. https://www.mk.co.kr/news/politics/view/2020/12/1339922/

12) 한나 아렌트,《혁명론On Revolution》, 홍원표 옮김, 한길사, 2005, 352쪽.

13) '르쌍티망Ressentiment'은 통상 원한 또는 원한 감정으로 번역되는 프랑스어에서 유래한다. 그렇지만 니체는 르쌍티망을 서양 도덕의 기원과 계보를 보여주는 용어로 사용한다. F. Nietzsche, *Zur Genealogie der Moral, I, 10, Kritische Studienausgabe*(KSA) 5 (München: DTV, 1980), p.270. 한국어판: 프리드리히 니체,《도덕의 계보》, 니체전집 14, 김정현 옮김, 책세상, 2002, 367쪽.

14) 프리드리히 니체,《차라투스트라는 이렇게 말했다Also sprach Zarathustra》, 이진우 옮김, 휴머니스트, 2020, 174쪽.

15) 프리드리히 니체,《도덕의 계보》, 367쪽.

16) "Election Rout Sinals a Shift in South Korea's Political Scene", *The New York Times*, 2021년 4월 7일. 이 기사는 집권 세력의 위선적 행태에 대한 냉소주의가 '내로남불'로 표현된다고 소개한다. "Naeronambul. It roughly translates to, 'If they do it, it's a romance; if others do it, they call it an extramarital affair.'"

17) Anna C. Merritt, Daniel A. Effron, and Benoît Monin, "Moral Self-Licensing: When Being Good Frees Us to Be Bad", *Social and Personality Psychology Compass*, 2010, 4 (5). pp. 344-357.

18) 프리드리히 니체,《차라투스트라는 이렇게 말했다》, 174쪽.

19) Carl Schmitt, *Der Begriff des Politischen*(Berlin: Duncker & Humblot, 1979), 26쪽.

20) 한나 아렌트, 《정치의 약속The Promise of Politics》, 김선욱 옮김, 푸른숲, 2007, 148쪽: "정치의 의미를 묻는 질문에 대한 어떤 대답은 너무나 간단하고 결정적이어서 다른 대답들은 완전히 논점에서 벗어났다고 여긴다. 그 결정적 대답은 정치의 의미는 자유라는 것이다." 아렌트의 정치사상에 관해서는 다음의 책을 참조할 것. 이진우, 《한나 아렌트의 정치강의》, 휴머니스트, 2019.

21) 한나 아렌트, 《정치의 약속》, 159쪽.

22) Carl Schmitt, *Der Begriff des Politischen*, 앞의 책, 27쪽.

23) 플라톤, 《국가·정체》, 5권 470b, 박종현 역주, 서광사, 2015, 358쪽.

24) Carl Schmitt, *Der Begriff des Politischen*, 앞의 책, 54쪽.

25) Carl Schmitt, *Der Begriff des Politischen*, 앞의 책, 53~54쪽.

26) Carl Schmitt, *Der Begriff des Politischen*, 앞의 책, 340쪽.

27) 강준만, 《부족국가 대한민국: 부족주의의 노예가 된 정치》, 인물과사상사, 2021.

28) 이진우, 《이성정치와 문화민주주의》, 한길사, 2000.

29) N. Rosenberg, "Adam Smith and the Stock of Moral Capital", *History of Political Economy*, 22, 1990, pp.1-17. 이에 관해서는 조너선 하이트, 《바른 마음The Righteous Mind》, 왕수민 옮김, 웅진지식하우스, 2018, 517쪽을 볼 것.

30) 조너선 하이트, 앞의 책, 347쪽.

31) 존 롤스, 앞의 책, 277쪽.

32) 스티븐 레비츠키·대니얼 지블랫, 《어떻게 민주주의는 무너지는가How Democracies Die》, 박세연 옮김, 어크로스, 2021, 132쪽.

33) 스티븐 레비츠키·대니얼 지블랫, 앞의 책, 133쪽.

34) 존 롤스, 앞의 책, 253쪽.

35) 스티븐 레비츠키·대니얼 지블랫, 앞의 책, 143쪽.

36) "법규정 없는 상임위원장 배분, 13대 이후 여야 타협의 산물", 《동아일보》, 2020년 6월 13일. https://www.donga.com/news/article/all/20200613/101489545/1.

1) 조지프 스티글리츠,《불평등의 대가: 분열된 사회는 왜 위험한가》, 이순희 옮김, 열린책들, 2013, 238쪽.

2) Edelman(2019), *2019 Edelman Trust Barometer. Global Report.* https://www.edelman.com/sites/g/files/aatuss191/files/2019-02/2019_Edelman_Trust_Barometer_Global_Report.pdf.

3) OECD (2019), *Government at a Glance 2019*, OECD Publishing, Paris, https://doi.org/10.1787/8ccf5c38-en.

4) 오승호, "국가기관 업무수행 및 신뢰도 평가", 한국리서치 '여론 속의 여론', 2020년 2월 3일. https://hrcopinion.co.kr/archives/14895.

5) Slavoj Žižek, *Pandemic! Covid-19 Shakes the World*(New York: Polity, 2020), p.12. 슬라보예 지젝은 코로나바이러스를 처음 발견하고 경고한 우한의 안과의사 이원량을 언급하면서 중국에 언론의 자유가 있었다면 코로나바이러스 위기가 발생하지 않았을 것이라는 의견에 동의한다. 코로나 팬데믹을 이겨내려면 무엇보다 필요한 것이 신뢰다. 이 책의 첫 장 제목 '우리는 모두 지금 한배에 타고 있다'는 인식이 신뢰의 출발점이다.

6) Edelman(2021), *Edelman Trust Barometer 2021. Global Report.* https://www.edelman.com/sites/g/files/aatuss191/files/2021-03/2021%20Edelman%20Trust%20Barometer.pdf

7) Immanuel Kant, *Zum ewigen Frieden: Ein philosophischer Entwurf*, in *Werke in zehn Bänden*, Bd. 9 (Darmstadt: WBG, 1983), p.224. 이에 관해서는 이진우,《탈이데올로기 시대의 정치철학》, 문예출판사, 1994, 52쪽 이하를 참조할 것.

8) 애덤 스미스,《도덕감정론》, II.ii.3, 박세일·민경국 옮김, 비봉출판사, 2012, 163쪽.

9) 애덤 스미스, 앞의 책, 같은 곳.

10) Diego Gambetta, "Can We Trust Trust?", in Gambetta, Diego (ed.), *Trust: Making and Breaking Cooperative Relations*(Oxford: Basil Blackwell, 1988), pp. 213-237 중에서 214쪽.

11) Russell Hardin, "The street-level epistemology of trust", *Politics and Society*, 21, 1993, pp.505-529.

12) Anthony Giddens, *The Consequences of Modernity*(Stanford, California: Stanford University Press, 1990), p.83.

13) Niklas Luhmann, *Vertrauen*(Stuttgart: UTB, 2000), p.8.

14) James S. Coleman, "Social Capital in the Creation of Human Capital," *American Journal of Sociology*, 94 (1988), pp.95-120. Robert D. Putnam, "The Prosperous Community: Social Capital and Public Life," American Prospect, 13 (1993). pp. 35-42. Robert D. Putnam, "Bowling Alone," *Journal of Democracy*, 6 (1995), pp.65-78. Francis Fukuyama, *Trust: The Social Virtues and the Creation of Prospertiy*(New York: Free Press, 1995), p.10.

15) Francis Fukuyama, *Trust*, 앞의 책, 50쪽.

16) Francis Fukuyama, *Trust*, 앞의 책, 146쪽.

17) Diego Gambetta, "Can We Trust Trust?", 앞의 책, 220-221쪽.

18) Claus Offe, "How can we trust our fellow citizens?", in Mark E. Warren(ed.), *Democracy and Trust*(Cambridge: Cambridge University Press, 1999), pp.42-87 중에서 54쪽 이하를 볼 것.

19) Charles Taylor, "Einige Überlegungen zur Idee der Solidarität", in *Wieviel Gemeinschaft braucht die Demokratie?*(Frankfurt am Main: Suhrkamp, 2002), pp.51-92. 테일러는 폴란드 '솔리다르노시치Solidarnosc' 운동의 핵심 철학인 '연대'를 분석하면서 호혜성에 기반한 연대만이 신뢰를 구축할 수 있다고 말한다.

20) 클라우스 오페는 이런 점에서 신뢰 구축의 수단으로 사용되는 '사이비 친근함의 극작법dramaturgy of pseudo-familiarity'을 경계해야 한다고 말한다. Claus Offe, "How can we trust our fellow citizens?", 앞의 책, 65쪽.

21) 토머스 홉스,《리바이어던》1, 진석용 옮김, 나남출판, 2020, 186쪽.

22) Claus Offe, "How can we trust our fellow citizens?", 앞의 책, 67쪽.

23) Claus Offe, "How can we trust our fellow citizens?", 앞의 책, 69쪽.

24) S. N. Eisenstadt, *Power, Trust and Meaning. Essays in Sociological Theory and Analysis* (Chicago: University Chicago Press, 1995), pp.312-313.

25) Claus Offe, "How can we trust our fellow citizens?", 앞의 책, 56쪽.

불공정사회

1판 1쇄 발행일 2021년 8월 23일

지은이 이진우

발행인 김학원
발행처 (주)휴머니스트출판그룹
출판등록 제313-2007-000007호(2007년 1월 5일)
주소 (03991) 서울시 마포구 동교로23길 76(연남동)
전화 02-335-4422 **팩스** 02-334-3427
저자·독자 서비스 humanist@humanistbooks.com
홈페이지 www.humanistbooks.com
유튜브 youtube.com/user/humanistma **포스트** post.naver.com/hmcv
페이스북 facebook.com/hmcv2001 **인스타그램** @humanist_insta

편집주간 황서현 **기획** 전두현 **편집** 임미영 **디자인** 김태형
조판 이희수com. **용지** 화인페이퍼 **인쇄** 청아디앤피 **제본** 민성사

ⓒ 이진우, 2021

ISBN 979-11-6080-699-1 03100